労働力不足の経済学

Economics of Labor Shortage

日本経済はどう変わるか

小﨑敏男 Toshio Kosaki

日本評論社

はじめに

　本書は、労働力不足が顕在化している今日、労働力不足が発生するメカニズムを体系的にまとめたものである。今日では、少子・高齢化の社会現象は一般的で、多くの人々が認識しているところである。小生がこの問題に深くかかわるようになったのは、今から10年前の大淵寛・森岡仁編（2006）『人口減少時代の日本経済』（原書房）の「人口減少と労働市場」を担当させて頂いたことがきっかけであった。その後、人口学研究会で人口問題を中心にしながら、人口と労働市場を中心に研究を行ってきた。そのころから、急激に人口問題が社会的関心事の1つになっていったように思われる。そうしたこともあり、今までこの分野を研究していない研究者もこの分野を研究するようになり、数多くの研究蓄積が生み出されている。それまでは、「失業と賃金の伸縮性」を研究していた小生も、その一人かもしれない。

　政府が2014年末に地方創生関連法案を成立させ、同年12月27日に国の「長期ビジョン」、「総合戦略」及び「地方の好循環拡大に向けた緊急経済対策」閣議が決定された。これを受けて各都道府県・市町村は「長期ビジョン」と「まち・ひと・しごと創生総合戦略」の作成が努力義務とされ、今後、5年間の計画を2015年に作成、その後その施行が行われた。

　こうした国の動きにより、小生が勤務する東海大学の医学部がある伊勢原市から、「伊勢原市総合戦略推進会議」の委員（座長）の依頼があり、それを引き受けたことが本書を書く動機となった。小生にとって、この委員としての仕事は、いままでの研究が机上の空論なのか、実際に政策立案に役に立つのかについての実験場となり、本書に取り組むきっかけとなった。むろん小﨑ゼミの学生も巻き込んでの調査研究となった。学生からも委員として一人選出された。そして小﨑ゼミの学生達と1年程度かけ伊勢原市を調査し、まとめたものが、およそ本の5章分程度の分量になった。ある同僚の先生に話をしたところ、本にすればよいのではないかと勧められ、本の刊行が進められた。しかし、そのころになると全国の市町村で「地方創生」という言葉が踊り、ある出版社からローカル過ぎて本に

するのは難しいとのアドバイスを頂き、そのため本の出版を断念し、今後大学の紀要での発表を予定している。第一弾ができあがったので、先日、伊勢原市の企画課に論文の抜き刷りを送付した。

また、その直後に、一般財団法人 北海道東北地域経済総合研究所（以下ほくと総研）から、わが国の人口減少が最も著しい秋田県の地方創生に関わるシンポジウムを行うので参加してほしい旨の依頼があり、結成された研究会を通じて約半年間秋田県の人口減少の調査研究を行った。その研究会で、川口大司先生（東京大学）とご一緒する機会があった。楽しいひと時であった。そうした成果が第7章「労働力不足と地方創生」に取りまとめられている。後の参考になればと思い、一時点であるがなるべく記録に残るように都道府県のデータを整理し記載してある。

また、たまたま時期がかさなり同時進行で発刊の準備が進められているもう1冊の本、小﨑・佐藤編『移民・外国人と日本社会』（仮題）が原書房から近刊の予定である。担当した章「移民・外国人と労働市場」の一部を本章の第5章「労働力不足と外国人労働」に使用させて頂いている。

さらに、本書の構成を作成する過程で、ほくと総研から機関誌の連載依頼があり、現在連載中であるが、このことが本書の構成創りにあたってとても参考となった。また、そこで発表した論文の一部も使用している。第4章「労働力不足の労働市場」である。第4章は、ごく最近ヤフーニュースに、報道ステーション（テレビ朝日）のコメンテーターの後藤謙次氏の発言「労働人口が減ったから有効求人倍率は当然上がる」のは間違いであるという楊井人文氏（日本報道検証機構代表・弁護士）の意見が記載されている[1]。それによれば、「事実に反する 就業人口・労働力人口は近年増えている 有効求人倍率と無関係」との見出しで記事を記載している。こうした報道関係者の議論の混乱は、第4章を読んで頂ければ謎が解けると思われる。

第1章の「少子化に関する基礎理論」に関しては、新しく簡略にサーベイを行

---

1) https://news.yahoo.co.jp/byline/yanaihitofumi/20171025-00077354/ を参照。
　労働力人口とは就業者＋失業者である。有効求人倍率は有効求人数を有効求職者数で割ったものである。有効求職者とは失業者の別名であるから、有効求人倍率と労働力人口とは無関係では決してない。著者の見解、詳細は第4章を参照してほしい。

った。第2章の「既婚女性の働き方と子どもの数」は、『東海大学紀要政治経済学部』第43号の「女性の働き方と少子化に関する考察」を使用している。第3章は松浦編（2014）『高齢社会の労働市場分析』中央大学出版部の担当章「人口の高齢化と労働生産性―ソロー・モデルからの考察」の論文の一部と小崎・永瀬編（2014）『人口高齢化と労働政策』原書房の担当章「高年齢者の就業・非就業行動」に関する論文の一部を使用している。

しかし、基本的には全章に加筆、修正を行い書き直している。最終章は2017年の前半をかけ、書き下ろした。

どこまで成功したかは、読者の判断に委ねるしかないが、思い込みや誤解に基づいて書いてしまっている点もあるかもしれない。そのような場合は、一報いただければ今後の研究生活で修正論文を提出する。

* * *

本書を書くにあたり、多くの人に御礼申し上げたい。まずもって、大学院時代の恩師である故 水野朝夫先生（中央大学名誉教授）に御礼申し上げる。また、学部時代からお世話になった島和俊先生（東海大学名誉教授）と鈴木守先生（東海大学名誉教授）に御礼申し上げる。鈴木守先生は、小生が研究者の道に入るきっかけを作ってくださった恩師である。就職してすぐに、鈴木守先生から単著を出すよう宿題が課され、博士論文を修正して刊行しようとしたが忙しさにかまけて刊行できなかった。ようやく定年退職間際に先生からの宿題が提出できることに安堵している。また、法政大学教授の牧野文夫先生には、教科書『キャリアと労働の経済学』（日本評論社、2011年）や『少子化と若者の就業行動』（原書房、2012年）で大変お世話になった。御礼申し上げる。また、ほくと総研の理事長 桑原照雄氏 及び専務理事 横川憲人氏には大変お世話になり感謝申し上げる。

また、最後になるが東海大学から研究特別休暇を頂き、本の執筆と出版に関わる費用の一部を負担して頂いた。こうした助成がなければ本書は日の目を見ることがなかった。感謝と御礼を申し上げる。また、出版事情が悪い中、無理にお願いして出版していただいた日本評論社第2編集部（経済）部長の斎藤博氏に記して感謝申し上げる。

本書を書くにあたり、いろいろ助けてくれた家族、母 トシ子、妻 さゆり、娘 実穂に本書を捧げる。

湘南キャンパスから
大山と、雪で薄化粧した富士山を仰望して

2017年10月27日

小﨑　敏男

目 次

はじめに　iii

序章　本書の構成とその背景：いまなぜ人手不足なのか？　1

第1部　人口減少（少子・高齢化）のメカニズムとその対策

第1章　少子化に関する基礎理論：少子化と結婚の経済学とは？ ………… 11

はじめに　11
第1節　結婚の経済理論　12
第2節　子どもの数の決定理論　19
第3節　少子化対策の理論　25
おわりに：少子化対策　28

第2章　既婚女性の働き方と子どもの数
：女性の働き方と少子化は関係しているのか？ ……………… 31

はじめに　31
第1節　理論的考察　31
第2節　既婚女性の働き方と出生数の実証分析　36
おわりに：少子化対策　47

第3章　超高齢化社会への対応策：高齢化のメカニズムと高齢化対策とは？ ……… 51

はじめに　51
第1節　高齢化のメカニズム　51
第2節　人口高齢化の問題点：高齢化と財政の硬直化・成長論　54
第3節　高齢者就業対策：就業・引退の意思決定・年金・定年退職・年金制度・雇用システム　63

第4節　超高齢化対策としての医療・介護システムの変革　71
　　おわりに　75

第4章　労働力不足の労働市場：人口減少と労働力不足は関係ないのか？ …… 79

　　はじめに　79
　　第1節　わが国労働市場の趨勢と現状　80
　　第2節　失業率の低下・有効求人倍率上昇の理論的背景　82
　　第3節　労働力人口の減少と失業率の低下：アベノミクスの評価　84
　　第4節　地域別失業率の増減と労働力不足の実態　87
　　第5節　ＵＶ曲線とミスマッチ失業　98
　　おわりに　100

第2部　労働力不足とその対策

第5章　労働力不足と外国人労働
　　　　：外国人労働者は日本人の賃金を低下させ、職を奪うのか？ ………… 105

　　はじめに　105
　　第1節　外国人労働者受入れの現状　107
　　第2節　外国人労働受入れの経済学的検討　110
　　第3節　外国人労働者による労働供給増加政策　119
　　おわりに　129

第6章　労働力不足と日本的雇用慣行
　　　　：人手不足は、日本的雇用慣行をどう変化させているか？ …………… 133

　　はじめに　133
　　第1節　日本的雇用慣行の理論と現実　134
　　第2節　労働力不足と日本的雇用システム　145
　　おわりに　156

第7章　労働力不足と地方創生：どうしたら人々が地方に集まるのか？ …… 159

　　第1節　都道府県別の少子・高齢化の現状と将来展望　159
　　第2節　人口の自然増加政策　164

第3節　人口の社会増加政策　170
　　　おわりに　178

第8章　**労働力不足と技術革新：第4次産業革命は仕事を奪うか?**……………… 183
　　　はじめに　183
　　　第1節　先行研究　184
　　　第2節　2000年以降のわが国の賃金・雇用動向　190
　　　第3節　労働需要関数と賃金関数の推計　200
　　　おわりに　211

索引　217

序　章

本書の構成とその背景
いまなぜ人手不足なのか？

　本書は労働力不足の現状とその対策を体系的にまとめたものである。一般的には、労働力不足は人口減少（少子・高齢化）と景気変動が重なり生じると考えられる。人口減少による生産年齢人口の減少が進めば進むほど、景気がわずかに好景気になるだけで労働力不足となる。いままでなら、発生しない状況下で労働力不足が起きることになる。以前は、労働力不足が生じると、価格メカニズムが働き、賃金が上昇し非労働力人口が減少、さらに失業率が低下、外国人労働者の増加等により、比較的短期間で需給が調整され、長期の労働力不足は生じてこなかった。しかし、今回は今までとは異なり、人口減少の局面で労働力不足が発生してきており、さらに、グローバル化により企業の人件費削減により非正規労働者増加局面での人手不足が生じている。企業は、人手不足に対してロボット・AI・IoT・ICT の活用、女性と高齢者の活用、非正規から正規への採用へと採用時の雇用形態への変容にも迫られている。また、日本的雇用慣行の見直しも迫られる事態となっている。

　一方、政府は以前まで外国人労働者の活用には慎重で、専門的・技術的労働者のみ日本での労働が許可され、原則、単純労働者は日本での労働は禁止されてきた。現在では、政府は特区や外国人技能研修制度を活用し、単純労働者の受け入れやその期間の延長などを行っている。人口減少は「地方消滅」の言葉が象徴するように、地方の自治が崩壊する状況にまで地方自治に迫ってきている。政府は、「地方創生」を掲げ、各地方で人口減少を食い止めるよう各自治体に求めている。また、高齢化により社会保障費が膨張し、国の財政を圧迫し始めてきている。いずれ、現在地方に交付されている地方交付税などもままならない状態となり、その結果、地方自治が行きづまる状態になりかねない。現に、地方交付税は削減され、地方の自治に自立が求められている。地方は自ら地方債を発行して歳入とし

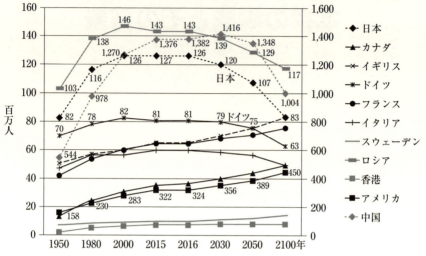

図1（a） 各国の総人口の推移（1950～2100年）

資料：労働政策研究・研修機構「データブック国際労働比較2017」。
中国とアメリカは右軸の目盛り

ている状態である。新聞報道によれば、地方債の発行額が2017年は60兆円を超え、過去最高を更新している。こうした状況を、標準的な経済学のフレーム・ワークで詳細に整理・検討したものが本書である。

■世界の中のわが国

　本書では、ほとんど国際比較を行っていないので、この項で、国際比較からわが国の位置を確認する作業を行いたいと思う。図1は、各国の1950年から2100年の人口の推移が示されている。図1から何点か指摘できる。第1に、先進5カ国の日本、アメリカ、フランス、ドイツ、イギリスのなかで、日本とドイツの2カ国が2100年まで人口が減少する。第2は、アメリカを除く他の先進4カ国は、2100年頃には各国とも人口が約6,000万～8,000万人位となる。第3は、記載されている22カ国で2100年まで人口が減少すると予想されている国は、日本、ドイツ、イタリア、ロシア、中国、韓国、タイ、ブラジルの8カ国であり、他の国は一定か増加すると予測されている。

　図1を詳細に検討すると、わが国は今後、2050年まで人口減少が加速し、さら

序章　本書の構成とその背景

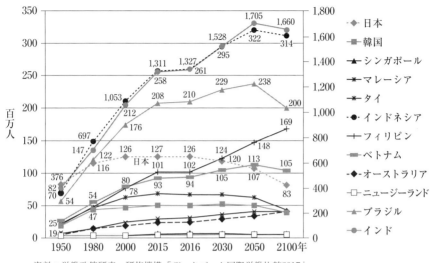

図1（b）　各国の総人口の推移（1950〜2100年）

資料：労働政策研究・研修機構「データブック国際労働比較2017」。
インドは右軸の目盛り

に2100年まで人口減少が続き4,300万人程度減少する。その結果、わが国の総人口は約8,300万人を見込んでいる。国連の推計によれば[1]、2095〜2100年には、記載されている22カ国のほとんどで人口が減少する。長期的視点から考察すると、人口減少は多くの国で、今後、社会問題となる可能性を秘めている。

2015〜2020年の国連の予測によれば、現在の人口を維持できる置換水準のTFR（合計特殊出生率）に到達している国は、インドネシア、フイリピン、インドの3カ国のみでその他の国は、TFRが2以下となっている。他の条件を一定とすれば、その他の国も人口が減少することとなる。国連は2050年まで予測しているが、TFRが2以下になった国で、2050年までに再び2を超えている国はない。わが国の教訓として、人口減少はメガトレンドであり、そうしたメガトレンドを所与として社会制度や政策立案を行う必要がある。

人口構造に目を転じると、今後高齢化が多くの国で生じる。わが国の高齢化

1）国際比較で言及されているデータは国連の中位推計の値をもとにしたものである。データの出所はJILPT「データブック国際比較（2017年版）」である。

3

（総人口に占める65歳以上人口）は、2015年時点の26.3％から2050年には10％ポイント程度上昇し36.3％となる。2050年には、ドイツ、イタリア、香港、韓国、シンガポール、タイで30％以上と予測されている。特に、上述された香港、シンガポール、タイの3カ国は、10％台から30％台へと急激に高齢者の割合を増加させる。

　生産年齢人口は、わが国は7,696万人（15年）から5,505万人（50年）に減少する。総人口での割合は、60.8％（15年）から51.3％（50年）と、9.5％ポイントの低下が予測されている。各国を見渡すと、わが国以上に生産年齢人口が減少する国が散見される。ドイツ（10.7％ポイント）、イタリア（12.0％ポイント）、中国（14.3％ポイント）、香港・韓国（19.5％ポイント）、シンガポール（17.7％ポイント）、タイ（14.6％ポイント）である。これらの国は、何らかの対策を打つ必要に迫られる。わが国に関連して言及するならば、わが国の労働力人口の補充をアジア諸国に求めても、アジア諸国の国も高齢化と生産年齢人口の減少に直面し、安価な労働力は確保されない可能性がある。

■ わが国の財政

　こうした人口減少、少子・高齢化はわが国の財政を圧迫している。わが国の現在の財政は、歳出の3分の1以上が借金に依存している、異常な状態と言わざるを得ない。2017年度末の「国及び地方の長期債務残高」は対GDP比で198％に達する見込となっている。その一因となっているのが、社会保障関係費である。少子・高齢化は、社会保障制度の主な受給者である高齢者世代の増加と同時に、その財源を支払う現役世代の減少を生じさせる。2017年度のわが国の一般会計の歳出総額は、97.4兆円で、そのうち社会保障費が33.3％（32.4兆円）を占めている。1990年と比べ、社会保障費は3倍に拡大している。しかし、その間の名目GDPは1.1倍程度しか拡大していない。成長率を上回る費用の拡大は持続不可能である。一般歳出（「基礎的財政収支対象経費」－「地方交付税交付金等」）の約55.6％が社会保障関係費である。また、一般会計の歳入総額の35.3％が公債金によるもので、将来世代が負担を行っている状態である。こうした公債残高が年々増加し、2017年3月末の残高が865兆円に膨れあがっている。これは一般会計税収の約15年分に相当する金額である。財務省（2017）によれば、2012年の社会保障費は109.5兆円であるが、2025年度には148.9兆円を予測している。つまり、年

3兆円ずつ増えることになる。この額はほぼ毎年消費税1％の増税を行って得られる税収に等しい。

　こうした状況に警告をならす経済学者が多くなってきている。鈴木（2014）、伊藤（2015）、小黒（2016）等は日本の財政破綻に言及している。鈴木（2014）は、厚生年金は2038年度、国民年金は2040年度に積立金が枯渇するという。伊藤（2015）は、財政危機がいつ頃来るか、あるいは回避可能かのシミュレーション分析を行っている。債務が持続可能かどうかについては、成長率、θ（国債金利収入の国債への再投資割合）、消費税率によって決まる。その結論は、消費税率は少なくとも15％まで引き上げなくては、2020年代半ばに財政危機が起こるケースが多い。消費税率を20％まで引き上げれば、ほとんどのケースで維持可能としている（201頁）。小黒（2016）は、将来的に20～25％またはこれに相当する何らかの増税は不可避としている（157頁）。

■本書の構成

　以上の危機的状況を頭に入れながら、わが国の労働力不足の状況に対応する必要がある。本書は2部から構成されている（**図2参照**）。第1部は人口減少をもたらす少子・高齢化のメカニズムとその対策に言及する。第1章は「少子化に関する基礎理論」のサーベイをおこない、第2章では「既婚女性の働き方と子どもの数」を分析している。この第1章と第2章では、簡単に結婚の理論をまとめ、その後、家庭での子どもの数が、どのようなメカニズムで決定されるかを理論と実証分析で明らかにした。第3章は、「超高齢化社会への対応策」をまとめた。前半部分では、高齢化の原因とその問題点を明らかにし、後半では年金財政や労働者の老後の不安を解決させる方策として、高齢者の就業対策と医療・介護システムに言及している。

　第1部で採り上げた少子・高齢化による人口減少と景気変動により、現在、人手不足が顕著となり、社会問題化している。そこで、第4章として「労働力不足の労働市場」として、労働力不足の現状把握と労働力不足が景気の拡大のみならず人口減少による生産年齢人口の減少や労働力人口の減少と密接に結びついていることに言及している。テレビ朝日の報道ステーションの後藤謙次氏と日本報道検証機構代表・弁護士、楊井人文氏の論争の理解に役立つと思われる。

　第2部として、労働力不足に対する個別の対策に言及する。第5章は「労働力

図2 本書の構成

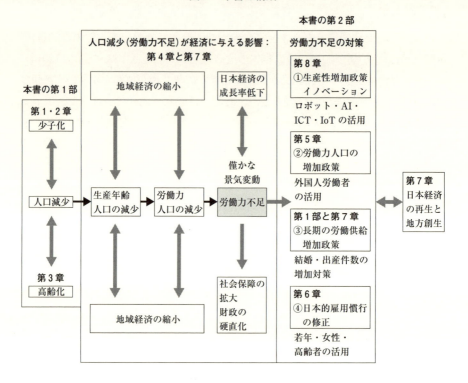

不足と外国人労働」である。一般に、労働力としての外国人の受け入れは日本人の賃金の低下と雇用を奪うので慎重でなければならないとの議論を耳にする。この章では、そうしたことを理論と実証で確認する作業を行っている。また、外国人労働者の活用を効率良く行うには、外国人労働者の労働市場への統合問題を考察する必要がある。そこで、この章の後半では外国人の労働市場への統合に何が重要かを考察した。外国人労働問題を分析する際に重要な、外国人の賃金統計が日本に存在しないのは大きな問題である。「就業構造基本調査」の調査表になぜ「あなたは日本人ですか外国人ですか」の項目が入れられないのか？　はなはだ疑問である。第6章は「労働力不足と日本的雇用慣行」に言及している。この章では、ここ3年間、有効求人倍率が1を上回り、2017年8月の有効求人倍率が1.52倍と47年ぶりの記録更新となった。こうした状況下では、日本的雇用慣行に変化があるのか、ないのか？　また、少子高齢化は日本的雇用慣行に影響を与え

ているのか、いないのか？が検討されている。第7章は、「労働力不足と地方創生」（どうしたら人々が地方に集まるのか？）である。この章は、第1部で使用した理論などを用いながら、地方創生を考える。そこでは、都道府県の人口3区分と地方の少子化の原因を明らかにし、後半では成長会計を使用して地方の活性化政策を考える。最終の第8章では「労働力不足と技術革新」を考察している。人手不足の対策として、生産性の上昇が課題となるが、その問題解決策として、ロボット・AI・IoT・ICTの活用が考えられる。第4次産業革命とよばれる技術革新の影響を考察した。

■ 働き方改革

　政府は働き方の改革を進めている。2017年3月に「働き方改革実行計画」が作成され、その実行計画をもとに働き方改革の関連法案がまとめられた（『日本経済新聞』2017年9月19日）。その報道によれば、「同一労働同一賃金」「残業規制」「脱時間給」などがそうである。「同一労働同一賃金」は、同じ仕事には原則同じ賃金を支払う。雇用形態で給料や福利厚生に不合理な差を設けてはならない。これが均等待遇で、同一労働同一賃金の根幹である。均等待遇は原則として法律に明記し、合理的理由がある場合、処遇差を認めるが、その合理的説明義務を企業に課す。労働契約、パートタイム労働法、労働者派遣法の3法を改正し、2019年4月にも同一労働同一賃金をスタートさせる方針（『日本経済新聞』2017年9月19日）。「残業規制」は、新制度では、残業の上限を月平均60時間、年間計720時間とする。単月は100時間未満、その翌月と合わせて平均80時間としている。「脱時間給」は、働いた時間でなく、成果に応じて賃金を決める。高所得の専門職を対象として、年104日以上の休日取得を義務付ける。労働時間の上限設定、勤務時間インターバル、2週間の連続休暇、臨時健康診断を労使で選択するなどとなっている（『日本経済新聞』2017年9月19日）。

　一方、より長期的視点からは、本書の最終章で採り上げた第4次産業革命の進行とともに、労働者の働き方が変わらざるを得なくなる。ロボット・AIの活用等で、これまでの危険な仕事や肉体的・精神的負担の重い仕事から解放され、また、ロボットや機械が働き方をサポートすることにより、高齢者や障害者の労働参加が可能となる。さらに、働く場所や労働時間に変化が起こる可能性がある[2]。金（2017）の報告によれば、インターネット上で仕事の受発注システムを

利用して仕事を行うフリーランス、クラウドワークの増加とその低賃金・雇用不安を報告している。報告によれば、フリーランス、クラウドワークは、日本では17年現在で1,122万、労働力人口の17％を占めている。米国では5,500万人で働く人の35％を占めていて、20年には50％がフリーランスとして働くと予想されている。

　こうした、機械やロボット、AI等は、労働者を代替して中間層がなくなり、雇用と賃金の二極化を進展させるかもしれない。また、フリーランスのような雇用形態が多くなれば、当然現在の雇用システム、特に日本的雇用慣行に浴する人々の割合も低下することとなる。ロボットやAI等を利用し活用する術を習得することも必要となる。さらに、われられの寿命が延び人生100年プランを考えれば、さらに働き方は今後も変化し続けることとなる。

参考文献
伊藤隆敏（2015）『日本財政「最後の選択」』日本経済新聞出版社。
小黒一正（2016）『預金封鎖に備えよ』朝日新聞出版。
金明中（2017）「急増する「クラウドワーカ」」『エコノミスト』8月8日号、36-37頁。
財務省（2017）『日本の財政関係資料』財務省WEB。
鈴木亘（2014）『社会保障亡国論』講談社現代新書。
山本陽大（2017）「第4次産業革命による働き方の変化と労働法政策上の課題」『Business Labor Trend』8・9月号、46-53頁。

2）山本（2017）は、ドイツにおける"労働4.0"ホワイト・ペーパーを紹介している。

第1部

人口減少（少子・高齢化）のメカニズムとその対策

第 1 章

少子化に関する基礎理論
少子化と結婚の経済学とは？

はじめに

　本書は労働力不足に関する研究書であるが、労働力不足を紐解いていくと、人口減少（少子・高齢化）に行き着く。無論、人口減少であっても、海外から労働者の往来が自由であれば、海外から必要な労働量を確保できる。それでも、海外からの労働者は、移動の費用がかかるためそれに見合った収益が見込めなければ労働移動は生じない。ましてや、国の治安等を考慮してわが国は、専門的・技術的労働者の国内での労働は認めるものの、単純労働者は原則、受入禁止政策をとってきた。こうした状況下で、わが国は1975年以降合計特殊出生率（total fertility rate: TFR）は 2 を割り込んだ状態が続いている。TFR が 2 以下は、人口置換水準（replacement level）2.1を下回っているため、他の条件が等しいなら、この状態が持続すれば人口が減少してしまう。総務省統計局「労働力調査」によれば、現に、生産年齢人口（15〜64歳）は1998年以降2016年までで1,024万人減少している。国立社会保障・人口問題研究所（以下社人研）の「日本の将来推計人口（平成29年推計）」の中位推計によれば、わが国の総人口 1 億2,706万人（2015年）が50年後には 1 億人を割り込み8,808万人と推計されている。
　欧州諸国では結婚しなくても子どもを持つ傾向がある。一方、わが国では結婚しないと子どもを産まない社会と言っていいと思われる[1]。それゆえ、わが国においては少子化の原因を考えるにあたり、結婚の理論的考察は重要な役割を持つ。本章では結婚に関する理論的考察を行う。
　少子化の最大の原因としては、未婚化・晩婚化・第 3 子の出生数の減少による

---

1 ）日本の最近（2013年）の婚外出産は 2 ％程度である。欧州諸国は50％程度か、それ以上の国もある。

と一般的には考えられている（伊達・清水谷 2004）。こうした未婚化・晩婚化をもたらした要因は、①女性の就業機会の拡大、②結婚相手の探索コストの上昇、③男女の人口比の変化、④結婚による退職時の機会費用の上昇、⑤女性の高学歴化による男女間の賃金格差の縮小などが考えられる（小﨑 2006）。最近では、日本的雇用慣行がもたらす長時間労働も少子化の一因であると考えられている（山口 2009）。さらに、都市部での保育施設の不足や核家族の拡大、通勤時間の長さなどもその一部を構成している（八代 1999）。

第1節　結婚の経済理論

人々はなぜ結婚するのか？　結婚には次の4つの機能があると言われている。①分業のメリット（夫婦がそれぞれ得意な分野に特化することによる効率性の向上：比較優位の原則）、②保険機能（失業や病気で働けなくなったとき、相手が働くことにより生活が維持できる）、③規模による経済的メリット（住宅や料理などは別々に住んだり作るより、2人で住んだり食事をつくる方が住宅費や時間の節約になる）、④子どもを持つことから得られる効用などが考えられる[2]。本節では、結婚に関する理論的側面を考察する。

■結婚による利得

Becker（1973）によれば、結婚は他の条件を一定にして、子どもの数、人口増加、女性の労働参加、所得・能力・家族間の格差、経時的特異な遺伝的自然淘汰、家族形態、余暇と他の家計資源の配分に重要な含意を持つとしている。

Becker（1973; 1974）は、次の2つの仮定を結婚モデルに導入している。第1は、個々人は、家計生産財の消費で測定された幸福を最大化する相手を見出すことを試みる。第2は、結婚市場は相手を変えない方がより良い状態にあるという意味で均衡にある。そこでは、ある2人が未婚と比較して結婚からの利得が、所

---

[2] 橘木・木村（2008）は、結婚の機能について次の5つを挙げている。①家庭内生産の収穫逓増、②比較優位を利用した分業、③信用の拡張や投資活動の協調、④非競合財のシェア、⑤保険機能の5つの機能を挙げている。本章では①と④の機能をまとめて規模の経済効果としている。

得、賃金格差、非市場生産的と言われる変数（子ども、家族の団欒、癒し等）、教育や美しさと言った変数と正に相関していることを議論している。

今、多様な投入に対してその総生産に関係する生産関数を家計内生産関数（Z）として次式で定義する。

$$Z = F(x_1, x_2 \cdots\cdots x_m; t_1, t_2 \cdots\cdots, t_k; E) \tag{1-1}$$

ここで、x_i は多様な財・サービスの投入財、t_j は家族構成員の投入時間、E は環境変数である。x_i に関する予算制約は次式となる。

$$\sum^m p_i x_i = \sum^k w_j l_j + v \tag{1-2}$$

ここで、p_i は x_i の財・サービスの価格、w_j は j 番目のメンバーの賃金率、l_j は市場セクターで費やす労働時間、v は財産所得である。

T を家族個々人の全総時間とすると

$$l_j + t_j = T \tag{1-3}$$

である。

（1-3）式を（1-2）式に代入すると財と時間の制約式は、所得の制約式に変換できる。こうした基本構造を基にして、Z_{mo} を独身男性 M の最大生産量、Z_{of} を独身女性 F の最大生産量、m_{mf} を結婚した場合の男性の所得、f_{mf} を結婚した場合の女性の所得と仮定する。M と F が結婚するための必要条件は独身でいるより結婚した方が、所得（生産量）が高い場合であるから

$$m_{mf} \geq Z_{mo}, f_{mf} \geq Z_{of} \tag{1-4}$$

となる。$m_{mf} + f_{mf}$ を結婚によって得られる夫婦の総生産とすると、結婚の必要条件は

$$m_{mf} + f_{mf} = Z_{mf} \geq Z_{mo} + Z_{of} \tag{1-5}$$

となる。但し、Z_{mf} は結婚した男女が得られる所得（生産量）である。

■結婚市場と配偶者の安定的割当

Becker（1973）による安定割当（Optimal Sorting）[3] の理論では、M と F が結

婚するか独身でいるかどうか考えるのではなく、多くの M と F がたくさんの潜在的な結婚希望者のなかで結婚を考える問題である。こうした問題は Cigno (1991) でも採り上げられている。わが国では加藤 (2001)、北村 (2002) などでモデルが紹介されている。

今、完全情報下にあり、M と F がそれぞれ n 人存在していると仮定されている。M と F の組み合わせによって生み出される家計財生産を最大化させる行列の利得 $n+1 \times n+1$ の利得表が提示される。

	F_1	・	・	・	F_n	
M_1	Z_{11}	・	・	・	Z_{1n}	Z_{10}
・	・	・	・	・	・	・
・	・	・	Z_{ii}	・	・	・
・	・	・	・	・	・	・
M_n	Z_{n1}	・	・	・	Z_{nn}	Z_{n0}
	Z_{01}	・	・	・	Z_{0n}	

(1-6)

行列の最後の行と列は、M と F の独身の利得である。個人では $n+1$ の可能性を持ち、2人では n^2+2n の可能性を持つ。われわれは結婚から利得を得ると仮定しているため、行列の最後の行と列の利得は無視されることになる。つまり、M と F は $n!$ の組み合わせを持つことになる。次に、第 i 番目の男性 M と第 j 番目の女性 F が結婚して、家計内で生産する家計内財の生産量を Z_{ij} とする。k 番目の組み合わせによる n 組のカップル全体の家計内生産量の合計は、

$$Z^k = \sum_{i \in M, j \in F} Z_{ij}, \quad k = 1, 2, \cdots\cdots, n! \tag{1-7}$$

ここで、全カップルを合計した家計内財の生産量が最大になる組み合わせが、男女ともに i 番目同士が結婚することによって実現すると仮定すると、(1-6) 式の行列の対角線上に位置する結婚の組み合わせが、家計内財が最大になる n 組のカップルの組み合わせとなる。つまり、

$$Z^* = \sum_{i=1}^{n} Z_{ii} = \max_k Z^k \geq Z^k \quad \text{all } k \tag{1-8}$$

---

3) Optimal Sorting の訳は、加藤 (2001) に従った。詳細な解説は加藤 (2001) を参照して欲しい。以下のモデルの紹介は Becker (1973) による。

と定式化できる。

次に第i番目の男性M_iとj番目の女性F_jが結婚をして、2人の家計内財の生産量Z_{ij}を男性M_iにm_{ij}を分配し、女性F_jにf_{ij}だけ配分すると仮定した場合、次式が成立する。

$$m_{ij}+f_{ij} = Z_{ij} \quad (1\text{-}9)$$

第i番目の男性M_iとi番目の女性F_iが結婚をして、2人の家計内財の生産量Z_{ii}を男性M_iにm_{ii}を分配し、女性F_iにf_{ii}だけ配分すると仮定した場合は

$$m_{ii}+f_{ii} = Z_{ii} \quad (1\text{-}10)$$

である。
同様に、第j番目の男性M_jとj番目の女性F_jが結婚をして、2人の家計内財の生産量Z_{jj}を男性M_jにm_{jj}を分配し、女性F_jにf_{jj}だけ配分すると仮定した場合は

$$m_{jj}+f_{jj} = Z_{jj} \quad (1\text{-}11)$$

が成立する。

いま、行列の対角線の組み合わせの利得が最も高いと仮定しているので、

$$m_{ii}+f_{jj} > m_{ij}+f_{ij} = Z_{ij} \quad (1\text{-}12)$$

となり、その結果、男性M_iと女性F_iおよび男性M_jと女性F_jの2組のカップルが結婚を解消し、男性M_iと女性F_jが新たに結婚するインセンティブを持たない。つまり、最適な割当となる。

■釣り合いのとれた結婚

ここでは、MとFが個人的属性(知識、人種、宗教、教育、賃金率、背長、積極性、養育に対する傾向、年齢)で違いがある場合の最適な順位を考える。属性の1つを取りだし、A_mは男性のその属性の量、A_fは女性が持つ属性の量である。男性M_iと女性F_jが結婚した場合の家計内の生産量をZ_{ij}と定義する。男女とも、その属性の数量的な増加は、家計内財の生産量を増加させる。すなわち、

$$\frac{\partial Z_{ij}}{\partial A_m}(A_m, A_f) > 0, \frac{\partial Z_{ij}}{\partial A_f}(A_m, A_f) > 0 \tag{1-13}$$

となる。もし、男性の属性 A_m と女性の属性 A_f が同時に増加し、家計内財の生産量 Z_{ij} もまた増加する場合、M_i と F_j はその属性において正の順位を持つと呼ぶ。その際、上式を満たす場合、家計内財の生産量を極大にすることができる。このとき、M_i と F_j は釣り合った相手（assortative mate）となる。この場合、お互いの属性は補完的である。逆に、男性の属性と女性の属性が同時に増加した場合、家計内財の生産量が減少する場合を負の順位付けを持つと呼ばれる。負の順位付けにある男女が家計内財の生産量を極大化するためには、次の代替的関係が満たされる。

$$\frac{\partial^2}{\partial A_m \partial A_f} Z(A_m, A_f) \gtreqless 0 \tag{1-14}$$

　家計内財の生産量を最大化するには、属性の順位付けは正の場合と負の場合がある。例えば、健康や教育であれば、正の順位付けが家計内財の生産を最大化する。一方、賃金などは負の順位付けが家計内財を最大化する。賃金格差の大きいカップルは、比較優位の原則に基づき分業を行うことにより、家計内財の生産が上昇する。

　この理論に従うと、近年の未婚化や晩婚化の上昇は、女性の賃金上昇により男女間の賃金格差が縮小して、家庭内の分業のメリットが小さくなった結果と解釈することが可能である。

■お見合いを成功させるゲイル＝シャプレーのアルゴリズム

　4人の男性と4人の女性のお見合いを考える（以下の説明は林（2013）による）。男性をそれぞれ M_1, M_2, M_3, M_4、女性をそれぞれ F_1, F_2, F_3, F_4 で表すことにする。各人の異性に対する好み順位は以下のとおりである。

$$\begin{array}{cccccccc}
M_1 & M_2 & M_3 & M_4 & F_1 & F_2 & F_3 & F_4 \\
F_4 & F_2 & F_4 & F_2 & M_4 & M_1 & M_2 & M_2 \\
F_2 & F_1 & F_2 & F_3 & M_2 & M_3 & M_1 & M_3 \\
F_3 & F_3 & F_1 & F_1 & M_3 & M_2 & M_4 & M_1 \\
F_1 & F_4 & F_3 & F_4 & M_1 & M_4 & M_3 & M_4
\end{array} \tag{1-15}$$

(1-15) の一例を挙げれば、男性 M_1 は $F_4 > F_2 > F_3 > F_1$ の順序で選好を持つということである。以下同様。こうした状況下で最適なマッチングは存在するのであろうか。マッチングをブロックするペアが存在しない安定マッチングの存在が知られている。安定マッチングの中で最も男性側に有利なものを男性最適マッチングと呼び、安定マッチングの中で最も女性側に有利なものを女性最適安定マッチングと呼ぶ。こうした安定マッチングはゲイル＝シャプレーのアルゴリズムを通して見つけることができる（林 2013）。

男性からプロポーズする場合は以下のようになる。

- **ステップ1**：①各男性はそれぞれ最も好ましい女性にプロポーズを行う。男性 M_1, M_3 は女性 F_4 に、男性 M_2, M_4 は F_2 にプロポーズをする。②各女性は、プロポーズされた男性の中から最も好みの男性を選びキープし、それ以外の男性のプロポーズを断る。それゆえ、女性 F_2 は M_2 をキープし、M_4 のプロポーズを断る。女性 F_4 は男性 M_3 をキープし、M_1 のプロポーズを断る。
- **ステップ2**：①ステップ1で断られた男性は、2番目に好きな女性にプロポーズをする。男性 M_1 は女性 F_2 に、男性 M_4 は女性 F_3 にプロポーズをする。②女性はステップ1でキープした男性と今回プロポーズしてきた男性を比較検討して好ましい方をキープし、それ以外の男性のプロポーズを断る。それゆえ、女性 F_2 は男性 M_1 をキープし、男性 M_2 を断る。女性 F_3 は男性 M_4 をキープし、女性 F_4 は男性 M_3 をキープする。
- **ステップ3**：ステップ2の繰り返し。①男性 M_2 は女性 F_1 にプロポーズをする。②女性 F_1 は男性 M_2 をキープし、女性 F_2 は男性 M_1 をキープし、女性 F_3 は男性 M_4 をキープする。さらに、女性 F_4 は男性 M_3 をキープする。

よって、男性最適安定マッチングは $(M_1, F_2), (M_2, F_1), (M_3, F_4), (M_4, F_3)$ となる。

一方、女性からのプロポーズの場合は、男性と同様なアルゴリズムを行うと、$(M_1, F_2), (M_2, F_3), (M_3, F_4), (M_4, F_1)$ の女性最適安定マッチングを得る。この

ゲイル＝シャプレーのアルゴリズムを用いた場合、プロポーズする人が自分の選考を正直に申告することが常に支配戦略となることが知られている（林 2013; 433-437頁）。

■結婚市場におけるサーチ理論

サーチ理論に関しては、今井・工藤・佐々木・清水（2007）『サーチ理論』があるが、本項では橘木・木村（2008）に全面的に依拠しながら[4]、結婚市場におけるサーチ理論を考察する。モデルの基本的な考え方は、結婚のオファーがあった場合、結婚の利得（x）の現在価値（$V_{iM}(x)$）が留保水準（R_i）以上であれば結婚をする。ここで、添え字はi番目の個人を示している。それ以下であれば、結婚市場に留まり結婚相手を探すことになる。結婚から得られる利得（x）の現在価値は、

$$eV_{iM}(x) = x + \delta[V_i - V_{iM}(x)] \tag{1-16}$$

である。但し、eは割引率である。V_iはi番目の人の独身のときの利得、$V_{iM}(x)$は結婚からの利得、それゆえ、$V_i - V_{iM}(x)$は離婚して独身に戻る場合の利得ないし損失である。但し、δは離婚確率である。(1-16) 式は、結婚により毎期xの利得と離婚した場合の利得（損失）を合計した現在価値である。

次に独身から得られる利得の現在割引価値は

$$eV_i = b_i + a_i \int_{R_i}^{\infty} [V_{iM}(x) - V_i] dF_i(x) \tag{1-17}$$

(1-17) 式は独身から毎期bの利得を得てaの確率で結婚のオファーを受け、結婚するかどうかを決める。$\int_{R_i}^{\infty} [V_{iM}(x) - V_i] dF_i(x)$は結婚のオファーを受けたときの期待キャピタル・ゲインである。結婚への留保水準を$R_i = eV_i$とし、さらに (1-16) 式を変形して (1-17) 式の ［・］に代入すると、結婚を判断する基準となる留保水準は、独身からの毎期bの利得と結婚して離婚した場合のネットの

---

[4] このモデルは Ermisch, J. F (2003), *An Economics Analysis of the Family*, Princeton University Press の第7章に準じている（橘木・木村（2008）80-84頁）。詳細は橘木・木村（2008）を参照。

利得の合計となり以下の結果を導出する。①個人 i は独身で得られる利得が大きいほど、また結婚のオファーの確率が高いほど結婚の留保水準が高くなる。さらに、②離婚確率が高くなればなるほど、結婚することに慎重になり結婚への留保水準が高くなる。最後に、③割引率が小さくなればなるほど、現在より将来さらに良い結婚への期待が大きくなり結婚への留保水準が大きくなる。こうしたサーチ理論から、現在の晩婚化・未婚化を説明できるとしている（橘木・木村 2008; 80-94頁）。

第2節　子どもの数の決定理論

■マルサスの人口論

　子どもの数は、将来のわが国の労働供給量に決定的に重要な影響を与える。出生に関する研究は1798年のマルサス（T. Malthus）による『人口論』（*An Essay on the Principle of Population*）がある[5]。人類に対する長期的見通しに関してマルサスの悲観的見解のために、その経済学は「陰気な科学」のニックネームを獲得した（Borjas 2008）。マルサスの見解は、均衡生存水準以上に所得が上昇すると、男女は"道徳的抑制"をやめ、より若くに結婚し、より頻繁に性活動に励む。こうした行動の不可避的な結果は人口規模を増加させる。しかし、追加された人々の大きな人口を支えるほどには、自然資源（例えば、食料や燃料）が十分に増加しない。もし生存水準以下に所得が低下した場合、男女は結婚を遅らせ、性活動を控え自分たちの行動を再調整する。その結果、人口は減少し自然資源に関する競争が削減される。このことは生存水準の平均所得を増加させる。

　所得が生存水準に常に戻るというマルサスの結果は、所得と出生の間に正の相関があるとの仮定に基づいている。所得の増加はより多くの出生を導き、逆に、所得の減少は出生を低下させる。現代の経済学において、マルサスは所得効果が存在することを強調したのである。つまり、所得が増加したとき、家族はより多

---

5) T. R. Malthus, *An Essay on the Principle of Population*, 1st ed., 1798, 2nd ed., 1803, 6th ed, 1826（大淵寛・森岡仁・吉田忠雄・水野朝夫訳（1985）『第6版　人口の原理』中央大学出版会）。"道徳的抑制"に関する記述は第4編「人口原理から生じる害悪の除去あるは緩和に関するわれわれの将来の見通しについて」531-654頁を参照。

くの子どもを望むということである。

しかし、出生のマルサスモデルは、現代経済における出生行動に何が起きているかを予想することに失敗した。1人当たりの所得の上昇は、出生率を上昇させず、出生率は減少した。言い換えれば、国が豊かになればなるほど、大きな家族から小さな家族へと変貌した。

出生行動の分析は、ベッカー（Gary Becker）が家計の出生行動を経済の枠組みで再導入する1960年まで、現代経済から姿を消していた。ベッカーは、出生が所得の変化に反応するのみならず価格の変化にも反応することを一般化した。

■最適な子どもの数

マルサスで強調された所得効果に価格効果も加えた家計の出生行動を定式化すると（1-18）と（1-19）式になる。家計の効用（U）は家計の子どもの数（n）と消費財（x）からなる。家計はより多くの子どもとより多くの財を選好する。(1-18) 式から家計の効用を一定とし、nとxの組み合わせを示した図が**図1-1**の無差別曲線である。また、家計の消費活動は家計の所得Iに制約される(1-19) 式と仮定すると、家計の効用最大化は

$$\text{Max } U = F(n, x) \tag{1-18}$$

$$\text{s.t. } I = p_n n + p_x x \tag{1-19}$$

と定式化される。ここで、p_nは追加的に子どもを持つ価格、p_xは他の財の価格である。家計は（1-19）式を制約として（1-18）式を最大化する制約付の最大化問題として定式化される。

子どもは極端に高価な財である。食事や衣服といった生活に関わる費用だけでなく、高い教育費用もかかる。こうした子どもを養育する直接的費用に加えて、子どもを養育する機会費用もかかることになる。子育てを行うのに両親のどちらかが労働市場に参加することをあきらめた場合は、放棄所得が子どもの価格に含まれることになる。推計では子ども1人当たり教育関連費と養育費を含めて22歳までに子ども1人当たり3,000万円かかるとも言われている。

図1-1は無差別曲線と所得制約線の接線で家計での最適な子どもの数を示している。家計は子どもと幾つかの財の組み合わせにその所得を費やす。家計は無

図1-1　最適な子どもの数

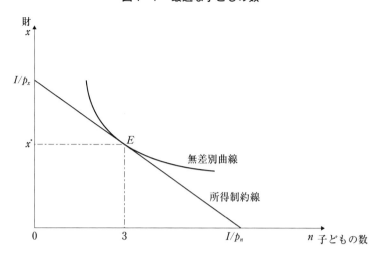

差別曲線が所得制約線に接するE点で効用を最大化する。この図では3人の子どもを持つことが、家計にとって効用が最大となる。この理論的枠組みでは、子どもは他の財と同様に家計の消費バスケットとして扱われている。

■所得と価格が出生に与える影響

　図1-1を使用して、所得と価格が家計の子どもの数に影響を与えることを分析することが出来る。**図1-2（a）** は家計の所得が上昇したケースが示されている。家計の所得の上昇は所得制約線を上方にシフトさせる。所得制約線AAをBBにシフトさせる。それにより、家計の最適消費点はE_3からE_4にシフトする。子どもが正常財と仮定した場合、家計の所得増加は子どもの数を3人から4人に増加させる。所得効果はマルサスが意図した所得の増加と出生が正に相関することとなる。マルサスの夫婦の"道徳的抑制"と言う言葉で部分的に説明されるが、現代の経済学者は子どもが正常財であるという言葉で説明している（Borjas 2010）。

　次に、**図1-2（b）** は子どもの養育費が増加した場合を示している。子どもの養育費が増加すると、所得制約線AAはACへと内側方向にシフトする。最適点はE_3からE_1点となり、家計の最適な子どもの数は3人から1人に減少す

図 1-2　家計の出生に関する所得と価格の影響

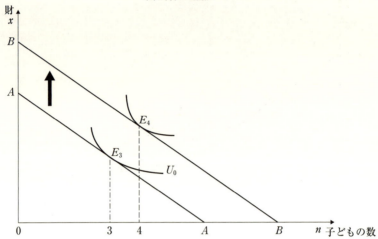

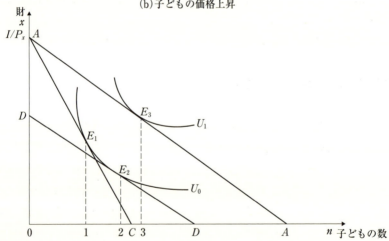

出所：Borjas（2010）.

る。

　最適点 E_3 から E_1 への移動を所得効果と代替効果に分けることにより、子どもの養育費用の増加が子どもの需要を減少させることを示すことが出来る。所得

制約線 AA に平行に無差別曲線 U_0 に接する所得制約線 DD 線を引くと、無差別曲線 U_0 の接点 E_2 が示される。E_3 点から E_2 点の動きが、所得効果である。子供に対する養育費が上昇したため、家計の実質所得が減少、家計の望ましい子ども数が3人から2人に減少している。E_2 から E_1 の動きは、代替効果である。子どもの価格上昇により、家計が相対的に高くなった子どもの数を減らし、相対的に安くなったその他の財の消費を増加させている。子どもの数は2人から1人に減少する。価格の上昇（子どもの養育費の上昇）は、最適な子どもの数を3人から1人に減少させたことになる。

　以上の考察から、子どもの養育費が高いと子どもの数が減少する。一方、子どもの養育費が安いと子どもの数が増加する。この理論に従えば、地方より都市部で子どもの数が少ないのは、都市部の子どもの養育費が地方より高いためと解釈される。

■質を考慮した子どもの数

　本項では (1-18) 式の効用関数に子どもの質を導入して考察することにする。詳細なモデルの紹介は加藤（2001）、橘木・木村（2008）で紹介されているので、そちらを参照して欲しい。本書ではその概略を記述することにする。子どもの質を考慮した場合のモデルは

$$\text{Max } U = F(n, q, x) \tag{1-18-1}$$

$$\text{s.t } I = p_n nq + p_x x \tag{1-19-1}$$

ここで、q は子ども1人当たりの質を示している。

　次に、ラグランジュ関数を次式のように定義し、

$$\Phi = U(n, q, x) + \lambda(I - p_n nq + p_x x)$$

各変数に関して Φ の偏導関数をゼロと置き、ラグランジュ乗数 λ を消去し整理すると

第1部 人口減少（少子・高齢化）のメカニズムとその対策

図1-3 所得の増加と子ども数と質

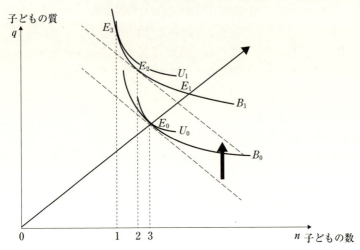

注：所得効果：E_0 から E_2、代替効果：E_2 から E_3
全部効果 ＝ E_0 から E_3

$$\frac{\frac{\partial U}{\partial n}}{\frac{\partial U}{\partial q}} = \frac{\pi_n}{\pi_q} = \frac{q}{n} \tag{1-20}$$

を得る。ただし、$\pi_n = p_n q$, $\pi_q = p_n n$ である。限界代替率＝相対価格＝相対需要量となっている。

それゆえ、相対需要量の増加 $\left(\dfrac{q}{n}\right)$ は相対価格 $\left(\dfrac{\pi_n}{\pi_q}\right)$ を上昇させる。

図1-3を使用して、所得の増加が質を考慮した子どもの数にどのような変化をもたらすかを考察してみよう。ここで、所得が増加したとき、子どもの数より子どもの質を家計が選好すると仮定する。所得 I_0 のときの所得制約線を B_0 とする[6]。そのとき、個人の合理的選択は（1-20）式が教えるように所得制約線 B_0

---

6) 子どもの質を考慮した所得制約線は（1-19-1）式からわかるように、質と量が積に形として入っているため非線形となる。

と無差別曲線 U_0 の接線である E_0 点を選択することになる。そのときの子どもの数は3人である。この状態で、所得が I_0 から I_1 に増加すると、それに対応する所得制約線 B_1 が与えられる。E_0 点と同じ傾きを持つ E_1 点が無差別曲線と接することはない。なぜなら、所得が増加するにつれて、子どもの数より質を重視すると仮定されているためである。新たに所得が増加した時の接点は E_0 点より左側にある E_2 点となる。このときの最適な子どもの数は3人から2人に減少している。この E_0 点から E_2 点の動きは、子どもの質と量の相対価格を一定にしたまま所得が増加した点であることから純粋な所得効果と呼ばれている。

所得の増加は質・量ともに正常財であれば需要が増加する。選好の仮定より質の方が量の方より選好されるので、量の相対価格が上昇することになる。それゆえ、子どもの数を減らして質を高める動きが生じる。この動きが E_2 点から E_3 点への代替効果である。所得効果と代替効果を合わせた全部効果では子どもの数が1人に減少する。つまり、所得の増加により子どもが3人から1人に減少する。質を考慮したモデルでは、所得の増加により子どもの数が減少することがありうる。

第3節　少子化対策の理論

■少子化対策の理論的根拠

少子化はわが国に様々な問題を生み出している。例えば、地方消滅[7]、地域の崩壊、低成長、労働力不足、社会保障の維持を困難にさせる等、多くの問題が持ち上がってきている。こうした状況は、子どもが社会システムを維持するための公共財（public goods）の一種とみなすことができる。また、子どもが持つ外部効果（external effects）に注目しなければならない。すなわち、市場取引を目的として行われる生活活動がそれにともなって副次的な「近隣効果」（neighbourhood effects）を第三者に及ぼし、正または負の効果については、代価の受け取りや損害賠償の一部が支払われないケースである。

子どもに正の外部効果があれば社会的便益は私的便益より大きくなる。一般的に外部性を持つ財はパレート最適資源配分に必要とされる限界社会的便益と限界

---

[7］増田寛也編（2014）『地方消滅』中央公論新社。

図1-4 外部経済と最適生産量

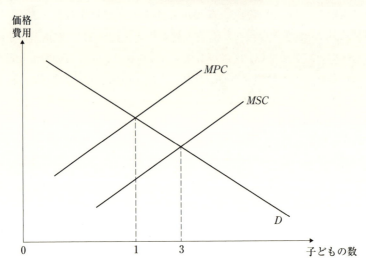

社会的費用が等しくならない。それゆえ、市場の最適資源配分にならない。

図1-4は子供の需要曲線 D、社会全体の限界私的費用曲線 MPC, おなじく限界社会的費用曲線 MSC が描かれている。MPC と MSC の乖離幅が正の外部性効果の大きさである。社会全体の最適生産量は D 曲線と MSC 曲線の交点に対応する子ども3人であるが、この場合、MPC < MSC となっているため、子どもの数は1人となり、パレート最適な3人の子どもを生み出すことができていない。このような場合の経済政策としては、国や地方自治体が個人や子供関連の施設に助成を行い、限界私的費用曲線（MPC）を限界社会的費用曲線（MSC）まで下方にシフトさせることが考えられる。

いま仮に子どもが公共財の一種と見なすことが出来るとすれば[8]、サミュエル

---

8) 子どもは公共財の定義としての排除不可能性（nonexcludability）と非競合的消費（non-rival consumption）の条件を満たしているのか。子どもはそもそも経済学で取り扱う財、ものではなく人である。しかし、経済学では子どもを一種の財とみなして取扱を行っている。また、子どもは親が税金を納めていないというだけで、社会から排除はできない。また、非競合的消費は社会的に一定の人数が満たされなければ、社会そのものが成り立たないので、子どもからある一定の満足を社会の構成員が受けているという意味で非競合的消費も満たしていると考える事が出来る。それゆえ、子どもは公共財の一種と考えることが可能である。

ソン(P.A. Samuelson 1954; 1955)により定式化された以下の公共財の最適供給理論が適用される。単純化のために個人2人、2財のモデルを仮定し、財1を私的財、財2を公共財とし、私的財を $X = x_1^1 + x_2^1$、公共財を $Z = z_1^2 = z_2^2$ と表記すれば、

$$\text{Max } U_i = u_i(x_i^1, Z), \qquad i = 1, 2 \tag{1-21}$$

$$\text{s.t. } F(X, Z) = 0 \tag{1-22}$$

$$X = x_1^1 + x_2^1 \tag{1-23}$$

として定式化される。(1-21) 式は各個人の効用関数である。さらに (1-22) は陰関数で表記された生産可能性関数であり、(1-23) 式は私的財の定義式である。

ここで、個人2の効用を一定とし、個人1の効用を最大化する。ラグランジュ関数を

$$Y = u_1(x_1^1, Z) + \lambda[u_2(x_2^1, Z) - \overline{u_2}] + \mu[F(X, Z)] + \rho(X - x_1^1 - x_2^1) \tag{1-24}$$

とする。Y を各変数に関して微分してゼロとおき、ラグランジュ乗数を λ, μ, ρ を消去し整理すると、

$$\frac{\frac{\partial F}{\partial Z}}{\frac{\partial F}{\partial X}} = \frac{\frac{\partial u_1}{\partial Z}}{\frac{\partial u_1}{\partial x_1^1}} + \frac{\frac{\partial u_2}{\partial Z}}{\frac{\partial u_2}{\partial x_2^1}} \tag{1-25}$$

が得られる。この式の右辺は各個人の私的財に対する公共財の限界代替率の総和であり、個人1にとって私的財 X で測った公共財 Z の限界効用(MU_1)と個人2にとって X で測った公共財 Z の限界効用(MU_2)の和である。左辺は生産可能性曲線の勾配であり、公共財と私的財の限界転形率である。X で測った公共財 Z の限界費用(MC)である。それゆえ、(1-25) 式は

$$MC = MU_1 + MU_2 \tag{1-26}$$

として示される。

以上のメカニズムを描写したものが**図1-5**の公共財の最適供給の図である。

図1-5 公共財の最適供給

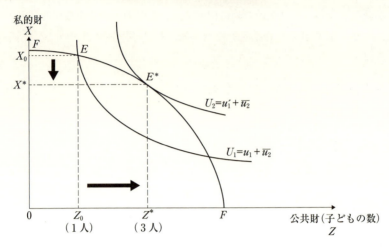

生産可能性曲線と無差別曲線の傾きが等しい点で公共財の最適供給が行われる。E 点のように公共財が不足している社会においては、私的財を減少させて公共財の供給を増加させることにより社会全体の効用を増加させパレート最適点へと導くことができる。しかし、公共財の不足は市場に供給を期待できず、政府自らその供給を行わなければならない（鈴木 1981; 熊谷 1983）。

おわりに：少子化対策

　ここで、本章で考察してきた少子化の原因と対策をまとめてみよう。結婚の理論的考察から、未婚率や晩婚化の最大の要因は結婚からの便益が減少していると考えられる。そのため、結婚から得られるメリットを拡大させる政策や結婚相手を探索する費用を削減する方法が考えられる。今までは、各自治体は直接結婚に関してコミットすることはなかったが、今後は婚姻率や出生率そのものを引き上げる政策に各自治体が直接・間接的にコミットすることが求められる。例えば、男女の出会いの場の提供や結婚相談所への助成なども考えられる。こうした取組みは現在では、ある程度試みられつつある。このような取組みは経済学的には結婚相手の探索費用の削減に寄与するため、婚姻率を高める効果が期待される。

　効用最大化問題からの帰結は、子どもの養育費の引き下げにより、所得効果と

代替効果により子どもの数を増加させる効果が期待される。子どもの医療費や保育費用・教育費用の削減ないし無償化策が子どもの養育費用を削減し、子どもの数を増加させることが理論的に導出される。また妻の機会費用の削減によっても子どもの養育費用を引き下げることが出来る。

　子どもが外部経済を持つ場合、少子化対策の1つとして限界私的費用を削減することが必要である。そのためには、子育て支援を財政面のみならず保育施設の充実をはかることなどが必要となる。小﨑（2012）の研究によれば、現金給付（児童手当、育児手当等）とサービス（例えば、待機児童の削減等）を比較すると、後者の方が出生率を増加させる可能性が見出されている。宇南山（2010;2013）は、女性の結婚・出産と就業の両立可能性の観点から、育児休業制度や3世代同居率より保育所の整備が最も重要であるとする。中澤・矢尾板・横山（2015）は、待機児童問題の解消として、保育サービスのソフトの供給として、効率性を改善し、待機児童問題において生じている「ミスマッチ」を緩和させ「調整」（マッチング）を通じて、保育所の量的な整備を補完することが重要であるとしている。

参考文献
今井亮一・工藤教孝・佐々木勝・清水崇（2007）『サーチ理論』東京大学出版会。
宇南山卓（2010）『少子高齢化対策と女性の就業について』RIETI Discussion Paper Series10-J004.
宇南山卓（2013）『仕事と結婚の両立可能性と保育所：2010年国勢調査による検証』RIETI Discussion Paper Series13-J039.
加藤久和（2001）『人口経済学入門』日本評論社。
北村行伸（2002）『結婚の経済学』一橋大学経済研究所。
熊谷尚夫（1983）『経済原論』岩波書店。
小﨑敏男（2005）「人口減少と労働政策」『経済学論纂（中央大学）』第45巻第1・2合併号、105-132頁。
小﨑敏男（2006）「人口減少と女子労働政策」『経済学論纂（中央大学）』第46巻第1・2合併号、31-50頁。
小﨑敏男（2010）「若者を取り巻く労働市場の変化と出生率の変化」『東海大学紀要政治経済学部』第42号、103-130頁。
小﨑敏男（2011）「女性の働き方と少子化に関する考察」『東海大学紀要政治経済学部』

第43号、39-62頁。
小﨑敏男（2012）「各国の若者を取り巻く環境の変化と出生率」小﨑敏男・牧野文夫編（2012）『少子化と若者の就業行動』原書房、151-179頁。
小﨑敏男・牧野文夫編（2012）『少子化と若者の就業行動』原書房。
小﨑敏男（2014）「子供の有無と女性の働き方に関する考察」『東海大学紀要政治経済学部』第46号、13-25頁。
鈴木守（1981）『公共政策論』東海大学出版会。
橘木俊詔・木村匡子（2008）『家族の経済学』NTT出版。
伊達雄高・清水谷諭（2004）『日本の出生率低下の要因分析：実証研究のサーベイと出生率低下の要因分析：実証研究のサーベイと政策的含意の検討』ESRI Discussion Paper Series No.94.
中澤克佳・矢尾板俊平・横山彰（2015）「子育て支援に関わる社会インフラの整備とサービスに関する研究」『フィナンシャル・レビュー』第124号、7-28頁。
林貴志（2013）『ミクロ経済学　増補版』ミネルヴァ書房。
増田寛也編（2014）『地方消滅』中央公論新社。
増田幹人（2015）「子どもの数と教育費負担との関係」『季刊　社会保障研究』Vol.51, No.2, 223-232頁。
八代尚宏（1993）『結婚の経済学』二見書房。
八代尚宏（1999）『少子・高齢化の経済学』東洋経済新報社。
山口一男（2009）『ワークライフバランス』日本経済新聞社。

Becker, G. S. (1973) "A Theory of Marriage: Part I," *Journal of Political Economy*, 81, 813-846.
Becker, G. S. (1974) "A Theory of Marriage: Part II," *Journal of Political Economy*, 82, S11-33.
Borjas, G. J. (2008; 2010) *Labor Economics*, McGraw-Hill.
Cigno, A. (1991) *Economics of the Family*, Oxford University Press, 田中敬文・駒村康平訳（1997）『家族の経済学』多賀出版。
Malthus, T. R. (1826) *An Essay on the Principle of Population; sixth Edition*, 大淵寛・森岡仁・吉田忠雄・水野朝夫訳（1985）『人口の原理　第6版』中央大学出版部。
Samuelson, P. A. (1954) "The Pure Theory of Public Expenditure," *Review of Economics and Statistics*, 36(4), 387-389.
Samuelson, P. A. (1955) "Diagrammatic Exposition of a Theory of Public Expenditure," *Review of Economics and Statistics*, 37(4), 350-356.

第 2 章

既婚女性の働き方と子どもの数
女性の働き方と少子化は関係しているのか？

はじめに

　前章でわが国のTFR（合計特殊出生率）が1975年以降、2.00を割り込んで現在に至っていることを述べた。1974年のTFRが2.05のときのわが国の出生数は、「人口動態調査」によれば1年間で約190万人が生まれていた。しかし、2016年ではTFRは1.44で出生数は100万人を割り込み約98万人となっている。さらに厄介なことに、出産の95％を占める「20〜39歳」の女性人口は、「国勢調査」によれば、1,572万人（2010年）から1,379万人（2015年）と5年間で約192万人減少している。年率−2.45％で減少している。この再生産年齢人口が減少すれば、TFRが2.10でも人口が減少してしまうと言われている。

　こうした状況下で既婚女性の働き方が子どもの数にどのような影響を与えているのか、第1章で紹介した基礎理論を使用して考察した後、「就業構造基本調査」の個票を使用して実証分析を行う。

第1節　理論的考察[1]

　はじめに、家計の費用最小化問題を定式化し、その後、妻の賃金上昇が子どもの養育時間、子どもに対する需要の変化ならびに労働時間に与える効果を分析する。

---

1) 以下の理論的枠組みは www1.doshisha.ac.jp/~kmiyazaw/.../nakaya.pdf のサイトの文献を参考にした。また、山重（2013）、萩原（2013）で紹介されているモデルは、このモデルに夫の所得と児童手当などを導入したものである。基本的枠組みは同じである。

図2-1　子ども1人を養育するための費用最小化問題

■費用最小化問題

　ここでは、企業の費用最小化問題を家計の費用最小化問題として取り扱うことにする。まず子どもを生み育てるための家計内の生産関数 Z を

$$Z = F(t, x) \tag{1-1-1}$$

と仮定する。家計内の生産関数は、家庭内の憩い、家族の団欒、子どもなどが含まれる。ここで、t は子どもを産み育てる時間で、妻の養育時間（t_f）と夫の養育時間（t_m）からなる。x は養育財である。Z を一定したときの、t と x の組み合わせが等産出量曲線となる。

　子どもの養育の総費用 TC は

$$TC = w_f t_f + w_m t_m + p_x x \tag{2-1}$$

となる。ここで、w_f は妻の賃金率、w_m は夫の賃金率、p_x は子どもの扶養財の価格である。

　今、単純化して妻のみが子どもを養育するとすれば、費用最小化問題は以下の式で定式化できる。

図2-2 妻の賃金が上昇した場合の代替効果

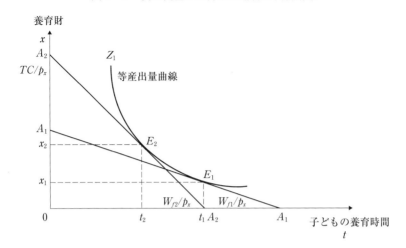

$$\text{Min } TC = w_f t + p_x x \qquad (2\text{-}1\text{-}1)$$
$$\text{s.t. } Z = F(t, x) \qquad (1\text{-}1\text{-}1)$$

上式を図で示したものが**図2-1**である。等産出量曲線と等費用曲線が接するE_1点が費用最小化の点となる。つまり、子ども1人の養育費を最小化する点は子どもの養育時間t_1と子どもの養育財x_1の組み合わせの点となる。

■妻の賃金上昇の効果

 (2-1-1) 式と (1-1-1) 式を使用して、妻の賃金が上昇したときの効果を考察する。妻の賃金上昇には2つの効果に分解できる。1つは子どもの養育時間の価格が子どもの養育財と比べ相対的に価格が高くなるため、養育時間[2]を節約する代替効果である。もう1つは妻の賃金上昇により、子どもの養育費が上昇し、子どもの価格が引き上げられ、子どもに対する需要が減少する規模効果である。

 図2-2は、妻の賃金上昇による代替効果を示している。はじめに、養育費の最小の組み合わせはE_1点の(t_1, x_1)の組み合わせである。妻の賃金上昇により所得制約線の傾きが$A_1 A_1$から$A_2 A_2$にシフトする。言い換えれば、所得制約

---

 2) ここでの子どもの養育時間とは、子どもを生み育てる時間である。

図2-3 妻の賃金が上昇した場合の規模効果

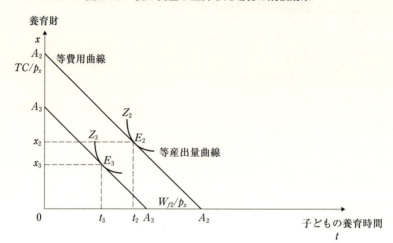

線の傾きが w_{f1}/p_x から w_{f2}/p_x に変化する。それにより最適点は E_2 となり（t_2, x_2）の組み合わせとなる。つまり、相対的に高くなった養育時間を削減して、相対的に安くなった財 x の購入を増加させる。例えば、妻の養育時間を削減し、保育施設の利用を拡大するといったことである。

次に、妻の賃金上昇は子どもの扶養する時間の価格の上昇をもたらす。それにより、家計は子どもを持つ費用が上昇することにより、子どもに対する需要が減少するため、等産出量曲線 Z_2 から Z_3 へと原点側にシフトする。それにより、費用最小の点の組み合わせは E_2 点の（t_2, x_2）から E_3 点の（t_3, x_3）へと変化することになる。つまり、規模効果によりさらに子どもの扶養時間と子どもの扶養財は減少することとなる（図2-3参照）。

■妻の賃金上昇と子どもの数及び労働時間との関係

次に妻の賃金上昇と子どもの数の関係を考察することにする。妻の賃金上昇と子どもの数の関係は、効用最大化問題として考察される。家計の効用関数は(1-18) 式と同じく、

$$U = u(n, x) \tag{1-18}$$

である。所得制約は

$$w_m H_m + w_f H_f = p_x x + p_n n \tag{1-19-2}$$

ここで、H_m は夫の労働時間、H_f は妻の労働時間、p_n は子どもの価格、p_x は財の価格、n は子どもの数、x は財を示す。(1-19-2)の左辺は家計の総所得で、右辺は家計の支出を示している。

今、子育ては母親のみが行い、利用可能時間を1と基準化すると、夫婦の労働時間は $H_m = 1$, $H_f = 1 - t_n$ と示すことが出来る。t は子どもの養育時間である。この式を (1-19-2) に代入して整理すると

$$w_m + w_f = p_x x + (w_f t + p_n) n \tag{1-19-3}$$

となる。それゆえ、制約付きの最大化問題は

$$\text{Max } U = u(n, x) \tag{1-18}$$
$$\text{s.t. } w_m + w_f = p_x x + (w_f t + p_n) n \tag{1-19-3}$$

と定式化される[3]。

これらを図示したものが**図2-4**である。子どもを持つ限界効用(MU)=限界費用(MC)が等しくなるところで効用が最大になることを示している。この図では3人の子どもを持つことが効用最大化となる。下段の図より子ども4人の場合、限界費用 $MC = w_f t + p_n > MU$（限界効用）となり、3人以下では $MC < MU$ となっている。3人で $MC = MU$ となっている。この図を使用して妻の賃金が上昇すると、MC 線が MC' に上方シフトする。その結果、子どもの数が減少して1人となる。つまり $\partial N^*/\partial W_f < 0$ となる。

最後に、妻の賃金上昇が妻の労働時間にどのような影響を与えるかを考察する。妻の労働時間は、

$$H_f = 1 - t_n \tag{2-2}$$

妻の労働時間（H_f）は子育ての養育時間を引いた時間となる。妻の賃金が上昇

---

[3] ラグランジュ関数は $\Phi = U(n, x) + \lambda(w_f + w_m - p_x x - (w_f t + p_n) n)$ となり、各変数で偏微分して整理すると、$\dfrac{\partial U}{\partial n} = \dfrac{w_f t + p_n}{\partial n} = MC$ を得る。子どもの持つ限界効用と限界費用が等しくなるときに効用最大化が達成される。

図2-4　妻の賃金上昇と最適な子どもの数

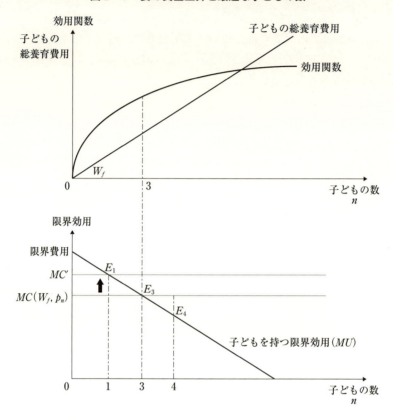

すると、子どもの養育時間が相対的に高価となり、相対的に高価となった子どもの養育時間を減少させる。その結果労働時間が増加する。$\partial H_f/\partial W_f > 0$ となる。

第2節　既婚女性の働き方と出生数の実証分析[4]

■データとモデルに関する説明

　既婚女性の働き方と子どもの数に関する実証分析のデータは、総務省統計局「就業構造基本調査」（2002年）の個票（匿名データ：以下「就調」）を使用して

4）以下の記述は小﨑（2011）の分析結果の要約である。

分析を行なう。但し、子どもの年齢15歳未満で、夫と妻の年齢が50歳未満を対象とした。データ数は752,068個である。推計方法は、前項で紹介した事項を参考にしながら、また、データの制約を考慮しながら、多項ロジット回帰で、子どもの数に関する個人の属性を考察する。推計に用いた変数は、

$$Child = F(AG, ED, IN, ID, OC, RE, SC, FW, HW) \qquad (2\text{-}3)$$
$$Child = F(AG, ED, IN, ID, OC, RE, SC, FE, HE) \qquad (2\text{-}4)$$
$$Child = F(AG, ED, IN, ID, OC, RE, SC, FEM, HE) \qquad (2\text{-}5)$$

である。

ここで、$Child$：子どもの数、AG：妻の年齢、ED：妻の学歴、IN：世帯所得、ID：世帯主の産業、OC：世帯主の職業、RE：地域、SC：世帯主の勤め先の規模、FE：妻の雇用形態、HE：夫の雇用形態、FEM：妻の就業状態、HEM：夫の就業状態、FW：妻の有業・無業、HW：夫の有業・無業を表している。

子どもの数に関する個人の属性を調べるために、従属変数を子どもの数0人、1人、2人以上に分けて、多項ロジット分析を試みた。はじめに、子どもの数と夫と妻の有業・無業状態との関係を (2-3) 式を用いて推計を行う。次に、夫婦の有業・無業状態に替えて、夫婦の雇用状態と子どもの数を (2-4) 式で推計し、その後、(2-5) 式で妻の就業状態と夫の雇用形態を推計する。最後に、世帯の所得を妻と夫の所得に分解しさらに、妻や夫の労働時間と子どもの数を検討することにする。

■使用されるデータの度数分布表

表2-1は、おもに (2-3) 式の推計で用いられる各変数の度数分布とそのパーセント（％）を示したものである。それによると、子どもの数は、2人以上が4割程度で、子どもなしと1人が、それぞれ3割程度となっている。妻の年齢分布は、40歳代で6割程度、30歳代が3割程度、15〜29歳が1割程度となっている。妻の学歴に関して、高卒が5.5割程度、大卒・大学院は1割程度、短大・高専が3割程度となっている。小学・中卒は、1割以下である。世帯年収は、400〜599万円が26.9%、600〜799万円24.1%、1,000万以上が17.4%程度となっている。世帯主の所属する産業は、製造業20.9%、建設15.0%、卸売・小売業14.8%となっている。世帯主の職業分類は、技能工・採掘・製造・建設作業及び労務従業者

表2-1　使用する変数の度数分布とパーセント（2002年）

夫婦50歳未満
子ども15歳未満

(単位：人、％)

変数	度数	パーセント	変数	度数	パーセント
子どもの数			職業大分類(世帯主)		
0人	58,907	31.1	専門的・技術的職業従事者	26,191	13.8
1人	55,249	29.2	管理的職業従事者	8,149	4.3
2人以上	75,170	39.7	事務従事者	25,633	13.5
妻の年齢			販売従事者	29,733	15.7
15～29歳	25,213	8.1	サービス職業従事者	7,488	4.0
30～34歳	36,555	14.7	保安職業従事者	5,201	2.7
35～39歳	42,318	18.8	農林漁業作業者	13,129	6.9
40～44歳	52,117	26.8	運輸・通信従事者	10,030	5.3
45～49歳	33,123	31.6	技能工・採掘・製造・建設作業者及び労務従事者	63,772	33.7
妻の学歴					
小学・中学	13,263	4.9	地域		
高卒	116,799	54.3	三大都市圏	63,772	29.4
短大・高専	58,014	30.3	三大都市圏以外	133,666	70.6
大学・大学院	19,069	10.5	従業者規模(世帯主)		
世帯の収入			1～4人	39,129	20.7
199万円未満	2,533	1.3	5～9人	15,173	8.0
200～399万円	27,092	14.3	10～19人	13,719	7.2
400～599万円	50,855	26.9	20～29人	7,751	4.1
600～799万円	45,578	24.1	30～49人	9,359	4.9
800～999万円	30,276	16.0	50～99人	12,645	6.7
1000～1499万円	25,924	13.7	100～299人	18,881	10.0
1500万円以上	7,068	3.7	300～499人	8,028	4.2
産業大分類(世帯主)			500～999人	9,502	5.0
農業・林業・漁業・鉱業	13,277	7.0	1000人以上	32,579	17.2
建設	28,463	15.0	官公庁	22,560	11.9
製造業	39,650	20.9	有業・無業(夫)		
電気・ガス・熱供給・水道	2,186	1.2	有業	188,863	99.8
情報通信業	4,722	2.5	無業	463	0.2
運輸業	12,831	6.8	有業・無業(妻)		
卸売・小売業	28,030	14.8	有業	119,568	63.2
金融・保険業	5,256	2.8	無業	69,758	36.8
不動産	1,548	0.8			
飲食店・宿泊業	5,103	2.7			
医療・福祉	6,423	3.4			
教育・学習支援業	7,220	3.8			
複合サービス業	3,393	1.8			
サービス業	19,217	10.2			
公務	12,007	6.3			

出所：小崎（2011）の47-48頁の表1より。
資料：総務省統計局『就業構造基本調査』の匿名データ

33.7%、販売従業者13.5%、事務従業者13.5%、専門的・技術的職業従事者13.8%、地域は、三大都市圏で3割、三大都市圏以外7割程度となっている。世帯主の従業者は、1～4人が20.7%、1,000人以上が17.2%、官公庁が11.9%となっている。夫と妻の有業・無業状態に関して、夫が有業99.8%、無業0.2%、妻が有業63.2%、無業36.8%となっている（**表2-1**）。

次に、夫と妻の雇用形態に関して、夫が正規の職員・従業員96.0%、正規の職員・従業員以外4.0%、妻が正規の職員・従業員42.5%、パート44.6%、アルバイト・派遣・契約社員等12.9%となっている。また、妻の就業状態に関して、家事をしている4割、仕事をおもにしている3.5割、家事がおもで仕事をしている2.5割程度となっている（度数分布表は省略）。

■既婚女性の働き方と子どもの数に関する実証分析結果

表2-2から表2-4まで、子どもなしを参照カテゴリーとして、子ども1人と2人以上に関する推計結果である。表2-3と表2-4は妻と夫の働き方の変数のみの結果を提示した[5]。表2-2の結果を中心としながら、表2-2から表2-4までを考察する。表2-2の子ども2人に関する推計結果では、妻の年齢に関して、45～49歳を参照カテゴリーにすると、30代前半と30代後半で子ども2人以上を持つオッズ比は、それぞれ28倍、51倍と極端に高くなっている。妻の学歴に関して、先行研究と異なり、学歴の低下に伴い子どもの数が低く表れている。この推計からは学歴が高いことが必ずしも少子化に繋がるとは考えられない。北欧では学歴が高い人も多くの子どもを持つ。

次に、世帯の収入に関して、400～599万円を参照カテゴリーとすると、200～399万の層に関しては、子ども1人を持つ確率は400～599万層より2～4割程度高くなっている。また、その層より高い所得では、オッズ比は低下している。この結果は、前項で検討したマルサスが強調した所得効果と子どもの数とは必ずしも一致しない。こうした結果は、一般的には子どもの質に対する所得弾力性が子どもの数に対する弾力性を上回った結果と解釈されている（加藤 2001；橘木・木村 2008）。小崎（2010）の推計結果によれば、世帯年収が400～499万が境界世帯所得（子供の数がプラスからマイナスになる）となっている。あるいは、

5）詳細な推計結果は小崎（2011）を参照して欲しい。

表2-2 子どもの数に関する多項ロジスティック回帰の結果（2002年）

夫婦の年齢50歳未満
基準：子供なし　　　子どもの年齢15未満

	子ども1人		子ども2人以上	
	係数	オッズ比	係数	オッズ比
定数	−1.121**		−2.815***	
妻の年齢				
15〜29歳	0.931***	2.537	1.989***	7.307
30〜34歳	1.299***	3.666	3.366***	28.952
35〜39歳	1.466***	4.334	3.947***	51.799
40〜44歳	1.155***	3.173	2.442***	11.495
45〜49歳	—	—	—	—
妻の学歴				
小学・中学	−0.453***	0.636	−0.231***	0.794
高卒	−0.150***	0.861	0.075***	1.078
短大・高専	−0.013	0.987	0.167***	1.182
大学・大学院	—	—	—	—
世帯の収入				
199万円未満	−0.036	0.965	−0.281***	0.755
200〜399万円	0.194***	1.214	−0.005**	0.951
400〜599万円	—	—	—	—
600〜799万円	−0.086***	0.917	−0.068***	0.935
800〜999万円	−0.120***	0.886	−0.129***	0.879
1000〜1499万円	−0.214***	0.808	−0.111***	0.895
1500万円以上	−0.071*	0.931	−0.047	0.954
産業大分類(世帯主)				
農業・林業・漁業・鉱業	0.108	1.114	0.330***	1.392
建設	0.109**	1.115	0.213***	1.237
製造業	0.082	1.086	0.127**	1.136
電気・ガス・熱供給・水道	−0.078	0.925	−0.019	0.981
情報通信業	−0.022	0.979	−0.083	0.920
運輸業	0.086	1.090	0.181***	1.198
卸売・小売業	0.051	1.053	0.066	1.069
金融・保険業	0.035	1.035	0.053	1.055
不動産	0.058	1.059	0.211**	1.235
飲食店・宿泊業	0.234***	1.264	0.137**	1.147
医療・福祉	0.317***	1.373	0.360***	1.434
教育・学習支援業	0.251***	1.285	0.430***	1.538
複合サービス業	0.107*	1.113	0.184***	1.202
サービス業	0.073	1.075	0.075	1.078
公務	—	—	—	—

第2章 既婚女性の働き方と子どもの数

	子ども1人		子ども2人以上	
	係数	オッズ比	係数	オッズ比
職業大分類（世帯主）				
専門的・技術的職業従事者	-0.075***	0.928	-0.049*	0.953
管理的職業従事者	-0.021	0.979	0.074**	1.077
事務従業者	0.007	1.007	-0.038	0.963
販売従業者	0.020	1.020	-0.045*	0.956
サービス職業従事者	-0.155***	0.856	-0.079*	0.924
保安職業従事者	-0.104**	0.901	0.087*	1.091
農林漁業作業者	-0.014	0.986	0.010	1.010
運輸・通信従業者	0.027	1.027	0.025	1.025
技能工・採掘・製造・建設作業及び労務従業者	—	—	—	—
地域				
三大都市圏	—	—	—	—
三大都市圏以外	0.133***	1.142	0.275***	1.316
従業者規模(世帯主)				
1～4人	-0.154***	0.857	-0.071*	0.932
5～9人	-0.184***	0.832	-0.123**	0.884
10～19人	-0.167***	0.846	-0.137***	0.872
20～29人	-0.109	0.897	-0.178***	0.837
30～49人	-0.127	0.881	-0.187***	0.829
50～99人	-0.196***	0.822	-0.291***	0.747
100～299人	-0.199***	0.820	-0.308***	0.735
300～499人	-0.138***	0.871	-0.233***	0.792
500～999人	-0.227***	0.797	-0.279***	0.757
1000人以上	-0.164***	0.849	-0.295***	0.745
官公庁	—	—	—	—
有業・無業（夫）				
有業	0.699***	2.013	0.775***	2.171
無業	—	—	—	—
有業・無業（妻）				
有業	-0.582***	0.559	-0.612***	0.542
無業	—	—	—	—
-2対数尤度	202048.976			
カイ2乗	50547.09			
Cox&Snell R^2乗	0.234			
Nagelkerke R^2乗	0.264			
分析に使用したサンプル	189326			

出所：小﨑（2011）の50-51頁の表2より。
資料：表2-1に同じ。
注）*** は1％有効。** は5％有効。* は10％有効。

所得の上昇以上に養育費が上昇した結果とも考えられる。

　世帯主の属する産業区分では、公務を参照カテゴリーとすると、医療・福祉、教育・学習支援業、飲食店・宿泊業でオッズ比が高く、子ども1人ではそれぞれ1.3倍、1.2倍で、子ども2人以上では1.2～1.5倍となっている（表2-2参照）。世帯主の職業分類で、技能工・採掘・製造・建設作業及び労務従業者を参照カテゴリーにすると、子ども2人以上では、販売従業者、サービス職業従事者でオッズ比が低い結果となっている。この結果は、山口（2009）の出産ハザード率の計算結果も同様な結果となっている。彼によれば、夫の雇用の将来的不安定さが影響している。また、興味深いのは、専門的・技術的職業従事者は、子どもの数にかかわらず低いオッズ比となっている。これは、橘木・木村（2008）に紹介されている職業と子どもの数から解釈するならば、自分と同様な職業に自分達の子どもを職に就けようとすれば、人的投資が多くかかるために、高度な専門的職業を持つ世帯主は、そうでない世帯主より子どもの選択数が少なくなると考えられる。

　次に、地域変数は、三大都市圏を参照カテゴリーとすると、子どもの数にかかわらず、三大都市圏以外で子どもを持つ確率が高くなっている。こうした結果は八代（1999）と同様である。大都市での住宅事情ならびに託児所の待機児童問題が出生率の低さと密接に関係していると考えられている。また、理論的に考察されたように、都市部の子どもの価格（扶養費用）が高いことが一因である。世帯主の勤務先規模では、官公庁を参照カテゴリーとすると、どの企業規模でもオッズ比が低くなっている。官公庁に勤務する人々は、一般的に他の民間企業と比較して雇用が安定しており、また将来不安があまりないことが出生数を増加させていると思われる。

　夫の有業・無業、夫の雇用形態について考察すると、夫の無業を参照カテゴリーとすると、有業の夫は子どもの数にかかわらず、夫が無業者の場合より子どもを持つ確率が2倍と高くなっている（表2-2）。夫の雇用形態に関しては、正規の職員・従業員以外を参照カテゴリーとすると、正規の職員・従業員では、子ども1人では、1.2倍、子ども2人以上では1.4倍高くなっている（表2-3）。表2-4では、それぞれ1.1倍、1.2倍となっている。

　妻の有業・無業状態や就業・雇用形態と子どもの数に関してみると、妻の無業より妻の有業で、子どもの数が少なくなっている。その程度は、約半分程度となっている（表2-2参照）。この結果は、女性の労働参加率が増加すれば、子ども

表2-3 子どもの数に関する多項ロジスティック回帰の結果（2002年）

夫婦の年齢50歳未満
基準：子どもなし　　子どもの年齢15歳未満
夫婦の雇用形態

	子供1人		子供2人以上	
	係数	オッズ比	係数	オッズ比
雇用形態（妻）				
正規の職員・従業員	0.124***	1.132	−0.085**	0.919
パート	0.313***	1.367	0.419***	1.520
アルバイト・派遣・契約社員等	―	―	―	―
雇用形態（夫）				
正規の職員・従業員	0.205***	1.227	0.380**	1.462
その他	―	―	―	―

出所：小崎（2011）の52-53頁の表3より。
資料：表2-1に同じ。
注）*** は1％有効。** は5％有効。* は10％有効。

表2-4 子どもの数に関する多項ロジスティック回帰の結果（2002年）

夫婦の年齢50歳未満
基準：子どもなし　　子どもの年齢15歳未満
妻の就業状態、夫の雇用形態

	子ども1人		子ども2人以上	
	係数	オッズ比	係数	オッズ比
就業状態（妻）				
仕事をおもにしている	―	―	―	―
家事がおもで仕事もしている	0.249***	1.283	0.560***	1.751
通学がおもで仕事もしている	−0.795	0.451	−0.639	0.528
家事・通学以外のことがおもで仕事もしている	−0.196	0.822	0.348***	1.417
家事をしている	0.719***	2.053	0.942***	2.566
通学をしている	−0.735***	0.480	−0.575**	0.563
その他	−0.266**	0.767	−0.250**	0.779
雇用形態（夫）				
正規の職員・従業員	0.167***	1.181	0.237***	1.268
正規の職員・従業員以外	―	―	―	―

出所：小崎（2011）の54-55頁の表4より。
資料：表2-1に同じ。
注）*** は1％有効。** は5％有効。* は10％有効。

の数が増えることを実証分析は支持していない。2000年以降、集計されたデータを用いた横断面分析で観察されている女性の労働参加率と出生率の正の関係は、2002年のミクロデータでは確認できない。

より詳細に検討するために、妻の雇用形態と就業状態を検討する。はじめに、妻の雇用形態と子どもの数を考察するために、アルバイト・派遣・契約社員を参照カテゴリーとすると、子ども2人以上で、正規の職員・従業員は、オッズ比が低く、パートで高い（**表2-3**参照）。次に、女性の就業状態と子どもの数を考察すると、「仕事をおもにしている」を参照カテゴリーにすると、「家事がおもで仕事もしている」「家事をしている」に関しては、子どもの数にかかわらず、オッズ比が高い。子ども1人より2人以上で、さらにその値が高くなる。つまり、「仕事をおもにしている」妻は、有意に子どもの数が少ないことがわかる。いずれの分析結果も、集計された横断面分析の労働参加率と合計特殊出生率の間で、正の相関を支持しない（**表2-4**参照）。妻の就業状態や雇用形態から、「パート」や「家事がおもで仕事をしている」人々は、子ども2人以上持つ確率が高いことを考えれば、「家庭と仕事の両立型」で、子どもの数が多いことがわかる。その意味では、女性のワークライフバランス型の就業形態が望まれる。つまり、ファミリー・フレンドリー型の企業形態が、働く女性にとって重要な役割をはたすと思われる。

■ 夫と妻の所得及び労働時間に関する考察

十分に解明されていない世帯所得と子どもの数の関係を考察するために、世帯所得を夫の所得と妻の所得に分けて推計を行い、加えて、夫と妻の労働時間と子どもの数に関して考察を行う。基本的なモデルは次の関数として示される。

$$Child = F(AG, ED, IN, ID, OC, RE, SC) \qquad (2\text{-}6)$$

(2-6) 式の変数 ID（世帯所得）を夫と妻の所得にわけて推計した結果が**表2-5**である。また、ID（世帯所得）の変数に替えて、夫婦の労働時間で推計した結果が**表2-6**である。ここでは、その推計結果から夫婦の所得と労働時間の変数の結果のみを表2-5と表2-6に提示した[6]。

---

6) 全ての推計結果は小﨑 (2011) を参照して欲しい。

表2-5 子どもの数に関する多項ロジスティック回帰の結果（2002年）
妻と夫の所得と子ども数（15歳未満）
夫婦の年齢50歳未満
基準：子どもなし

	子ども1人		子ども2人以上	
	係数	オッズ比	係数	オッズ比
夫の所得				
299万円未満	−0.022	0.978	−0.053*	0.949
300〜399万円	—	—	—	—
400〜499万円	−0.065**	0.937	0.049*	1.050
500〜599万円	0.014	1.015	0.181***	1.199
600〜699万円	0.032	1.032	0.260***	1.298
700〜799万円	0.143***	1.154	0.289***	1.336
800〜899万円	0.098**	1.103	0.174***	1.190
900〜999万円	0.115*	1.122	0.137**	1.146
1000〜1499万円	0.102*	1.108	0.231***	1.260
1500万円以上	0.298***	1.347	0.230**	1.259
家族従業者	−0.019	0.981	0.175**	1.191
妻の所得				
収入なし、50万円未満	—	—	—	—
50〜99万円	−0.266	0.767	−0.475***	0.622
100〜149万円	−0.438***	0.645	−0.83***	0.436
150〜199万円	−0.712***	0.491	−1.151***	0.316
200〜249万円	−0.697***	0.498	−1.345***	0.260
250〜299万円	−0.720***	0.487	−1.398***	0.247
300〜399万円	−0.648***	0.523	−1.341***	0.262
400〜499万円	−0.599***	0.549	−1.171***	0.310
500〜599万円	−0.348***	0.706	−0.798***	0.450
600〜699万円	−0.423***	0.655	−0.649***	0.523
700〜799万円	−0.395***	0.674	−0.524***	0.592
800万円以上	−0.256**	0.774	−0.784***	0.456

出所：小﨑（2011）56-57頁の表6より。
資料：表2-1に同じ。
注）***は1％有効。**は5％有効。*は10％有効。

　それによると、夫の所得300〜399万円を参照カテゴリーとすると、それ以下の所得層では、子どもを持つ確率が低いか、係数が統計的に有意とならない。300〜399万以上であれば、子どもを持つ確率が高くなる。とりわけ、子ども2人以上でそうした傾向が強い。妻の所得に関しては、先の理論で考察されたように、所得の増加（賃金率の上昇）が子どもの数を減少させている。収入なし、50万円

表 2-6　子どもの数に関する多項ロジスティック回帰の結果（2002年）

労働時間
夫婦の年齢50歳未満　　　子どもの年齢15歳未満
基準：子どもなし

	子ども 1 人		子ども 2 人以上	
	係数	オッズ比	係数	オッズ比
夫の週間就業時間				
15時間未満	−0.526***	0.591	−0.666***	0.514
15〜19時間	−1.023***	0.360	−1.159***	0.314
20〜21時間	−0.388	0.678	0.356	1.428
22〜29時間	0.064	1.066	−0.258	0.773
30〜34時間	0.197*	1.217	0.077	1.080
35〜42時間	―		―	
43〜45時間	0.002	1.002	−0.037	0.964
46〜48時間	−0.023	0.978	−0.036	0.965
49〜59時間	−0.015	0.985	0.05*	1.051
60時間以上	0.004	1.004	0.101***	1.106
妻の週間就業時間				
15時間未満	0.429***	1.535	0.823***	2.277
15〜19時間	0.168***	1.183	0.583***	1.792
20〜21時間	0.264***	1.303	0.482***	1.619
22〜29時間	0.258***	1.295	0.474***	1.607
30〜34時間	0.149***	1.161	0.336***	1.399
35〜42時間	―		―	
43〜45時間	−0.149***	0.862	−0.262***	0.769
46〜48時間	−0.137***	0.872	−0.227	0.797
49〜59時間	−0.170***	0.843	−0.302***	0.740
60時間以上	−0.289***	0.749	−0.275*	0.760

出所：小崎（2011）58-59頁の表 6 より。
資料：表 2-1 に同じ。
注）*** は 1 % 有効。** は 5 % 有効。* は10% 有効。

　未満を参照カテゴリーにすると、それ以上の所得層では、子どもを持つ確率は低い。低いのは、子どもの数にかかわらず、妻の所得が250〜299万円層でとりわけその値が低くなっている。いずれにしても、世帯所得と違い、夫の所得の増加は、子どもの数にはプラスに作用するが、妻の所得増加は、マイナスで示され、さらに 1 人より子ども 2 人以上でオッズ比が低いことを考えれば、妻の機会費用効果が大きいことを含意している。
　最後に、労働時間に関して考察したものが**表 2-6** の推計結果である。その結

果によれば、夫の週間就業時間35〜42時間を参照カテゴリーとすると、子どもの数に関係なく、19時間以下の就業時間の人々は、子どもを持つ確率は低くなる。子ども2人以上では、60時間以上で1％有意でプラスとなっている。こうした、夫の労働時間とは対象的に女性の就労時間は、子どもの数と密接に結びついており、参照カテゴリーを35〜42時間で見ると、それ以下の労働時間で子どもの数にかかわらず、オッズ比が1倍を超えており、それ以上の就労時間では、子どもを持つ確率を有意に低めている。これは、現状の雇用システムのもとで、男性のワークライフバランスを推し進めても子どもの数を増やす効果はほとんどないと思われる。現在の雇用システムを所与とするならば、男性の所得増加策と女性のワークライフバランスを推し進めると、子どもの数を増やすには一定の効果があると考えられる。

以上の研究とは別に、小﨑（2014）は総務省統計局（2006）『社会生活基本調査』（時間編）の匿名データを使用して、子どもの有無と既婚女性の働き方を考察している。その分析結果によれば、6歳未満の子どもを持つ確率を高めるためには、三大都市圏以外の居住を増加させるか（地方移転・地方移住）、ないしは住空間の充実が必要である。年齢は30歳代で、学歴は短大卒、所得は500万円以上で、職業は身分が安定している官公庁ないしい教員で労働時間は週15時間未満といった恵まれた環境下で6歳未満の子どもを持つ確率が増加することを見出している。ユートピア的な社会の実現を目標とすることになる。子どもを持つ社会システムを創造することは相当な費用がかかることに言及している。

おわりに：少子化対策

本章の実証分析結果からは、男性の所得増加と既婚女性の労働時間の短縮、ないしは既婚女性が短時間で働ける職場内システムを創ることが非常に重要である。さらに、人的資本が多く必要となる専門的職業などでは、人的資本を獲得するのに多くの費用がかかるため、子どもの数が少ない傾向がある。それゆえ、高等教育への財政的支援ないし無償化への方向が重要となる[7]。

世帯所得が増加すると子どもの数が減少する現象は、理論的には家計が子ども

7）子どもの数と教育費負担との実証分析に関しては、増田（2015）を参照されたし。

の数から子どもの質を重視することから生じると考えられている。本章の分析結果では、夫の所得効果の増加による子どもの数の増加効果より、妻の賃金増加による子どもを減少させる効果が大きいため、世帯の所得が増加すると子どもの数が減少することが明らかとなった。この解釈が正しいなら、女性が結婚・出産で就業を諦めることによる機会費用である放棄所得をなるべく小さくする政策が必要となる。そのためには、女性が結婚・出産をしても職場を辞めずに、就業を継続可能な職場環境の構築が求められる。そのためには、労働時間の短縮、ワークライフバランス、ファミリー・フレンドリー企業が社会に求められている。

最後に、小﨑（2010; 2012）で言及されているように、若者の正規労働ないし非正規労働から正規労働への移動が可能な企業内システムの構築も求められる。また、本章の実証分析からもわかるように都市部より地方で子どもの数が多いので若者の都市部から地方への移住ないしＵターン・Ｉターンも求められる。そのためには、大学の就職活動で地方の情報がとれることと、地方で魅力的な職場の提供が必要である。

参考文献
加藤久和（2001）『人口経済学入門』日本評論社。
萩原理沙（2013）「理論と実証（2）女性の労働参加と出産・育児」山重慎二・加藤久和・小黒一正編『人口動態と政策』日本評論社、99-123頁。
小﨑敏男（2005）「人口減少と労働政策」『経済学論纂（中央大学）』第45巻第1・2合併号、105-132頁。
小﨑敏男（2006）「人口減少と女子労働政策」『経済学論纂（中央大学）』第46巻第1・2合併号、31-50頁。
小﨑敏男（2010）「若者を取り巻く労働市場の変化と出生率の変化」『東海大学紀要政治経済学部』第42号、103-130頁。
小﨑敏男（2011）「女性の働き方と少子化に関する考察」『東海大学紀要政治経済学部』第43号、39-62頁。
小﨑敏男（2012）「各国の若者を取り巻く環境の変化と出生率」小﨑敏男・牧野文夫編（2012）『少子化と若者の就業行動』原書房、151-179頁。
小﨑敏男（2014）「子供の有無と女性の働き方に関する考察」『東海大学紀要政治経済学部』第46号、13-25頁。
小﨑敏男・牧野文夫編（2012）『少子化と若者の就業行動』原書房。

橘木俊詔・木村匡子（2008）『家族の経済学』NTT 出版。
増田寛也編（2014）『地方消滅』中央公論新社。
増田幹人（2015）「子どもの数と教育費負担との関係」『季刊　社会保障研究』Vol. 51、No.2、223-232頁。
八代尚宏（1999）『少子・高齢化の経済学』東洋経済新報社。
山口一男（2009）『ワークライフバランス』日本経済新聞社。
山重信二（2013）『家族と社会の経済分析』東京大学出版会。
山重慎二・加藤久和・小黒一正編（2013）『人口動態と政策』日本評論社。

第3章

超高齢化社会への対応策

高齢化のメカニズムと高齢化対策とは？

はじめに

　ある経済学者は、高齢化はわが国に労働力不足ではなく、失業者の増加や失業率の上昇をもたらすと言う。なぜなら、今後、中小企業が大廃業時代に突入し、中小企業で働いていた労働者の受け皿がなくなり、低い生産性の企業が淘汰され、生産性が上昇し失業が増加することを心配する。こうした心配も高齢化がもたらす問題点の1つである。新聞記事によれば、2015年時点で70歳になる経営者が34万人、2015～25年に新たに70歳に到達する経営者は58.7万人と、合計約93万人の経営者が70歳を超えることになる。現状では中小企業の127万社が後継者不在の状態であるとの経済産業省の分析を伝えている。同省内の試算によれば、黒字廃業を放置すれば25年までに累計で約650万人の雇用と約22兆円に上るGDPが失われる恐れがあることを伝えている（『日本経済新聞』2017年10月6日付け朝刊）。

　高齢化はわれわれに色々な問題をもたらしている。本章で採り上げる財政の硬直化や低成長、またそこから波及する医療・介護システムの改革への波が押し寄せてきている。高齢化に関する多くの問題を本章で出来るだけ整理を行う。前半部分は高齢化の原因とその問題点を考察する。後半部分では、高齢者就業対策を理論と実証分析で考察したのち、今後の医療・介護システムの改革の方向性を考察する。

第1節　高齢化のメカニズム

　わが国の高齢化は、今後も続くことになる。国立社会保障・人口問題研究所（以下社人研）の中位推計結果によれば、2015年の65歳以上人口は3,386万人で、高齢化率（総人口に占める65歳以上人口の割合）は26.6％である。65歳以上人口

図3-1　わが国の人口構造の推移（2015～2065年）

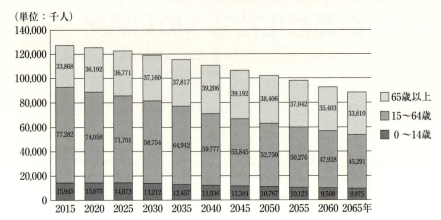

資料：国立社会保障人口問題研究所『日本の将来推計人口』（平成29年推計）。各年10月1日現在の総人口（日本における外国人を含む）。平成27（2015）年は、総務省統計局『平成27年国勢調査　年齢・国籍不詳をあん分した人口（参考表）』による。

は2042年3,935万人で高齢化率36.1%とピークを迎え、その後減少に向かう。しかし、高齢化率は増加し、2065年には38.4%となり、2015年より11.8%ポイント増加する。社人研の参考推計によれば、その後安定し2115年の高齢化率は38.4%となる（**図3-1**参照）。

　一般的に高齢化率が21%以上の社会を超高齢化社会と呼んでいるが、わが国の将来はその基準となる値を遥かに上回ることになる。さらに、高齢化率は他の先進諸国よりスピードが遥かに速い。倍化年数（高齢化率10%から20%）をみると、欧米では55～80年程度かけて変化したものが、わが国では20年間で達成してしまっている[1]。つまり、わが国は欧米の2～4倍のスピードで、超高齢化に対応した社会システムの整備が必要となる。

　図3-2は、70歳以上の年齢グループを5年間隔で年平均増減率を2065年まで表示した。その結果によれば、今後5年間程度（2020年）まで90歳以上の人々が年率6%以上で増加する。さらに、今後10年程度（20～25年）は、90歳以上の高齢者は年率4%の後半、100歳以上の高齢者は年率9%以上で増加する。今後35

---

1) 社人研の『人口統計資料集』（2015）によれば、倍化年数（10%から20%）はドイツで55年、イギリス79年、アメリカ59年、スウェーデン68年、フランス76年程度かかっている。

図3-2 高年齢者グループの年平均増減率（2020年～2065年）

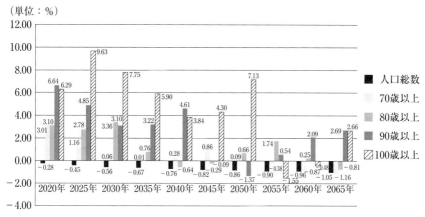

資料：図3-1に同じ。
注：2020年は2015～2020年までの年平均変化率。2025年は2021～2025年の年平均変化率。以下同様。

年間は100歳以上の増加率が最も多く、2050年まで年率6.4％程度のスピードで増加する。100歳以上の高齢者は、2015年の6.2万人から2065年には54万人と8.7倍の増加となる。2030年まで年率約8％で増加する。総人口の増加率は、2015～50年の年平均率で−0.28～−0.86％の減少であることを考えると、猛スピードで超高齢化が進行することになる。

次に、90歳以上の人口が2040年まで平均年率4.5％程度で増加する。2015年の178万人から2065年には3.6倍程度増加し641万人となる。80歳以上は2035年まで平均年率2.5％程度のスピードで増加し、2015年の996万人から2065年には1,702万人と1.7倍増加する。総人口の約2割を占めることとなる。70歳以上人口は2065年には総人口の31％を占める。この数字は現在2015年の65歳以上人口が総人口に占める比率26.6％を超える数字である。また、総人口の減少は2065年まで加速して、2065年では年率1％を超える減少となっている。要約すると、2040年までの高齢化は90歳以上が著しく増加することになる。ある資料によれば、90歳前半の要介護（要支援）認定率は71％であり、95歳以上ではその値は84％となる。今後、介護制度の充実が緊急の課題となる。

ここで、超高齢化社会がどのようなメカニズムで誕生するかを考察してみよう。一般に高齢化ないし高齢化率は、

$$高齢化率 = \left(\frac{65歳以上人口}{総人口}\right) \times 100 \qquad (3\text{-}1)$$

で定義されている。(3-1) 式の定義式から、3つのメカニズムから高齢化が拡大することが理解される。第1は、他の条件を一定にすれば、総人口が小さくなれば、すなわち少子化になれば自動的に高齢化率は拡大する。その意味では、少子化の裏返しが高齢化と見ることが出来る。第2に65歳以上人口が増加すれば、すなわち、分子が大きくなれば高齢化となる（図3-1及び図3-2参照）。平均寿命は男性が2015年80.75歳、女性86.98歳であるが、2065年における平均寿命は、男性84.95歳、女性91.35歳となり5歳程度寿命が延びることが予想されている。このことは65歳以上人口を増加させる。その結果として高齢化率が高くなる。第3は総人口の分母の減少率より分子の65歳以上人口の減少率が小さい場合が考えられる。これは、わが国の2046年以降の高齢者数はピークを打ち減少することが予測されているが、高齢化率はさらに拡大する時期に当てはまる。

第2節　人口高齢化の問題点：高齢化と財政の硬直化・成長論

本節では、人口高齢化の問題を次の観点から考察する。第1は高齢者単身世帯と貧困世帯の増加、第2は人口高齢化と財政の硬直化、最後に人口高齢化と低成長の3つの視点から考察する。

2.1　高齢者単身世帯と貧困世帯の増加

■高齢者単身世帯・貧困世帯

　1980年に65歳以上または75歳以上の単独高齢者世帯は、それぞれ高齢者世帯の20.4％、25.5％であったが、2015年の65歳以上の高齢者世帯は1,888万世帯ありそのなかで一人暮らし、単独世帯は600万世帯で31.8％を占めている。75歳以上の単独世帯は37％に達している。さらに20年後の2035年では、65歳以上の単独世帯が37.7％、75歳以上の単独世帯は39.7％でほぼ4割が単独世帯と予測されている[2]。今後、一人暮らしの高齢者が急増すると考えられる。
　高齢者の特徴として、働けない、ないしは、働きたくても働く職場がない、疾

第3章 超高齢化社会への対応策

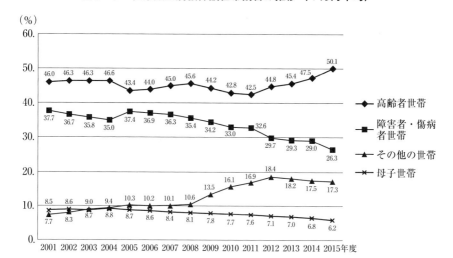

図3-3 世帯類型別被保護世帯割合の推移（1カ月平均）

資料：2011年度まで厚生労働省『福祉行政報告の概要』。2012年度以降は厚生労働省『被保護者報告』。

病にかかるリスクが大きくなるなどがあげられる。こうした高齢者へのリスク対策として年金・医療制度の社会保障・社会保険システムが存在しているが、それでも疾病などにより生活が困窮する人々が少なくない。**図3-3**はわが国の世帯類型別の被保護世帯割合の推移を示している。それによれば、世帯類型別の被保護世帯割合は、高齢者世帯が最も多く約80万世帯で5割（2015年度）を占めている。高齢者世帯は他の世帯より貧困に陥りやすい。今後、高齢化がさらに拡大すれば、さらに被保護者世帯に占める高齢者世帯の増大が予想される。

2.2　人口高齢化と財政の硬直化

■人口高齢化と財政の硬直化；財政問題・年金（世代別格差）・医療・介護費の拡大

　わが国の国家財政においても、高齢化は大きな影響を与えている。2017年度の政府予算をみると、一般歳出額97.4兆円のうち、最も大きなシェアを占めている

2）社人研の『日本の世帯数の将来推計（全国推計）』2013年1月推計。

項目が社会保障費である。その額は32.4兆円で予算の33.3％を占めている。国債費（利払いと償還）と社会保障費で一般歳出額の57.4％、約6割程度を占めている。こうした項目の拡大は政策財源の確保を難しくし、機動的財政政策を困難にする。また2012年度の社会保障給付総額は109.5兆円でその内訳は年金・医療・介護で89％、約9割を占めている。GDPの23％程度が社会保障給付である。財務省の試算によれば、2012年度のGDP 479.6兆円は2025年度に610.6兆円と、1.27倍になるのに対して、社会保障給付は2025年度には148.9兆円と1.36倍になり、GDPの増加率より速く拡大する。超高齢化が社会に与える影響が大きいことが推察される。

　退職後の生活を支える年金が世代間で大きな所得格差を生み出している。厚生労働省が5年に一度の公的年金の財政検証の一環として社会保障審議会に提出した資料からそれは見て取れる。図3-4に提示された資料は、夫婦が同年齢の専業主婦世帯の標準ケースで、2014年度に2人が65歳になる世帯は21.8万円を受け取り、その所得代替率（現役世代の手取り収入の割合）は62.7％となっている。それによれば、成長率がマイナスの場合、現在30歳の人が65歳に受け取る年金の所得代替率は44.7％と5割を割り込んでいる。成長率がプラスの0.4、0.9％であっても、所得代替率は50％程度で、現在年金を受け取っている人より10％ポイント程度低い状態である。成長率0.9％の仮定はインフレ率が1.6％、賃金上昇率が1.8％を仮定したものである。30代の子育て期に働く女性が減る「M字カーブ」がなくなり、60歳代後半の男性が働く比率が50％から67％に上がることを仮定している。また、現在の賃金上昇がゼロか実質マイナスの状況を考えると、上述された仮定は非常に厳しい。

　個人が一生の間に支払う税金や社会保険料と言った「負担」額と、国から受け取る年金や医療保険、補助金といった給付などの「受益」額の差を世代別に算出し、現在価値で比較した「世代会計」による負担額のシミュレーション結果が島澤（2016）により提示されている。その試算によれば、70～74歳が2,152万円の受益を受ける一方、20～24歳層では4,524万円の負担である。若い世代は生涯所得の2割以上を負担する計算結果となっている[3]。社会保障制度などで大きな世代間格差が生じていることを示唆している。こうした結果は、わが国の年金制度

3）『週刊ダイヤモンド』2016年2月20日号、39頁。

第3章　超高齢化社会への対応策

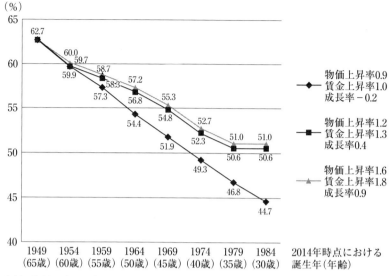

図3-4　世代間の年金の所得代替率

資料：「平成26年財政検証関連資料」第22回社会保障審議会年金部会。

が、賦課方式を採用しているため、若年者から高齢者への世代への所得移転を伴うためである。また、医療保険制度も「後期高齢者医療制度」に見られるように、若年層から高齢者層へと所得移転メカニズムが内包されているため、高齢者より若年者層に負担がかかることになる。

■医療費・介護費用の拡大

　厚生労働省（「平成28年度　医療費」の動向について）の発表によれば、2016年度の医療費は約41.3兆円に達している（国民一人当たり32.5万円）。最近5年（2012～2016年度）の実質GDP年率成長率が1.08％に対して国民医療費の成長率は1.82％とGDPの成長率を上回っている。このトレンドを維持することは困難である。国民一人当たりの医療費の伸び率はさらに高く、同じ期間で年率1.94％である。2016年度の国民医療費の年齢階級別医療費をみると、75歳未満の高齢者で57.8％、75歳以上で35％となっている。ここからも、高齢化が医療費を拡大させる1つの要因であることが確認される。最近、医療費は国民所得に対して1割程度となっている。

図3-5　要介護認定者数の推移

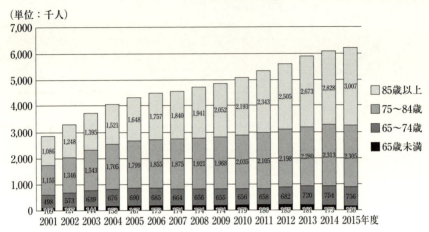

資料：厚生労働省『介護保険事業状況報告』。

　75歳以上の後期高齢者の医療給付負担のうち、自己負担が1割、5割を公費、残り4割は現役世代が加入している各医療保険組合から支援金で賄われている。2015年度は国民健康保険からの1.7兆円、協会けんぽから2兆円、組合健保から1.9兆円、共済組合0.6兆円、合計で6.2兆円の支援金が後期高齢者医療制度へ渡っている。この支援金が健康保険組合の運営を圧迫して、閉鎖に追い込まれる組合もある。

　一方、介護の保険給付額は2000年度の3.6兆円から2015年度9兆円と15年間で2.5倍に拡大している。介護サービスに対する利用者の自己負担額は1割で、残りは公費と保険料でそれぞれ50％ずつ負担する仕組みとなっている。ただし、一定以上の所得のある人は2割負担となっている。認定者数の推移をみると、2000年度約256万人から2015年度には約620万人となっている。それに伴い、受給者の数（1カ月平均）も約184万人から約521万人と2.8倍程度に拡大している。2015年度では、第1号被保険者の認定者に占める前期高齢者の割合が12.5％、後期高齢者の割合が87.5％と後者が圧倒的に高くなっている（**図3-5**参照）。但し、80歳前半では、要介護1までのレベル（要支援1・2、要介護1）の人が54％、80歳後半でも49％と半分程度の人は比較的軽いレベルである。85歳以上でも要介護1と要介護2で約半数近くで、要介護5は1割程度である。今後、高齢化が加速

すれば、さらに認定者数・受給者数が増加し介護の保険給付額が増加し、国や各自治体の財政を圧迫することとなる。

2.3 超高齢化と低成長

■超高齢化と低成長の理論的考察[4]

この項では、人口の高齢化がどのようなメカニズムで経済成長に影響を与えるかを、ソロー・モデルに高齢化率（D）を導入して考察する。ソロー・モデルでは、人口減少が経済成長に与える影響を考察できるが、人口構造の変化（高齢化）が経済成長に与える影響は分析できない。

はじめに、高齢化率の変数（D）を作成する。

$$D(t) = (N(t)-L(t))/L(t) \tag{3-2}$$

ここで、$N(t)$は全人口、$L(t)$は労働力人口、tは時間である。$D(t)$は非労働力人口と労働力人口との比率を示している。（3-2）式の分子（$N(t)-L(t)$）は、しばしば「従属人口」と呼ばれる。それゆえ、この$D(t)$は、従属率として解釈される。この変数は、出生率が置換率以下の水準を仮定した場合、人口高齢化の指標となる。加えて、死亡率は外生的に一定と仮定する。従属率$D(t)$は、労働力$L(t)$が全人口$N(t)$以上に減少すると上昇する。

次に、$Y(t)$を生産、$K(t)$を資本、$A(t)$を技術進歩としたコブ＝ダグラス型の一般的生産数$Y(t) = F(K(t), AL(t))$に、（3-2）式を変形して導出される労働力人口$L(t) = N(t)/(1+D(t))$を代入すると

$$Y(t) = K(t)^\alpha AL(t)^{1-\alpha} = K(t)^\alpha (A(t) \cdot (N(t)/(1+D(t))))^{1-\alpha} \tag{3-3}$$

を得る。ここで、一人当たり生産関数にすると

$$y(t) = Y(t)/N(t) = k(t)^\alpha \cdot A(t)^{1-\alpha} \cdot (1+D(t))^{-(1-\alpha)} \tag{3-4}$$

となる。ただし、$k(t) = K(t)/N(t)$である。

---

[4] この項は小﨑（2014a）に全面的に依拠している。詳細なモデル分析は小﨑（2014a）及び小﨑（2014a）が全面的依拠しているGruescu（2007）の文献を参照して欲しい。

第1部　人口減少（少子・高齢化）のメカニズムとその対策

（3-3）式と（3-4）式の両式を対数をとり、時間に関して微分すると

$$g_Y = \alpha \cdot g_K + (1-\alpha)(g_A + g_N - g_{(1+D)}) \tag{3-3-1}$$

$$g_y = \alpha \cdot g_k - (1-\alpha)g_{(1+D)} + (1-\alpha)g_A \tag{3-4-1}$$

となる。ただし、g は成長率を意味する。(3-3-1) 式より、実質国民所得の増加率は、$g_K, g_A, g_N, g_{(1+D)}$ の4つの変数で決定される。また、(3-4-1) 式より、一人当たり産出量（生産性）の増加率は $g_k, g_A, g_{(1+D)}$ の3つの変数により決定される。つまり、人口減少と高齢化は産出量の増加率を減少させることがわかる。また、高齢化率（D）を導入すると、高齢化率の増加は一人当たりの産出量を減少させる。

Gruescu（2007）の分析によれば、物的資本ストックの変化の分析から、一人当たり産出量の成長は、たとえ人口が高齢化しない $g_{(1+D)} = 0$ の場合でも、高齢化率 D が高ければ低下することが示される。また、定常状態の一人当たり産出量は

$$g_y^* = \alpha \cdot g_k^* - (1-\alpha)g^*_{(1+D)} + (1-\alpha)g_A \tag{3-4-2}$$

であり、定常状態では $g_k^* = g_A$ より

$$g_y^* = g_A - (1-\alpha)g^*_{(1+D)} \tag{3-5}$$

となる。それゆえ、定常状態になるには年齢構造が一定であることが必要である（$g_{(1+D)} = 0$）。また、定常状態では、一人当たりの所得は技術進歩率で増加する。しかし、人口が高齢化する場合（$g_{(1+D)} > 0$）、経済は均衡的でなく、$g_A > (1-\alpha)g_{(1+D)}$ の場合のみ経済成長が可能となる（小﨑 2014a；37頁参照）。

■超高齢化と低成長の実証的考察[5]

この項では、理論的検証を裏づけるために、人口構造の変化（高齢化）と労働生産性がいかなる関係にあるのか集計されたデータを用いて生産関数を推計してみることにする。先行研究としては、経済産業省（2006）、神野（2009）の推計結果がある。経済産業省（2006）は、個票を使用して製造業の生産関数を推計し

5）本項は小﨑（2014a）に依拠している。

ている。神野（2009）は JIP データを使用して、製造業と産業計を推計している。

本項では（3-3）～（3-5）式を参考にしながら、次式を推計する。

$$\ln(Y(t)) = C + a_1\ln(K(t)) + a_2\ln(L(t)) + a_3\ln(A(t)) + e \qquad (3\text{-}6)$$

但し、Y は産出量、K は資本ストック、L は労働投入量、A は技術進歩、C は定数、t は時間、e は誤差項を示している。L に関しては就業者の年齢10歳区分別で推計する。

また、成長率タームでの推計も行うために、（3-6）式の一階の階差をとることにする。

$$\begin{aligned}\ln(Y(t)/Y(t-1)) = &\; C + a_1\ln(K(t)/K(t-1)) + a_2\ln(L(t)/L(t-1)) \\ &\; + a_3\ln(A(t)/A(t-1)) + e\end{aligned} \qquad (3\text{-}7)$$

ここで、L は年齢10歳区分の就業者数で

$$L_1 = 15\sim24,\; L_2 = 25\sim34,\; L_3 = 35\sim44,\; L_4 = 45\sim54,$$
$$L_5 = 55\sim64,\; L_6 = 65\,歳以上$$

で $L = \sum_{n=1}^{6} L_n$ である。われわれが使用したデータは集計されたマクロデータである。Y である産出量は、内閣府『国民所得統計』（2000年基準）の GDP（国内総生産）、K である資本ストックは内閣府『民間企業資本ストック』（2000年基準）で、有形固定資本（取り付けベース）と無形資本ストック（取り付けベース）を加えて資本ストックの値として使用している。L は総務省統計局『労働力調査』より10歳区分の就業者を使用した。但し、集計されたマクロデータのため先行研究のように就業者の学歴等の質的データと労働時間は考慮されていないことに注意されたい。A は技術進歩の代理変数として単純なタイムトレンドを使用した。

表3-1は、その推計結果である。推計式の労働の弾力性をここでは便宜的に労働の生産性と解釈することにする。推計式（1）と（2）式のレベルの推計結果によれば、労働者の年齢が15歳以上から54歳層まで、年齢の上昇とともに係数が大きくなっている。この係数は弾力性を示しているので、45～54歳の労働者が1％上昇すると、産出量は0.9％上昇することを意味している。55～64歳でその値は低下し、65歳以上になればマイナスとなっている。こうした結果は、推計式

表3-1 年齢別の労働生産性

	(1)	(2)	(3)	(4)
定数	-16.532 [-6.14]***	-15.056 [-4.76]***	0.004 [0.27]	-0.054 [-1.61]*
資本ストック	0.391 [3.44]***	0.216 [0.95]	0.281 [0.85]	1.063 [2.09]**
労働(15〜24歳)	0.173 [2.33]***	0.323 [1.77]**	0.158 [0.61]	0.164 [0.68]
労働(25〜34歳)	0.621 [4.15]***	0.723 [3.84]***	0.699 [2.86]***	0.717 [3.16]***
労働(35〜44歳)	0.899 [4.88]***	0.983 [4.73]***	1.035 [3.75]***	0.833 [3.01]***
労働(45〜54歳)	0.920 [4.21]***	0.974 [4.28]***	1.086 [3.69]***	1.171 [4.24]***
労働(55〜64歳)	0.582 [4.18]***	0.540 [3.66]***	0.654 [3.16]***	0.752 [3.78]***
労働(65歳以上)	-0.216 [-2.41]***	-0.288 [-2.39]***	-0.265 [-1.35]*	-0.513 [-2.30]**
技術進歩		0.011 [0.90]		0.002 [1.93]**
$\bar{R}^2$	0.994	0.994	0.814	0.883
D.W	1.95	2.05	1.96	2.37

出所：小崎（2014）39頁。
資料：内閣府「国民所得統計」、内閣府「民間資本ストック」、総務省統計局「労働力調査」
注：推計式（1）と（2）は、レベルでの推計結果で推計期間は1985〜2010年である。推計式（3）と（4）は変化率での推計結果で、推計期間は1986〜2010年である。表の括弧の数字はt値である。
*** 1％、** 5％、*10％で有意。

（1）と（2）式の水準での推計結果と推計式（3）と（4）式の変化率の推計結果でも変化がない。これらの推計結果から考えると、他の条件が一定であれば、今後65歳以上人口の増加は、労働生産性を低下させ経済成長を低下させるものと考えられる。このことは、高齢化の指標を導入したモデル分析が、高齢化率を導入しないモデルより一人当たり所得の低下や生産性の低下を導く結果と一致している。それゆえ、他の条件を一定とすれば、わが国の高齢化の拡大は、わが国の生産性、ないしは成長率を低下させる。

第3節　高齢者就業対策：就業・引退の意思決定・年金・定年退職・年金制度・雇用システム

前項まで、超高齢化の現状と将来展望を行って、高齢化の問題を提示してきた。本項では、高齢化対策として、高齢者就業対策を考察する。

■就業・引退の意思決定に関する理論的考察

超高齢化に対する対策の1つとして、高齢者の就業対策が考えられる。生涯における就業期間を長くするにはどのような対策があるかを、労働経済学の労働供給の理論で考察することにする。

基本的には、平均寿命ないし健康寿命が延びているので、それ以上の就業期間の延長が財政的見地から望ましい。最適な退職年齢は以下のように体系化される。

いま、定年が60歳で、寿命が80歳の高齢者就業を考えてみることにする[6]。60歳から再度働きはじめ、完全に働くことをやめる最適な定年退職年齢を考える。高齢者の効用関数は、消費と余暇時間からなると仮定して

$$U = u(l, c) \tag{3-8}$$

とする。Uは高齢者の効用である。lは余暇時間、cは消費である。

単純化のために、消費cは総所得に等しいと仮定する。それゆえ、消費は賃金率wに労働時間hを掛けたものに不労所得i（例えば、年金）を加えたものである。働くことが出来る期間は定年60歳から80歳（寿命）までの20年間から余暇時間lを引いたものと考える。それゆえ、消費と働くことが出来る期間（労働時間）は（3-9）式と（3-10）式として定式化される。

$$c = wh + i \tag{3-9}$$

$$h = 20 - l \tag{3-10}$$

（3-10）式を（3-9）式に代入して、整理すると

---

[6] 単純化のために、寿命が尽きる80歳まで労働が可能であると仮定する。つまり、平均寿命と健康寿命は同じと考えている。

第1部 人口減少（少子・高齢化）のメカニズムとその対策

$$c = (20-l)w+i \tag{3-11}$$

$$20w+i = c+wl \tag{3-11-1}$$

となり、所得制約線を得ることが出来る。それゆえ、制約付きの最大化問題として

$$\text{Max } U = u(l, c) \tag{3-8}$$
$$\text{s.t. } 20w+i = c+wl \tag{3-11-1}$$

と定式化される。ラグランジュ関数 Z を作成し

$$Z = u(l,c)+\lambda\{20w+i-(c+wl)\} \tag{3-12}$$

解くことが出来る。

$$\frac{\partial Z}{\partial l} = \frac{\partial u}{\partial l}-\lambda w = 0 \tag{3-13}$$

$$\frac{\partial Z}{\partial c} = \frac{\partial u}{\partial c}-\lambda = 0 \tag{3-14}$$

$$\frac{\partial Z}{\partial \lambda} = 20w+i-(c+wl) = 0 \tag{3-15}$$

所得制約線 XI は、高齢者がより多くの余暇を望むなら、いくつかより多くの財の消費をあきらめなければならない。こうしたトレード・オフを所与とした場合、余暇と消費の労働者の無差別曲線 U を導入することにより、労働者の最適退職年齢を決定することが出来る。（3-13）式と（3-14）式より、無差別曲線の傾き限界代替率と所得制約線 XI の傾きである賃金率 w が等しいとき、つまり、$\dfrac{\frac{\partial u}{\partial l}}{\frac{\partial u}{\partial c}} = w$ となるとき効用最大化となる（**図3-6**参照）。

この図3-6によれば、退職して再び働きはじめて10年目の年齢70歳が最適退職年齢ということになる。図3-6を使用して、高齢者の最適退職年齢を分析す

第3章　超高齢化社会への対応策

図3-6　退職の決定メカニズム

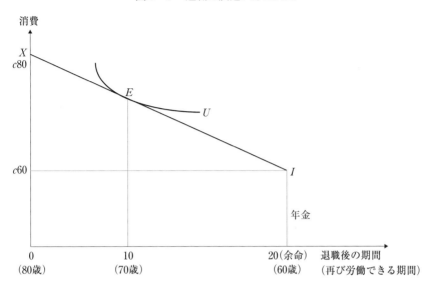

ることが出来る。このモデルによれば、高齢労働者の退職年齢は賃金率と年金給付（不労所得）に依存することになる。はじめに、賃金率が上昇した場合の最適退職年齢を考察する。**図3-7（a）**に示されるように、賃金率の上昇は所得制約線をXPからYPへと移動するため、最適点はEからRに移動することになる。60歳で退職した労働者の生涯所得は、賃金増加により影響されないが、退職年齢を延期した場合、彼の生涯所得は増加する。賃金の上昇は、所得効果と代替効果を生み出す。賃金が高い労働者はより多様な機会をもち、より多く余暇を消費したいと望み、その結果早く退職する。それと同時に、賃金の上昇は退職の価格を上昇させるので、高齢者の退職を遅らせる。図は代替効果が所得効果を上回っている場合が描かれている。Borjas（2008）は、収入の10％の増加は65歳以前の退職確率を約6％ポイント低下させることを紹介している。この図によれば、賃金上昇により退職期間が10年から5年に短くなり、退職年齢が70歳から75歳に延びている。

図3-7（b） は、年金給付の増加が退職年齢に与える影響を示している。年金給付の増加は所得制約線をXPからXIへ移動させる。年金給付額が増額されても、寿命が尽きるX時点の所得流列価値は変化しない。一方、年金給付額の増加

図3-7 (a) 賃金率上昇のケース

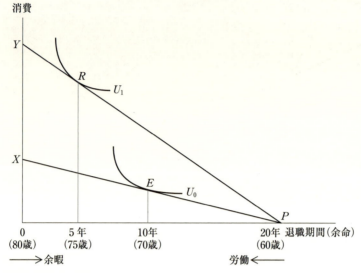

出所:Borjas (2008)、81頁。

図3-7 (b) 年金給付が増加した場合

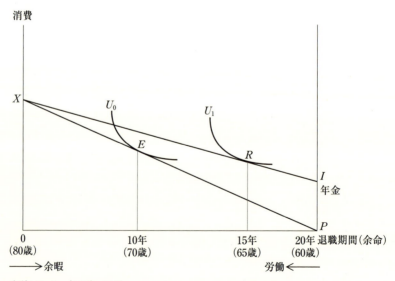

出所:Borjas (2008)、81頁。

は、退職時点での所得をPからIへ著しく増加させる。年金給付の増加は所得効果と代替効果を持つ。それら2つの効果は労働に関して、賃金上昇の効果と異なり、同じ方向に作用する。年金給付の増加は労働者にいろいろな機会を拡大させ、余暇に対する需要を拡大させる。その結果、労働者を早期に退職させることを促す（所得効果）。と同時に、年金給付の増加は退職の価格を低下させ余暇需要を拡大させる。その結果、労働者に早期退職を促す（代替効果）。それゆえ、年金給付の増加は、明確に早期退職と退職期間を長くする。Borjas（2008）は、既存の研究は10％の年金給付の増加は、約1カ月の退職年齢を早める効果があることを紹介している。

■定年制度と雇用システム

　前項まで、労働供給側を考察してきたが、ここでは労働需要側を考察することにする。完全競争下での労働需要は限界生産物価値＝賃金の条件が満たされたところでの雇用量が企業にとっての最適雇用量、すなわち利潤最大化を達成することになる。こうした、最適雇用量は、景気変動による生産性の変化や労働需要の変動など様々な要因で変化する。とりわけ、高齢労働者に関係するものとしては、定年制がある。定年制はわが国では一般的でほとんどの企業が定年制を採用している。しばしば、高齢者は若者に比べ生産性が落ちるために、定年制があると説明される。ではなぜ、企業は高齢者に低い賃金を提示するのではなく、雇用量で調整を行うのか？　こうした疑問に答えたものとして、Lazear（1979）の論文がある。

　図3-8には、労働者の生涯限界生産物価値VMP（以下生産性）$V(t)^*$と賃金率$W(t)^*$及び留保賃金$\omega(t)^*$のパスが描かれている。図のt^*年以下では労働者が生産性（VMP）より低い賃金を受け取り（$VMP > W$）、t^*年以上では賃金が生産性を上回っている（$VMP < W$）。E点では$V(t)^* = W(t)^*$が満たされている。労働者にとって、賃金$W(t)^*$のパスが、若い時に$VMP > W$、高齢で$VMP < W$の賃金支払の形態と常時$VMP = W$の賃金支払い形態での効用は無差別である。しかし、前者の賃金支払いの形態は、労働者により高い生涯の富を生み出す。なぜなら、傾きのきつい賃金パスは、ごまかしやさぼりに対する労働者のインセンティブや不正行為を行うことを削減させる効果を持つからである。すなわち、労働者のインセンティブ構造を変えることにより時間当たりの労働の

図3-8　定年退職制度

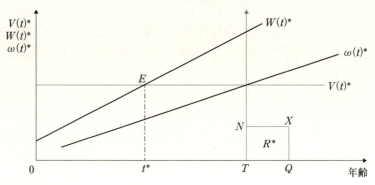

出所：Lazear（1979）を一部修正。

生産量に影響を与える。こうした賃金パスでは、T以降では、労働者自ら会社を退職する動機を持たない。なぜなら、$W(t)^* > \omega(t)^*$状態であるからである。それゆえ、賃金パスは

$$\int_0^T W^*(t)e^{-rt}dt = \int_0^T V^*(t)e^{-rt}dt + \int_T^Q R^*(t)e^{-rt}dt \quad (3\text{-}16)$$

の条件を満たさなければならない。ここで、R^*は退職金で、e^{-rt}は割引因子である。この条件を満たすために、強制的退職制度が存在する。

以上のラジアーモデルは、超高齢化社会での高齢者雇用に幾つかの含意を与える。第1に、定年を延ばすのであれば、賃金プロファイルをより緩やかにしなければならない。図3-9で説明すれば、賃金$W_0^*(t)$から$W_1^*(t)$へ、加えて、退職金をNXから$N'X'$へ低下させると、定年退職年齢はT年からQ年となる。第2は労働者の生産性を$V_0^*(t)$から$V_1^*(t)$に上げることにより、定年退職年齢をTからT'年に延期が可能となる。第3は、年金給付の年齢延期により、労働者の留保賃金$\omega_0^*(t)$から$\omega_1^*(t)$に低下することにより定年がT年からQ年に延びることになる。

■就業者の就業行動の実証的考察[7]

本項では、これまで考察してきた高齢者の就業行動を、実証的に考察を行う。

7）本項は小﨑（2014b）「第5章　高年齢者の就業・非就業行動」に依拠している。

図3-9 定年退職制度の延期政策

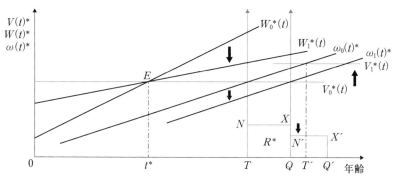

出所：Lazear（1979）を一部修正して著者作成

上述された考察に加えて、先行研究（山田 2009；山田 2010a;b）、Blöndal and Scarpetta（1999）、O'Brien（2010）を参考に実際のわが国の就業率関数を推計する。推計される就業率関数は以下のようなものである。

就業率＝ F（1 期前の失業率（－）、1 期前の相対賃金率（－）、一律定年採用比率（＋）、1 期前の所得代替率（－）、平均余命（－））　　(3-11)

上式のような関数を推計する。変数の括弧内の符号は期待される符号である。男女別で推計を行ったが、本項では男性のみを考察する[8]。推計に用いる変数は、定年制以外、他の変数すべて男性の変数となる。就業率に関しては、先行研究を踏襲して$\ln(P/(1-P))$の形で推計した。但しPは男性の就業率である。また、年齢を60～64歳と65～69歳の2つの年齢グループで推計を行った。推計結果は、**表3-2**である。その結果によれば、年金の所得代替率は就業率に関してマイナスに影響を与えていることがわかる。理論的考察と一致する。ただし、いくつかの推計で統計的に有意となっていない。

60歳以上の一律定年制を採用している企業比率の増加は、すべてのモデルで、その係数は統計的に有意となっている。定年制の採用は男性60歳代で就業へのプラスの影響を与えている。わが国の定年制は、雇用保障の一種と考えることができる。65～69歳に関しては、就業率に関してマイナスの符号を示しているが、平均余命の変数を追加するとプラスの符号を持つ。

8）男女別の推計結果は小﨑（2014b）120～122頁を参照して欲しい。

第1部 人口減少(少子・高齢化)のメカニズムとその対策

表3-2 男性60～64歳と65-69歳の就業率関数の推計

	男性60～64歳の就業率関数				男性65～69歳の就業率関数			
	(1)	(2)	(3)	(4)	(1)	(2)	(3)	(4)
定数	4.123 *** [8.47]	2.845 *** [4.24]	4.436 *** [7.79]	3.694 *** [4.12]	3.314 *** [9.85]	3.475 *** [8.74]	2.991 *** [13.94]	3.029 *** [10.76]
1期前の失業率 男性60～64歳(or 65歳以上)	-0.038 *** [-5.80]	-0.047 *** [-6.36]	-0.039 *** [-5.90]	-0.047 *** [-6.47]	-0.062 *** [-3.53]	-0.077 *** [-4.69]	-0.061 *** [-5.61]	-0.064 *** [-5.69]
一期前の相対賃金率 男性の60～64歳(or 65歳以上)/25～29歳	-2.032 *** [-6.18]	-1.330 *** [-3.29]	-1.951 *** [-5.79]	-1.272 *** [-3.19]	-2.062 *** [-10.62]	-2.167 *** [-9.09]	-0.611 ** [-2.47]	-0.787 *** [-2.64]
定年制採用比率 一律60歳以上(or 65歳以上)	0.003 *** [4.36]	0.002 *** [4.11]	0.004 *** [3.30]	0.004 *** [3.14]	-0.016 *** [-5.11]	-0.013 *** [-4.82]	0.016 *** [3.11]	0.013 *** [2.60]
1期前の所得代替率 老齢年金受給額/60～64歳(or 65歳以上)賃金率	-1.617 *** [-3.24]	-0.610 [-1.04]	-1.834 *** [-3.41]	-1.318 * [-1.71]	-1.318 *** [-3.86]	-1.173 *** [-4.07]	-0.142 [-0.51]	-0.178 [-0.67]
65歳平均余命			-0.021 [-1.05]	-0.036 * [-1.39]			-0.127 *** [-6.73]	-0.115 *** [-5.51]
修正済み決定係数	0.869	0.820	0.869	0.826	0.924	0.911	0.971	0.959
D.W.	1.128	1.113	1.141	1.19	1.546	1.622	1.663	1.496
サンプル数	33	30	33	30	33	30	33	30

出所: 小崎(2014b) 120-122頁。
資料: 総務省「労働力調査」,厚生労働省「雇用管理調査」「賃金構造基本統計」「就業条件総合調査」,厚生労働省社会保険庁「事業年報」

注:
1) 方程式(1)と(3)の年金所得代替率は,分子は男女計の年金受給額で分母は男性の賃金率。一方,方程式(2)と(4)は,分母・分子ともに男性の値。式は1982年～2011年である。
2) 方程式(1)と(3)の推計期間は,1979年～2011年,一方,方程式(2)と(4)の推計期間は t 値。
3) 表の括弧内の数字は t 値。
4) *** 1%, ** 5%, * 10%で有意。

相対賃金は全ての係数の符号条件とその値は統計的に有意である。高齢者の賃金が若年者より高くなれば高齢者の需要が減り、就業率が低下することになる。また、相対賃金は賃金プロファイルの代理変数と解釈すれば、傾斜が急な賃金プロファイルは退職年齢を速くする。

　1期前の失業率は係数の符号条件とその値は統計的に有意である。労働市場の需給状態が悪いと、就業率の低下をもたらす。その意味では、O'Brien（2010）が指摘しているようにマクロ的な景気の改善が重要な意味を持つ。最後に、65歳の平均余命の符号は、マイナスの符号を与えている。特に65〜69歳層では有意にマイナスとなっている。平均余命の伸びより就業率の伸びが少ないことを示唆している。

　要約すると、失業率の悪化、相対的な高年齢者の賃金上昇、年金の所得代替率の増加は就業率にマイナスの影響を与える。一方、一律60歳以上（あるいは65歳以上）の定年採用比率の上昇は、60歳代の就業率にプラスの効果を持つ。こうした結果から、高齢者の就業率を高める政策としては、景気を悪化させずに賃金プロファイルの傾斜をできるだけ緩くし、年金の所得代替率をあまりにも寛大にしない年金制度を創設し、現在の法定定年制60歳を5歳程度〜10歳程度引き上げることが示唆される。また、ミクロデータから「基礎年金」のみの受給者は、他の年金受給者と比べ就業確率が高い。さらに、IT使用（ふだん携帯電話・パソコンを使用している）の高齢者は就業確率が高いなどの結果も明らかになっている（小﨑 2014b; 小﨑 2015）。

第4節　超高齢化対策としての医療・介護システムの変革

　本項では超高齢化社会に対応する医療・介護システムの改革を考察する。

■医療制度の改革

　医療・介護の現状と将来展望で考察したように、高齢化社会の問題として医療の財政問題が考えられる。小塩（2013）は医療費の拡大は単純に高齢化が医療費の高騰を招いているとする説を否定する「燻製ニシン仮説」（医療費は年齢ではなく、死がどこまで迫っているかによって決まる）を紹介しながら、わが国の過去30年間の医療費の拡大要因を検討した結果、一人当たり実質国民医療費の増大

の4割が高齢化の要因であるとしている。高齢化要因が医療費の増大の最も大きな要因であるとしている。厚生労働省保健局（2016）の「医療費の動向につて」も医療費の伸び率の要因分解を行っている。その分析結果によれば、2014年度の医療費の伸び率1.8%、その中で「高齢化」が1.2%の伸び率であるとしている。

　こうした高齢化による医療費の拡大による財政的逼迫を解決するために、医療保険の積立方式への移行を鈴木（2008）、岩本・福井（2011）で提唱し試算している。わが国の医療保険財政を将来にわたり維持存続するためには、医療保険制度の積立方式の導入が必要であるとする。鈴木（2008）は、積立方式の医療制度のもとで必要となる保険料率を推計した結果、現行の8.03%の保険料率を11.79%に引き上げれば、2105年まで同じ保険料率で財政を維持できるとしている。

　岩本・福井（2011）は、当年ごとの保険給付費を社会保険料と税金でまかなう「均衡財政方式」では、高齢化の進展とともに保険給付費が増加する一方で、財源の多くを負担している現役世代の人口減少により、現役世代の負担が拡大して、負担できなくなる可能性があり、社会保険制度の持続性が損なわれるとしている。リスクを防止するためには、現在の短期的な均衡財政水準よりも、約2倍程度に設定して、徐々に高齢期給付費用を自らの現役時の保険料でまかなう積立方式を提案している。

　財政以外においても、現役世代から高齢者層の所得移転問題、医師と患者との間の情報の非対称性による医療サービスの問題、医療機関の経営の在り方等の多くの問題を含んでいる。

　こうしたなかで、今後、わが国の高齢化を見据えた医療改革の方向性として、井伊（2011）は、日本の医療制度は少ない医療費で国民皆保険や医療機関へのフリーアクセスを達成し、高い平均寿命や低い乳幼児死亡率など成果を上げてきたという意味でマクロ的効率性が評価されているが、ミクロ的効率という点では問題があるとしている。例えば、診療行為標準化の遅れ、重複受診や多重薬剤の問題、医療や介護資源の非効率である。病床数が過剰なために、病床当たりのマンパワーが不足して、低い質の医療しか提供できない一般病床も多い。そのために、入院期間が長くなり、高齢者の寝たきりや認知症を発症するリスクが高くなる[9]。

　一律に医療費の削減や増加をさせても現在、わが国が抱えている医療問題は解決しないとして、プライマリ・ケアの概念を導入してわが国の医療改革の方向性

を提示している。一律に医療削減を行えば、サービスの質の低下を招き、医療費の増加だけでは、医師不足や地域や診療科の偏在問題は解決しないとしている。井伊（2011）によれば、「プライマリ・ケアとは、日々の病気や健康問題の大部分を患者中心に解決し、医療、介護の適切な利用及び予防、健康維持・増進にあたり継続的にパートナーシップを築き、家族と地域の実情を考慮したうえで提供されるサービスである」（214頁）と定義している。このサービスを提供する役割を果たす医師が家庭医である。わが国の開業医や街医者とは異なる概念のようである。訓練された家庭医は医療や健康問題の8割をカバーし、高齢者の複数の専門科にわたる受診による重複検査、重複処理の無駄を効率化すると考えられる。

以上を前提として、井伊（2011）は以下に3点の政策提言を行っている。第1に、国から保険者へ、給付の一定割合を公費として負担しているが、保険者ではなく、被保険者、とりわけ低所得の個人に限定して直接補助するシステムの構築が必要である。第2は、医療提供体制に関して、現在のフリーアクセス制度から、患者に適切な医療情報を提供する代理人として家庭医制度の確立を提唱している。第3に、家庭医制度を含めた広い意味でのプライマリ・ケアの改革が必要であることを提唱している。

■介護システムの改革

現在の介護システムの問題点と改革の方向性として大きく次の4点ほど指摘できる。第1に、急増するサービス利用者による介護給付費の問題である。これらは介護保険の財政悪化をもたらし、介護保険の持続可能性の問題を生み出す。鈴木（2011）によれば、介護サービスに対する超過需要を生み出している原因として次の4点を指摘している。①介護サービスの受益者である高齢者の負担が低い[10]。②「介護報酬単価」が介護労働市場の需給調整価格とならず、市場均衡より低く設定されている。③家族介護に現金給付が支給されないため、介護施設等を多く利用する。④介護3施設（特別養護老人ホーム、老人健康施設、療養型

9）印南一路（2009）『「社会的入院」の研究』東洋経済新報社の研究が詳しいとのこと（井伊（2011）212頁）。

10）介護保険給付の内訳は、公費5割、第2号被保険者（現役層）が3割、第1号被保険者（高齢者）の保険料2割となっている。高齢者は2割の保険料と1割の自己負担の合計3割で10割のサービスを受けている。

病床群）の利用価格が、在宅サービスや有料老人ホーム、グループホーム等の価格に比べ著しく低い。

　こうした事態に対する対策として、小塩（2013）は①高齢者の自己負担率の引き上げを提唱している。既存の研究によれば、自己負担率の1％の引き上げは、0.5％の介護費用の削減効果があるとしている。②被保険者の範囲の拡大（例えば、20歳以上）。③介護保険財政の悪化により、給付対象者を重度の要介護者に絞ることも考えられるとしている。②に関して、加藤（2016）は、世代間格差の拡大の問題点を指摘している。さらに、③に関して、加藤（2016）は、2012年度実績の要介護1以下が45.9％、総費用のシェア17.5％程度なので、軽度の認定者を対象から外しても介護保険財政は大きく改善しないと指摘している。加藤（2016）によれば、①民間介護保険等を利用した自助努力の導入。②負担の引き上げ。高額介護サービス費の限度額の引き上げ。③医療と介護の提携による財政の効率化。④保険者を市町村から都道府県化することを提唱している。

　第2は、急増する介護サービスと反対に、介護労働市場における働き手の不足問題が生じている。鈴木（2011）の分析結果によれば、経済変数が重要であり、介護産業の時給が100円高まると、他産業への転職が20.5％減少し、一方、他産業の時給が100円増加すると、他産業への転職確率が12.9％増加する。それゆえ、介護労働力不足の問題を解決するためには、賃金引き上げが重要である。その賃金引き上げの方法として、鈴木（2011）は、介護報酬を部分的に自由化して、市場の需給調整メカニズムを導入することを提唱している。その方法として、八代（2003）[11]が提唱する「混合介護」の導入を推奨している。

　第3に、第1と関係するが介護サービス体制の効率化が必要である。小塩（2013）の推計によれば、要介護数2011年の529万人が2050年では1,015万人になると推計される。現在25人に1人が、2050年では10人に1人なると計算されている。こうした急激な要介護者数の増加に対して、効率的な供給体制が急務である。そのためには、訪問介護に関しては、公的業者より効率性が高いと言われている営利業者の活用が必要である。また、施設介護と訪問介護を比較すると、施設介護のほうで、参入規制により効率性が低いといわれているので参入規制の緩和等の検討も必要かもしれない。さらに、医療と介護の提携により財政の効率化を進

11）八代尚宏（2003）『規制改革—「法と経済学」からの提言』有斐閣。

めることが必要である。

　第4に、介護サービスの質に関わる問題である。前島（2016b）によれば、ケアマネジメントの評価項目が統一的整合的に運用されておらず、介護サービスの成果の評価も体系的になされていない。介護の質に関する統一的評価方法の確立が必要であると指摘している。

おわりに

　高齢化は、財政の硬直化を招き適切な財政政策を行うことが出来なくなるとともに、経済成長を低下させ、社会保障制度の存在維持を脅かす事態までになってきている。鈴木（2014）によれば、年金財政予測モデル（OSUモデル）を用いて厚生年金の積立金を将来予測すると、厚生年金は2038年度、国民年金は2040年度に積立金が枯渇すると予測している。

　こうした高齢化問題に対応するには、第1に、高齢者で働く意欲のある労働者が働けるようなシステムを創る必要がある。そのためには、賃金プロファイルをあまり急勾配にしないこと、年金をあまりにも寛容にしないこと、定年退職後の賃金をあまりにも安くしないこと、法定定年制を60歳から65歳に延期し、65～70歳まで任期付きの継続雇用で働ける社会システムが望ましい[12]。第2に、年金を含めた社会保障制度を積立方式に変更すること。加えて、医療・介護の提携を行い効率的なシステムを創出すること。この第2の提言は制度変更が大きく実現には大きな困難を伴う。第3に、介護労働市場により多くの市場メカニズムを導入すること。第4に、経済成長を達成するためには、高齢化のスピード以上に技術革新のスピードをあげることが必要である。

参考文献
岩本康志・福井唯嗣（2011）「医療・介護保険財政をどう安定させるか」鈴木亘・八代尚宏編『成長産業としての医療と介護』日本経済新聞出版社、45-71頁。
井伊雅子（2011）「先進国の医療制度改革と日本への教訓―オランダの家庭医制度を中心に―」鈴木亘・八代尚宏編『成長産業としての医療と介護』日本経済新聞出版社、

---

[12] 小崎（2017）参照。

211-237頁.
大石亜希子（2000）「高齢者の就業決定における健康要因の影響」『日本労働研究雑誌』No.481, 51-62頁.
奥西好夫（2009）「高齢者の労働需要」清家篤編『高齢者の働きかた』ミネルヴァ書房、112-130頁.
小塩隆士（2013）『社会保障の経済学（第4版）』日本評論社.
加藤久和（2004）「団塊世代の人口学」樋口美雄・財務省財務総合政策研究所編『団塊世代の定年と日本経済』日本評論社、35-54頁.
加藤久和（2016）「介護保険制度の現状と課題」加藤久和・財務省財務総合政策研究所編『超高齢社会の介護制度』中央経済社、17-33頁.
加藤久和・財務省財務総合政策研究所編（2016）『超高齢社会の介護制度』中央経済社.
経済産業省（2006）『通商経済白書』.
厚生労働省保健局（2016）「医療費の動向について」資料3．
小﨑敏男（2014a）「人口の高齢化と労働生産性」松浦司編『高齢社会の労働市場分析』中央大学出版部、23-42頁.
小﨑敏男（2014b）「高年齢者の就業・非就業行動」小﨑敏男・永瀬伸子編『人口高齢化と労働政策』原書房、105-138頁.
小﨑敏男（2015）「高齢者の有業と無業行動に関する考察」『経済政策ジャーナル』第12巻第1・2号（通巻第73・74号）、24-27頁.
小﨑敏男（2017）「高齢労働者の"生涯現役"は可能か？」『統計』第68巻、第9号、21-26頁.
財務省（2017）『日本の財政関係資料』.
島澤諭（2016）「インフレ狙うアベノミクスは世代間格差を解消できるか」『週刊ダイヤモンド』39頁.
神野真敏（2009）「年齢区分でみた労働生産性」NIRA（2009）『高齢化は脅威か？』NIRA研究報告書、54-65頁.
鈴木亘（2008）「医療保険制度への積立方式導入と不確実性を考慮した評価」貝塚啓明・財務省財務総合政策研究所編『人口減少社会の社会保障制度改革の研究』中央経済社、329-364頁.
鈴木亘（2011）「介護産業が成長産業となるための条件」鈴木亘・八代尚宏編『成長産業としての医療と介護』日本経済新聞出版社、179-210頁.
鈴木亘（2014）『社会保障亡国論』講談社現代新書.
清家篤（1992）『高齢者の労働経済学』日本経済新聞社.

清家篤・山田篤裕（2004）『高齢者就業の経済学』日本経済新聞社。
前島優子（2016a）「介護の持続性の確保に向けて」加藤久和・財務省財務総合政策研究所編『超高齢社会の介護制度』中央経済社、1-16頁。
前島優子（2016b）「高齢者ケアのあり方に関わる国内外の取組み」加藤久和・財務省財務総合政策研究所編『超高齢社会の介護制度』中央経済社、35-52頁。
松浦司（2014）「人口の高齢化」小﨑敏男・永瀬伸子編『人口高齢化と労働政策』原書房、1-24頁。
山田篤裕（2009）「高齢者就業率の規定要因」『日本労働研究雑誌』No.589, 4-19頁。
山田篤裕（2010a）『高齢者就業率の規定要因—定年制度、年齢賃金プロファイル、労働組合の効果—』ビジネス・レーバー・トレンド研究会、労働政策研究・研修機構。
山田篤裕（2010b）「日本における高年齢者の就業率の高止まりおよび変動の要因」樋口美雄編『労働市場と所得分配』慶應義塾大学出版会、541-589頁。

Bloemen, H. G.（2011）"The Effect of Private Wealth on the Retirement Rate: An Empirical Analysis," *Economica*, 78, 637-655.
Blöndal, S. and S. Scarpetta（1999）"The Retirement Decision in OECD Countries," *OECD Economic Department Working Paper*, No.202.
Borjas, G. J.（2008）*Labor Economics; Fourth Edition*, McGraw-Hill.
Gesthuizen, M. and M. H. J, Wolbers（2011）"Late Career Instability and The Transition into Retirement of Older Workers in the Netherlands," Blossfeld, H, S. Buchhloz and K. Kurs（eds）（2011）*Aging Populations, Globalization and the Labor Market*, Edward Elgar, 65-90.
Gruescu, S.（2007）*Population Ageing and Economic Growth*, Physica-Verlag.
Lazear, E.（1979）"Why Is There Mandatory Retirement?," *Journal of Political Economy*, 87, 6, 1126-84.
O'Brien, M.（2010）Exploring Older Male Worker Labour Force Participation Across OECD Countries in the Context of Ageing Populations: A Reserve Army of Labour?, *University of Wollongong, Economics Working Paper Series*. http://www.uow.edu.au/commerce/econ/wpapers.html.

第 4 章

労働力不足の労働市場
人口減少と労働力不足は関係ないのか？

はじめに

　それほど好景気を人々が実感できないのに、人手不足となり有効求人倍率の上昇や失業率の低下がなぜ生じているのか？　評論家が質問され説明に窮しているところを、ラジオやテレビ等で何度か見聞きした。本章では、労働力不足を公表されているデータを使用して検証する。

　労働力不足は、一般的には好景気に見られる現象である。しかし、働く人々、生産年齢人口（15〜64歳）が減少している段階では、それほど景気が良くなくても人手不足が生じる。生産年齢人口はすでに総務省「労働力調査」の計算値からすれば、1995年以降ほぼ一貫して減少している。2012〜15年にかけては、年率1％以上で減少している。生産年齢人口は労働力人口と非労働力人口に分けることができる。景気が良くなると非労働力人口が減少して[1]、労働力人口が増加するため、労働力不足が発生することはまれである。総務省「労働力調査」によれば、2012年以降16年までに、生産年齢人口に占める非労働力人口は325万人減少している。しかし、その一方で、生産年齢人口に団塊世代が含まれていたため、生産年齢人口は、393万人も減少している。それゆえ、非労働力人口が減少しても労働力人口はさほど増えないことになる。今回の労働力不足の原因はこのことが主因である[2]。

1）非労働力人口はバブル期の1985〜90年は21万人増加していて、減少していない。
2）弁護士の楊井人文氏がテレビ朝日・報道ステーション（2017年10月18日）のコメンテーター後藤謙次氏が「日本全体の労働人口が減ったから（有効求人倍率は）当然上がる」とコメントしたのに対して「事実に反する　就業人口・労働力人口は近年増えている　有効求人倍率と無関係」と web 上で議論になっている。2017年10月25日（水）17：01の記載。
https://news.yahoo.co.jp/byline/yanaihitofumi/20171025-00077354/

新聞紙面では、労働力不足を受けて次のような見出しが踊っている。「営業短縮　小売りに拡大」「スーパーに外国人実習生」「当日配達撤退」「宅配便の総量抑制」「24時間営業を大幅縮小、深夜2時で閉店」「24時間営業を全面廃止」「ロボットやAIで雇用代替」「物流新施設で運搬用ロボットを24時間稼働させ、従業員を最大8割削減、運営費3割減」「建機人手不足に対応IoT全面に」など、挙げればきりがないほどである。

この章では、第1部で採り上げた生産年齢人口の減少と関連させて、失業率の低下や有効求人倍率上昇を説明する。第2節では、失業率の低下や有効求人倍率の上昇を理論的側面から考察する。第3・4節は、わが国の労働力不足状態を厚生労働省「一般職業紹介状況」を使用して分析し、その後失業率の低下、有効求人倍率の上昇を生産年齢人口以外のミスマッチ失業の増加から失業率の増加を説明し、最後に労働力不足対策を考える。

第1節　わが国労働市場の趨勢と現状

■失業率・有効求人倍率の推移

はじめに、わが国の労働市場の需給の逼迫状態を示す代表的な指標である失業率と有効求人倍率の推移を1973年から最新の2017年2月までの動向を提示した（図4－1参照）。失業率の低下と有効求人倍率の上昇は労働市場の需給がタイトになることを意味する。有効求人倍率が1倍を超えるとは、求職者数より求人数が多いことを意味する。2017年2月の有効求人倍率は1.53と1を超えていて、労働力が不足している状態である。売り手が買い手より有利な状況となり、就職活動がしやすい状態が続いている。

経済学では、労働力不足に関する研究蓄積はあまりない。なぜなら、図4－1を見ると有効求人倍率（パートを含む）が1973年以降から2016年までの43年間で1を超えた年は12回、パートを除く有効求人倍率が1を超えた年は8回ある。有効求人倍率が連続で1を超えたのは、バブルと呼ばれた1980年代後半の5回連続が現在のところ最高記録である。つまり好景気で有効求人倍率が1を超え、労働市場が連続して逼迫することはそれほど多くない。一般的には有効求人倍率が1を超えるのは、好景気の状態で生じる。今回は、多くの人々が好景気だと実感していないと言ってよいと思われる[3]。わが国の実質経済成長率は2015年1.1%、

第4章　労働力不足の労働市場

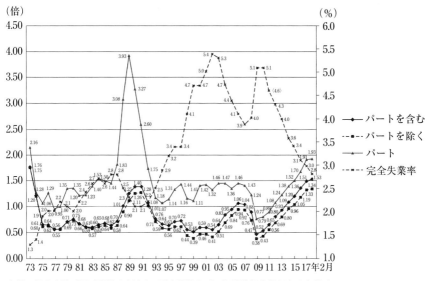

図4-1　わが国の有効求人倍率・失業率の動向

資料：総務省統計局「労働力調査」、厚生労働省「一般職業紹介状況」より作成。
注：完全失業率の目盛りは、右側。

2016年1％である。政府目標の2％は達成されていない。一方、失業率は2017年2月2.8％で過去おなじ値を記録したのはバブル期の1987、88年である。現在は、その時のように、地価や株価の高騰は見られない[4]。同じ失業率の低下や有効求人倍率の上昇でも、過去と経済状況が様変わりしている。また、バブル期にはパートの有効求人倍率が3.90倍となっているが、2016年は1.93倍である。

3）2012年12月から始まった景気回復局面が高度成長期の「いざなぎ景気」を超えて戦後2番目の長さになった。内閣府は、景気回復が9月で58カ月間に達したと発表（『日本経済新聞』2017年11月9日付け朝刊）。ただ成長の実感となると心もとない。今回の回復局面で名目賃金は1.6％増にとどまっていると、報道されている。

4）最近、株価は上昇している。2017年10月27日の終値は2万2,008円45銭となり、約21年4カ月ぶりに終値2万2,000円台を付けた。但し、あまり報道されていないが新興市場はほとんど上昇していない。

81

第2節 失業率の低下・有効求人倍率上昇の理論的背景

本節では、失業率と有効求人倍率の定義式から失業率の低下と有効求人倍率上昇の理論的背景を考察する。

■**失業率低下の理論的背景**

失業率は労働力人口のなかに失業者が何割占めているかを示す指標である。つまり、完全失業者（U）、15歳以上人口（N）、労働力率（a）、就業者（E）、労働力人口（L）とすれば、完全失業率（u）は

$$u = \frac{U}{L} = \frac{(aN-E)}{aN} \tag{4-1}$$

と表記され、全微分して増分の形に表すと

$$\Delta u = \left(\frac{E}{aN^2}\right)\Delta N + \left(\frac{E}{a^{2}N}\right)\cdot \Delta a - \left(\frac{1}{aN}\right)\Delta E + \left(\frac{E}{a^{2}N^{2}}\right)\cdot \Delta a \Delta N \tag{4-2}$$

失業率の増分を表す（4-2）式の第1項は、15歳以上人口の変化効果、第2項は労働力率の変化効果、第3項は就業者変化効果、第4項は交差項を示している。失業率の増分は4つに分解できる（労働省1997；小﨑2004; 2015）。つまり、失業率の増加分は、15歳以上人口の変化分と労働力率の変化分で増加し、一方、就業率の増加分で減少する。

■**有効求人倍率上昇の理論的背景**

有効求人倍率は、有効求人者を有効求職者で割って定義される。それゆえ、

$$\text{有効求人倍率}(JOR) = \text{有効求人者}(JO) / \text{有効求職者}(JS) \tag{4-3}$$

（4-3）式は、1人の求職者に何人の求人があるかを意味している。ここで（4-3）式を、対数をとり時間 t で微分すると

$$\Delta JOR / JOR = \Delta JO / JO - \Delta JS / JS \tag{4-4}$$

但し、Δ は増加分を意味する。（4-4）式は（4-3）式の有効求人倍率の変化率

図4-2 失業率の上昇とUV曲線

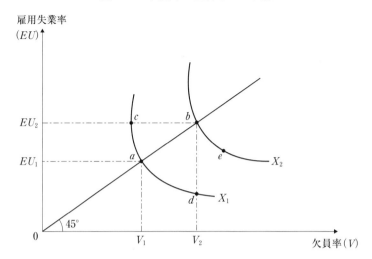

を意味している。つまり、有効求人倍率の変化率＝有効求人者の変化率−有効求職者の変化率で表すことが出来る。求人は労働需要を示し、求職は労働供給を示している。(4-4) 式の両辺を有効求人倍率の変化率で割ると、有効求人倍率の変化を需要と供給の寄与率で示すことが出来る。

$$1 = (\Delta JO/JO)/JOR\hat{} - (\Delta JS/JS)/JOR\hat{} \tag{4-5}$$

但し、$\Delta JOR/JOR = JOR\hat{}$である。(4-5) 式を使用して、有効求人倍率の変化が需要側（求人）か供給側（求職）のどちらにより影響されたかを分析することが出来る。

■失業率の上昇とUV曲線

UV曲線とは、労働市場の需給のミスマッチの程度を示す指標である。雇用失業率（EU）と充足されない求人数の割合を示す欠員率（V）の関係を表している。ベバリッジ曲線とも呼ばれる（小﨑 2011）。**図4-2**は横軸に欠員率をとり、縦軸に雇用失業率を示したものである。右上がりの直線は45度線である。一般的には、雇用失業率が増加すれば、欠員率が低下するので、2つの変数の関係は右下がりで示される。例えば、a点やb点のように45度線の直線上に雇用失業率と欠

員率がある場合は、労働需給が均衡していることを示している。直線より右側に位置しているd点やe点の場合は、欠員率（需要指標）が雇用失業率（供給指標）を上回る状態で、需要が供給を超過している。逆に、直線より左側にあるc点の場合は、雇用失業率が欠員率を上回り、供給が需要を上回る超過供給の状態を示している。

　図4-2のa点は、雇用失業率と欠員率が等しい均衡失業率（EU_1）である。a点とb点は労働需給が等しい点であるが、均衡失業率の位置が異なっている。いま、a点の均衡失業率EU_1からb点の均衡失業率EU_2へ移動したとすれば、需給が等しいにもかかわらず失業率が増加したことになり、その原因としてミスマッチ失業の増加が考えられる。現実には、こうした労働の超過需要と構造的なミスマッチ失業が同時に起きることも考えられる。たとえば、d点からe点への移行は、超過需要にもかかわらず、失業率が増加している状態を示すことになる。

第3節　労働力人口の減少と失業率の低下：アベノミクスの評価

　本節では、アベノミクスが登場した2012年から2016年の失業率の低下が、需要要因によるものか、供給要因によるものか、定義式を用いて検討する。2012～16年の実質GDPの成長率は年平均1.18%である。2014年は実質成長率0.3%となっている。パートを含む有効求人倍率は2014年以降1を超えている。つまり、実質経済成長率が0.3%で有効求人倍率は1を超えている状態である。人々が好景気を実感できず、経済評論家が首を捻るのも理解できる。また、注2に記したマスメディア関係者の発言の混乱を収拾するために、この節では謎解きを行うこととする。

　　　　15歳以上人口＝労働力人口＋非労働力人口　　　　　　　　　　(4-6)
　　　　労働力人口＝就業者＋失業者　　　　　　　　　　　　　　　　(4-7)

　上述された2つの式は定義式である。ここで（4-7）式を（4-6）式に代入すると

　　　　15歳以上人口＝就業者＋失業者＋非労働力人口　　　　　　　　(4-8)

　（4-8）式の失業者を0とし、さらに増加分（Δ）に変形し整理すると、

表4-1　わが国の就業者・失業者・非労働力人口（2012～16年）

(単位：万人)

年	就業者 15～64歳	失業者 15～64歳	労働力人口 15～64歳	非労働力人口 15～64歳	生産年齢人口（理論値）	就業者 65歳以上	失業者 65歳以上	労働力人口 65歳以上	非労働力人口 65歳以上	高齢者人口（理論値）
2012	5,684	272	5,956	2,097	8,053	596	14	610	2,446	3,056
2013	5,690	251	5,941	1,993	7,934	637	15	652	2,517	3,169
2014	5,689	222	5,911	1,915	7,826	682	15	697	2,579	3,276
2015	5,670	208	5,878	1,856	7,734	732	15	747	2,623	3,370
2016年	5,695	193	5,888	1,772	7,660	770	16	786	2,659	3,445

資料：総務省統計局「労働力調査」。
注：人口の理論値は、就業者＋失業者＋非労働力人口である。
　　生産年齢人口と高齢者人口の理論値を使用するのは、計測誤差により人口の内訳と合計が一致しないため。

$$\Delta 15歳以上人口 - \Delta 非労働力人口 = \Delta 就業者 \tag{4-9}$$

（4-9）式の左辺は労働力人口の増加分で供給側を示し、右辺は労働需要側の要因を示している。右辺の需要側が左辺の供給側を超えると、失業者が減少することになる。失業者の増加はその逆である（小﨑 2015）。

表4-1の左側には2012年以降の生産年齢人口の内訳である就業者数、失業者数、労働力人口、非労働力人口が示されている。また右側には65歳以上人口の内訳が記載されている。はじめに、生産年齢人口の方から検討することにしよう。生産年齢人口は、2012年から16年まで失業者が272万人から193万人と失業者が79万人減少している。この失業者の減少は需要が拡大したために失業者が減少したのだろうか？　需要側の就業者数の増加は5,684万人から5,695万人と11万人増加している。しかし、生産年齢人口から非生産年齢人口を引いた労働力人口[5]の増加は、5,956万人から5,888万人と、68万人減少している。つまり、失業者79万人減少した内訳は、就業者の増加（需要側）要因で11万人減少し、残りの68万人は労働力人口（供給側要因）の減少で失業者が79万人減少したことがわかる。別言すれば、失業者の86％は供給側の労働力人口の減少要因によるもので、決して、

5）労働力人口は定義から就業者数＋失業者数でも同様の数字となる。

旺盛な景気拡大により失業者が減少したわけではない[6]。

　一方、高齢者の65歳以上人口の失業者は、この期間、失業者は2万人増加している。就業者数はこの期間、174万増加している。労働力人口も176万人増加している。つまり高齢者の失業者2万人の増加は、労働需要側の就業数の増加より労働供給側の労働力人口が2万人増加したために、高齢者の失業者が増加したことがわかる（図4-7(a)参照）。

　以上より、2012～16年の生産年齢人口の失業者が79万人減少したのは、アベノミクスの成功より、労働力人口の減少によるものであると言える。失業率の減少で、有効求人倍率の高止まりも、基本的には同じように考えることができる。失業者の約8割強程度が求職者数となるため、有効求人倍率の分母が減少することにより、仮に求人数が一定であっても求人倍率は増加する。

■2015年から2016年の検証：需要拡大期

　こうした生産年齢人口による供給制約と同時に、この1年間は需要の着実な拡大が観察される。その意味では、アベノミクスを評価できる。多分に海外要因と思われる[7]。上述した（4-9）式で考察してみよう。はじめに、生産年齢人口（15～64歳）から考察する。この1年間の失業者は208万人（15年）から193万人（16年）となり15万人減少している。その内訳は労働供給の増加である労働力人口が、5,878万人（15年）から5,888万人（16年）となり、10万人増加している。一方、労働需要の増加である就業者は、5,670万人（15年）から5,695万人となり25万人増加している。労働供給の2倍以上の需要量の拡大が観察される。その結果、生産年齢人口の失業者数15万人が減少し、そして就業者が10万人増加した。一方、65歳以上では、失業者は15万人（15年）から16万人（16年）となり1万人

---

6) 1985～90年のバブルの時は、生産年齢人口の失業者は21万人減少した。労働力人口（供給側）の増加は359万人（生産年齢人口の増加380万人－非労働力人口の増加21万人）で就業者（需要側）の増加は380万人増加している。結果、失業者が21万人減少した。

7) 今回の景気回復期で輸出が26％増加。戦後最長の景気回復（2002年1月（谷）、2008年2月（山））では83％増と比べて緩慢である。輸出の代わりに伸びたのが、海外企業の買収や外債投資の配当や利子である。財務省によれば、海外からの配当金など「第1次所得収支」の黒字は、2012年12月から17年8月まで累計91兆907億円である（『日本経済新聞』2017年11月9日付け朝刊）。

第4章 労働力不足の労働市場

図4-3 2005年～2015年の失業率の増減とその要因

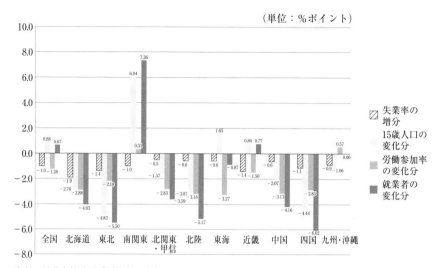

資料：総務省統計局「労働力調査」
注1：北海道は北海道、東北は、青森、岩手、宮城、秋田、山形、福島、南関東は埼玉、千葉、東京、神奈川、北関東・甲信は、茨城、栃木、群馬、山梨、長野、北陸は新潟、富山、石川、福井
東海は、岐阜、静岡、愛知、三重、近畿は滋賀、京都、大阪、兵庫、奈良、和歌山、中国は鳥取、島根、岡山、広島、山口、四国は徳島、香川、愛媛、高知、九州は福岡、佐賀、長崎、熊本、大分、宮崎、鹿児島、沖縄。
注2：増分以外の変数は、2期間の平均値の値を使用して求めている。

増加している。労働供給側の増加は、747万人（15年）から786万人（16年）と労働力人口39万人の増加である。需要側の増加である就業者は732万人（15年）から770万人（16年）となり就業者38万人の増加となり、供給側の増加が需要側の増加より多いため失業が1万人増加している（**表4-1；図4-7(b)**参照）。

第4節 地域別失業率の増減と労働力不足の実態

この節では、地域別の失業率の増減を上述した理論を使用して要因分解するとともに、労働力不足の実態を職業別・産業別・都道府県別で分析する。

第1部 人口減少（少子・高齢化）のメカニズムとその対策

表4-2 地域別失業率の増分の要因分析

(単位；%ポイント)

全国	失業率の増分	15歳人口の変化	労働参加率の変化	就業者の変化	交差項の変化
2005～10年	0.70	0.89	−1.27	−0.88	0.20
2010～15年	−1.70	−0.01	0.00	1.56	−0.13
2015～16年	−0.30	0.01	0.65	0.96	0.00
北海道	失業率の増分	15歳人口	労働参加率	就業者	交差項
2005～10年	−0.2	−1.17	−0.83	−2.16	−0.36
2010～15年	−1.7	−1.59	−2.04	−1.85	0.08
2015～16年	0.2	−0.41	0.87	0.75	0.49
東北	失業率の増分	15歳人口	労働参加率	就業者	交差項
2005～10年	0.7	−2.18	−1.92	−4.93	−0.13
2010～15年	−2.1	−2.61	−0.16	−0.43	0.24
2015～16年	−0.5	−0.61	0.99	0.86	−0.02
南関東	失業率の増分	15歳人口	労働参加率	就業者	交差項
2005～10年	0.8	4.05	−0.31	3.63	0.69
2010～15年	−1.8	1.96	0.62	3.72	−0.66
2015～16年	−0.1	0.55	0.78	1.52	0.09
北関東・甲信	失業率の増分	15歳人口	労働参加率	就業者	交差項
2005～10年	1.0	−0.55	−1.55	−3.36	−0.26
2010～15年	−1.5	−1.01	−1.26	−0.19	0.58
2015～16年	−0.3	−0.23	−0.16	−0.19	−0.10
北陸	失業率の増分	15歳人口	労働参加率	就業者	交差項
2005～10年	0.9	−1.41	−2.34	−4.43	0.22
2010～15年	−1.5	−1.65	−0.80	−0.70	0.25
2015～16年	0.0	−0.21	0.32	0.00	−0.11
東海	失業率の増分	15歳人口	労働参加率	就業者	交差項
2005～10年	0.9	1.57	−2.15	−1.61	−0.13
2010～15年	−1.5	0.07	−1.10	0.75	0.28
2015～16年	−0.1	0.07	0.79	1.00	0.04
近畿	失業率の増分	15歳人口	労働参加率	就業者	交差項
2005～10年	0.7	0.68	−1.81	−1.45	0.38
2010～15年	−2.1	0.11	0.33	2.23	−0.31
2015～16年	−0.3	−0.05	1.51	1.73	−0.03
中国	失業率の増分	15歳人口	労働参加率	就業者	交差項
2005～10年	0.4	−0.87	−1.29	−2.82	−0.26
2010～15年	−1.0	−1.18	−1.82	−1.31	0.69
2015～16年	−0.4	−0.30	0.50	0.53	−0.07

四国	失業率の増分	15歳人口	労働参加率	就業者	交差項
2005～10年	0.2	−2.17	−1.82	−4.93	−0.74
2010～15年	−1.3	−2.23	−1.01	−1.02	0.92
2015～16年	0.0	−0.86	0.34	0.00	0.52
九州・沖縄	失業率の増分	15歳人口	労働参加率	就業者	交差項
2005～10年	0.4	−0.45	−0.81	−1.91	−0.25
2010～15年	−1.3	−0.61	1.38	1.92	−0.10
2015～16年	−0.6	−0.23	0.49	0.68	−0.23
九州[注2)]	失業率の増分	15歳人口	労働参加率	就業者	交差項
2015～16年	−0.6	−0.26	0.17	0.61	0.10
沖縄	失業率の増分	15歳人口	労働参加率	就業者	交差項
2015～16年	−0.7	0.00	0.80	1.41	−0.09

資料：総務省統計局「労働力調査」
注1：北海道は北海道、東北は青森、岩手、宮城、秋田、山形、福島、南関東は埼玉、千葉、東京、神奈川、北関東・甲信は、茨城、栃木、群馬、山梨、長野、北陸は新潟、富山、石川、福井、東海は岐阜、静岡、愛知、三重、近畿は滋賀、京都、大阪、兵庫、奈良、和歌山、中国は鳥取、島根、岡山、広島、山口、四国は徳島、香川、愛媛、高知、九州は福岡、佐賀、長崎、熊本、大分、宮崎、鹿児島、沖縄。
　　　九州[2)] は、沖縄を含まない。
注2：増分以外の変数は、2期間の平均値を使用して求めている。

■ 地域別失業率の増減とその要因分析

わが国の地域別の失業率の増減とその要因分解を示したものが**図4-3**と**表4-2**である。**図4-3**は2005～15年の10年間における地域別失業率の増減とその要因を表したものである。また、**表4-2**は、10年間を5年刻みで分析を行うとともに、直近の2015～16年の失業率の増減とその要因を分析したものである。

まず、比較的長期の図4-3の10年間の失業率の動向から考察することにしよう。第1に、10年間で、全ての地域で失業率が低下している。特に大きく失業率が改善した地域は、北海道（−1.9％ポイント）、東北と近畿（−1.4％ポイント）である。しかし、失業率が大きく改善した北海道と東北地域は、就業者の増加による失業率の改善ではない。15歳以上人口の減少と労働参加率の減少による供給側の縮小が需要側の就業者の減少を上回って減少したことが10年間の失業率の改善である。第2に、需要側の就業者が大きく増加して、失業率が低下した地域は南関東のみである。他の地域は、いずれも供給側の縮小が需要側の減少を上回ったことにより失業率を低下させている。

表4−2では、2005〜10年（前期）、2010〜15年（後期）に分けて分析した。全国ベースでは、2008年にリーマンショックがあり前期では失業率が増加しているが、後期では就業者の増加を伴い、失業率が1.7%ポイント低下している。前期より後期で景気回復が著しい。しかし、景気回復期の後期においても、南関東、東海、近畿、九州・沖縄以外の失業率の低下は、需要側の拡大（就業者の増加）によるものではなく、供給側の縮小の拡大により失業率が低下している。

最後に、直近の2016年の動向を観察すると、北海道、北陸、四国を除く地域で失業率が低下している。失業率の低下は、北関東・甲信のみが供給側の縮小で低下している。それ以外は需要側の要因で失業率が低下している。特に、南関東、近畿、沖縄の需要拡大が顕著である。

■職業別有効求人倍率の上昇

有効求人倍率が増加する方法として、1つは求職者を一定と仮定した場合、求人が増加した場合である。もう1つは、求人者が一定の場合、求職者が減少する場合が考えられる。**表4−3**と**図4−4**は職業別の有効求人倍率を示している。2016年の職業大分類の有効求人倍率をみると、保安（5.96）、建設・採掘（3.22）、介護（3.02）、輸送・機械運転（1.93）、専門的・技術的（1.92）と続いている（**表4−3参照**）[8]。この表4−3から、わが国の労働力不足は単純労働ないし肉体的労働の職業で、管理的職業、専門的・技術的職業より深刻である。中分類では、建設躯体（7.31）、医師・歯科医師、獣医師、薬剤師（5.97）、建築・土木・測量（4.36）、外勤事務（3.62）、接客・給仕の職業（3.58）、生活衛生サービス（3.53）、家庭生活支援サービス（3.44）、建設の職業（3.32）、医療技術者（3.00）などの職業では有効求人倍率が3倍以上と高い（表4−3参照）。2015〜16年において、医師等の有効求人倍率はわずかに減少した。印南一路によれば、医師不足問題の本質は、医師総数の不足ではなく、医師の診療科（産婦人科、小児科、救急など）偏在と地域偏在にあるとしている（『日本経済新聞』2017年4月6日付け朝刊）。

2015〜16年にかけての有効求人倍率の変化は、職業全体で1割程度増加している。管理的職業が9割、農林漁業、運搬・清掃・包装等の職業が約7〜8割求人

8）括弧内の数字は有効求人倍率（パートを含む）の値である。

表4-3　職業別の需給状況

(単位：倍、%)

年	有効求人倍率 (パートを含む) 2016年	有効求人倍率 の変化率 2015～2016年	有効求人の 変化率 2015～2016年	有効求職の 変化率 2015～2016年
職業計	1.22	12.96	6.36	−5.75
管理的職業	1.35	19.47	17.71	−1.96
専門的・技術的職業	1.92	8.47	4.10	−3.94
開発技術者	1.82	5.20	−6.35	−10.84
製造技術者	0.46	9.52	3.68	−4.50
建築・土木・測量技術者	4.36	16.27	6.23	−8.66
情報処理・通信技術者	2.33	12.02	4.18	−6.97
その他の技術者	1.34	19.64	7.00	−10.63
医師、歯科医師、獣医師、薬剤師	5.97	−2.93	−2.94	−0.08
保健師、助産師、看護師	2.47	−3.52	−0.85	2.74
医療技術者	3.00	2.39	4.57	2.01
その他の保健医療の職業	1.52	8.57	6.51	−2.13
社会福祉の専門的職業	2.24	14.29	10.40	−3.19
美術家、デザイナー、写真家、 　映像撮影者	0.53	15.22	5.20	−8.75
その他の専門的職業	0.95	14.46	7.19	−5.71
事務的職業	0.39	11.43	6.94	−5.76
一般事務の職業	0.31	14.81	6.83	−5.45
会計事務の職業	0.65	16.07	5.76	−8.27
生産関連事務の職業	1.44	17.07	10.79	−5.54
営業・販売関連事務の職業	0.76	15.15	6.32	−8.68
外勤事務の職業	3.62	22.30	18.89	−2.66
運輸・郵便事務の職業	3.14	12.14	4.51	−6.65
事務用機器操作の職業	0.59	7.27	5.29	−2.21
販売の職業	1.76	19.73	5.18	−11.92
商品販売の職業	2.01	19.64	5.70	−11.94
販売類似の職業	2.68	17.03	−2.05	−16.28
営業の職業	1.34	18.58	4.70	−11.71
サービスの職業	2.89	17.96	8.37	−8.20
家庭生活支援サービスの職業	3.44	−12.02	−17.84	−6.76
介護サービスの職業	3.05	17.76	7.65	−8.64
保健医療サービスの職業	2.18	15.34	7.16	−7.35
生活衛生サービスの職業	3.53	21.72	6.72	−12.32
飲食物調理の職業	2.94	22.50	12.52	−8.13
接客・給仕の職業	3.58	15.86	6.17	−8.37
居住施設・ビル等の管理の職業	0.95	17.28	7.87	−7.83
その他のサービスの職業	1.76	13.55	9.72	−2.92

保安の職業	5.96	18.96	8.44	−8.85
農林漁業の職業	1.28	10.34	7.70	−1.95
生産工程の職業	1.27	15.45	5.63	−8.18
生産設備制御・監視の職業(金属)	0.85	13.33	11.85	−0.80
生産設備制御・監視の職業（金属除く）	1.11	24.72	21.47	−2.68
生産設備制御・監視の職業（機械組立）	0.64	23.08	18.37	−4.47
金属材料製造、金属加工、金属溶接・溶断の職業	1.78	10.56	3.27	−6.78
製品製造・加工処理の職業（金属除く）	1.54	17.56	6.43	−9.63
機械組立の職業	0.53	15.22	3.79	−10.43
機械整備・修理の職業	2.26	12.44	4.24	−7.15
製品検査の職業（金属）	1.51	10.22	8.61	−2.10
製品検査の職業（金属除く）	2.08	11.23	5.37	−5.36
機械検査の職業	1.28	13.27	11.37	−1.46
生産関連・生産類似の職業	0.91	10.98	6.11	−4.88
輸送・機械運転の職業	1.93	11.56	3.52	−7.25
鉄道運転の職業	0.46	39.39	14.93	−16.75
自動車運転の職業	2.33	13.11	3.10	−8.77
船舶・航空機運転の職業	0.61	22.00	24.13	0.44
その他の輸送の職業	0.71	14.52	8.71	−6.01
定置・建設機械運転の職業	1.28	6.67	4.44	−2.11
建設・採掘の職業	3.22	10.65	3.91	−6.29
建設躯体工事の職業	7.31	4.43	4.43	0.01
建設の職業	3.32	15.28	6.05	−7.99
電気工事の職業	2.20	14.58	4.93	−8.25
土木の職業	2.99	6.79	1.63	−4.98
採掘の職業	2.07	3.50	−2.11	−5.31
運搬・清掃・包装等の職業	0.69	13.11	9.32	−3.75
運搬の職業	1.26	16.67	7.53	−8.16
清掃の職業	1.78	22.76	9.91	−10.51
包装の職業	2.71	15.81	9.22	−5.57
その他の運搬・清掃・包装等の職業	0.27	12.50	10.45	−0.84
介護関係職種(※)	3.02	16.60	7.71	−7.57

資料：厚生労働省「一般職業紹介状況」より作成。
※介護関係職種：平成23年改定「厚生労働省職業分類」に基づく「福祉施設指導専門員」、「その他の社会福祉の専門的職業」、「家政婦（夫）、家事手伝」、「介護サービスの職業」の合計。

第4章 労働力不足の労働市場

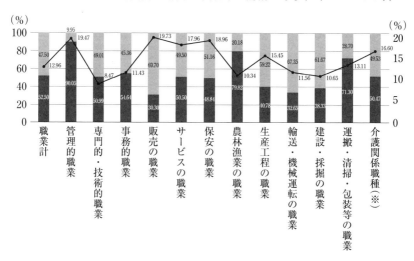

図4-4（a） 職業別有効求人倍率の変化率と需給の寄与率（2015～2016年）

資料：厚生労働省「一般職業紹介状況」より作成。
注：有効求人倍率の変化率の目盛りは右側。
※介護関係職種：平成23年改定「厚生労働省職業分類」に基づく「福祉施設指導専門員」、「その他の社会福祉の専門的職業」、「家政婦（夫）、家事手伝」、「介護サービスの職業」の合計。

の拡大により労働需要が増加している。一方、販売の職業、輸送・機械運転の職業、建設・採掘の職業は求職者（供給）の縮小による寄与率が約6～7割を占めていて、需要の拡大より供給の縮小により有効求人倍率が増加している。単純労働や肉体労働の職を求める人々が減少している（図4-4（a）参照）。期間を少し長くした2013～16年の年平均の有効求人倍率の変化に対する需給をみると、2015～16年の1年間の変化率より、求職の減少である供給の寄与率が管理的職業を除き、全ての職業で5～8割程度の大きな寄与率を示している（図4-4（b）参照）。

■産業別新規求人者数の推移

次に表4-4は、産業（大分類）、規模別新規求人数（パートタイムを含む）の動向を計算したものである。2009～16年の年平均変化率は10％程度増加している。鉱業、採石業、砂利採取業15.2％、不動産業、物品賃貸業14.85％、医療、福祉

図4-4 (b) 職業別大分類有効求人倍率の変化と需給の寄与率（2013～2016年）

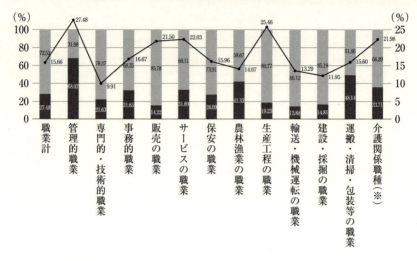

資料：厚生労働省「一般職業紹介状況」より作成。
注：有効求人倍率の変化率は年平均値。有効求人倍率の変化率のメモリは右側。

13.9%、製造業12.7%、宿泊業、飲食サービス業12.2%と続いている。金融業、保険業は－1.8%と唯一マイナスを記録している。2015～16年の1年間の新規求人変化率は全体で5.5%を増加している。2009～16年の年平均増加率の半分程度となっている。不動産業、物品賃貸業12.1%、宿泊業、飲食サービス業12.5%、公務10.3%が10%を超えている。2020年の東京オリンピック開催や外国人観光客の増加を反映しているものと思われる。

産業別求人数で最も大きなシェアを持つ産業は、高齢化を反映して医療、福祉の21.9%である。次いで卸売業、小売業15.3%、サービス業13.6%、製造業9.5%、宿泊業・飲食サービス業9.3%と続いている。最後に、2016年の規模別の求人割合をみると、29人以下が65.5%、30～99人が22.5%と約9割近くが小企業の求人であることがわかる。

■ 都道府県別有効求人倍率

表4-5は、都道府県別有効求人倍率（2017年2月）が示されている。有効求人倍率が全国平均（1.53）以上の地域は、南関東1.64、北陸1.69、東海1.75、中

表4-4 産業、規模別新規求人数（パートタイムを含む）の動向

(単位：％)

		年平均変化率 2009〜2016年	変化率 2015〜2016年	シェア 2016年
	合　　　計	10.60	5.5	—
産業別	AB　農、林、漁業(01〜04)	6.42	5.0	0.66
	C　鉱業、採石業、砂利採取業(05)	15.08	1.0	0.03
	D　建設業(06〜08)	10.20	5.2	7.39
	E　製造業(09〜32)	12.70	4.1	9.55
	F　電気・ガス・熱供給・水道業(33〜36)	10.67	2.7	0.08
	G　情報通信業(37〜41)	9.50	2.0	2.89
	H　運輸業、郵便業(42〜49)	7.81	2.7	5.48
	I　卸売業、小売業(50〜61)	10.12	5.0	15.29
	J　金融業、保険業(62〜67)	−1.79	0.4	0.68
	K　不動産業、物品賃貸業(68〜70)	14.85	12.1	2.03
	L　学術研究、専門・技術サービス業(71〜74)	5.61	1.8	2.68
	M　宿泊業、飲食サービス業(75〜77)	12.17	12.5	9.27
	N　生活関連サービス業、娯楽業(78〜80)	8.34	5.0	4.13
	O　教育、学習支援業(81、82)	11.40	8.9	1.68
	P　医療、福祉(83〜85)	13.90	7.1	21.86
	Q　複合サービス事業(86、87)	5.18	−4.4	0.61
	R　サービス業(他に分類されないもの)(88〜96)	10.87	2.1	13.64
	ST　公務(他に分類されるものを除く)・その他(97、98、99)	2.24	10.3	2.05
規模別	29人以下	16.18	5.7	65.48
	30〜99人	7.20	6.8	22.49
	100〜299人	1.44	2.9	8.22
	300〜499人	−0.92	0.2	1.70
	500〜999人	−1.16	−0.3	1.16
	1,000人以上	−2.86	2.0	0.96

資料：厚生労働省「一般職業紹介状況」より作成。
注：平成25年10月改定の「日本標準産業分類」に基づく区分により表章したもの。
　　（平成19年11月改定の「日本標準産業分類」に基づく区分によっても表章される数値は同じである。）

国1.74倍である。2016年2月と2017年の2月の有効求人倍率の変化で全国平均10.9％を超えている地域は、北海道11.7、東北11.7、北関東・甲信15.4、北陸14.2、近畿12.9、九州15.0％である。北陸地域の有効求人倍率の上昇は2015年3月の北陸新幹線開業が大きい。また、九州地域の20％を超える上昇率は、2016年4月に起きた熊本地震の復興事業によるものだと思われる。

　最後に、2016年2月から2017年2月にかけての有効求人倍率の上昇を、需要と

第1部　人口減少（少子・高齢化）のメカニズムとその対策

表4-5　都道府県別労働需給状態

(単位：倍、%)

	2016年2月 有効求人倍率	2017年2月 有効求人倍率	2016・2～2017年・2 有効求人倍率の変化率
全国	1.38	1.53	10.9
北海道	0.94	1.05	11.7
青森県	0.97	1.15	18.6
岩手県	1.25	1.38	10.4
宮城県	1.50	1.64	9.3
秋田県	1.10	1.26	14.5
山形県	1.24	1.44	16.1
福島県	1.48	1.53	3.4
茨城県	1.29	1.46	13.2
栃木県	1.20	1.37	14.2
群馬県	1.46	1.71	17.1
埼玉県	1.07	1.28	19.6
千葉県	1.15	1.28	11.3
東京都	2.07	2.20	6.3
神奈川県	1.10	1.16	5.5
新潟県	1.30	1.48	13.8
富山県	1.56	1.75	12.2
石川県	1.55	1.86	20.0
福井県	1.86	2.03	9.1
山梨県	1.06	1.32	24.5
長野県	1.37	1.58	15.3
岐阜県	1.74	1.78	2.3
静岡県	1.36	1.55	14.0
愛知県	1.74	1.90	9.2
三重県	1.46	1.59	8.9
滋賀県	1.28	1.39	8.6
京都府	1.36	1.56	14.7
大阪府	1.43	1.60	11.9
兵庫県	1.18	1.34	13.6
奈良県	1.19	1.34	12.6
和歌山県	1.19	1.27	6.7
鳥取県	1.35	1.60	18.5
島根県	1.49	1.63	9.4
岡山県	1.65	1.88	13.9
広島県	1.71	1.82	6.4
山口県	1.41	1.53	8.5
徳島県	1.38	1.47	6.5
香川県	1.64	1.78	8.5
愛媛県	1.44	1.50	4.2
高知県	1.12	1.23	9.8
福岡県	1.36	1.53	12.5

第4章　労働力不足の労働市場

佐賀県	1.11	1.26	13.5
長崎県	1.13	1.20	6.2
熊本県	1.31	1.62	23.7
大分県	1.17	1.42	21.4
宮崎県	1.20	1.42	18.3
鹿児島県	1.02	1.20	17.6
沖縄県	1.00	1.11	11.0
北海道	0.94	1.05	11.7
東北	1.28	1.43	11.7
南関東	1.51	1.64	8.6
北関東・甲信	1.30	1.50	15.4
北陸	1.48	1.69	14.2
東海	1.60	1.75	9.4
近畿	1.32	1.49	12.9
中国	1.58	1.74	10.1
四国	1.41	1.51	7.1
九州	1.20	1.38	15.0

資料：厚生労働省「一般職業紹介状況」より作成。

図4-5（a）　有効求人倍率の変化率と需給の寄与率（2016年2月〜2017年2月）

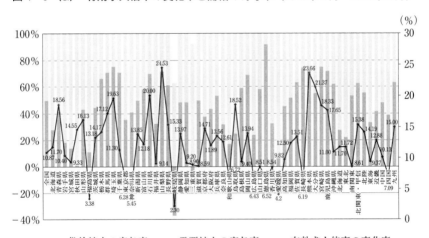

資料：厚生労働省「一般職業紹介状況」より作成。
注：有効求人倍率の変化率のメモリは右側。

供給側に分けてそれぞれの寄与率を示した（**図4-5（a）**参照）。それによれば、南関東、北関東・甲信、北陸、九州地方の有効求人倍率の上昇の要因は、求人の増加による需要側の要因で5〜6割程度占めている。岐阜と三重では、需要側の

97

第1部 人口減少（少子・高齢化）のメカニズムとその対策

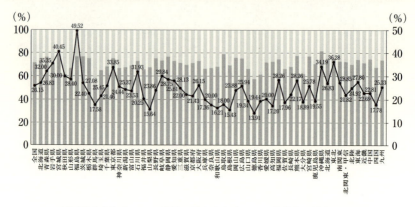

図4-5（b） 都道府県別有効求人倍率の変化率と需給の寄与率（2010～2015年）

資料：厚生労働省「一般職業紹介状況」より作成。
注：有効求人倍率の変化率の目盛りは右側。

求人数が減少している。その需要を上回る求職者の減少が観察される。最も注目されるのは、北海道、岩手、宮城、秋田、福島、和歌山、鳥取、広島、愛媛の有効求人倍率の上昇は需要の拡大ではなく、7～9割が求職者の減少により生じている。特に、秋田県と愛媛県は9割以上が求職者の減少による有効求人倍率の上昇である。期間が少し長い2010～15年を考察すると（図4-5（b）参照）、リーマンショックの影響からの回復となり、2015～16年の期間とは異なり、需要の拡大が7割程度占めることになる。次の7つの都道府県は30％を超える有効求人倍率の変化となっている。青森（32）、岩手（35.35）、宮城（40.45）、福島（45.92）、東京都（33.85）、石川（31.93）、沖縄（34.19）となっている。

第5節 UV曲線とミスマッチ失業

図4-6は1970～2016年までのUV曲線を示している。2014年は45度線の上に位置し、ほぼ均衡失業率状態である。ちなみに、2014年の均衡失業率は3.38％である[9]。有効求人倍率（パート含む）は1.09である。2015年と2016年は欠員率が雇用失業率を上回る超過需要状態となっている。この状態はバブル期の1988～91年においても観察される。但し、以前と比較すると雇用失業率と欠員率の位置が

図4-6 雇用失業率と欠員率（1970～2016年）

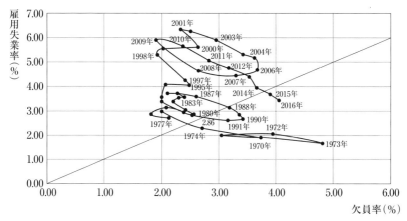

出典：労働政策研究・研修機構「ユースフル労働統計」
注：データは四半期データで季節調整済み。使用した値は各年の第4半期の値でプロットしている。

右上方にシフトしている。つまり、労働市場は超過状態であるが、ミスマッチ失業が増加している。どの程度増加しているのか興味深いところである。1988～91年の均衡失業者は約113万人程度であり、2015～16年では均衡失業者が約196万人程度なので、約83万人程度ミスマッチ失業が増加した計算になる[10]。こうしたミスマッチ失業の増加は総需要の増加のみでは解決出来ない。2016年の失業者数は208万人なので、約95％が構造的・摩擦的失業者である。需要不足失業は約11万人である。

ミスマッチ失業は構造的・摩擦的失業とも呼ばれる。こうした失業は産業構造が大きく転換する時代で生じうる。例えば、高齢化により産業構造が製造業から介護サービスといった産業構造の変化や、AIやIoT、ビックデータなど情報産業の隆盛がここ20～30年ほどで急成長してきている。いわゆる第4次産業革命と呼ばれているところのものである。情報通信の発達はあらゆる産業に波及してい

9）均衡失業率の数字は四半期の第4半期の値である。また、値の出所はJILPT「ユースフル労働統計」の値である。
10）均衡失業率＝（完全失業者／（雇用失業者＋完全失業者））より（雇用失業者＋完全失業）×均衡失業率より算出される。

ると言っても過言ではない。こうした状況において、技術の進歩速度と人材開発・教育のスピードが必ずしも同じではなく、人材開発・教育が遅れている場合には、構造的・摩擦的失業であるミスマッチ失業の拡大が考えられる。情報産業の拡大は所得格差を生み出す可能性があるが、労働力不足対策としては有益である。後の章で詳しく雇用との関係を考察することにする。さらに、高齢者のシニア層が求職している仕事の種類と企業が労働者に求めている仕事の種類が異なることも考えられる。例えば、求人の多い小売業が求人の年齢を引き上げても、シニア層が求めている仕事はあまり肉体的にきつくない仕事であるが、卸・小売りの現場では肉体労働者を求めている場合がある。また、シニア層は現在社会における情報化に必要なスキルを十分にキャッチアップできないなどの問題点を抱えていて、企業の求人と労働者の求職者の間にミスマッチの拡大が生じている可能性が高い。

おわりに

　本章は、わが国が現在直面している労働力不足の実態について述べてきた。失業率の低下に関しては、安倍政権が誕生した2012年から16年の4年間で、生産年齢人口の失業者が79万人減少している。その8割以上が労働力人口の減少によるものである（図4-7（a）参照）。また、北海道や東北地域での失業率低下は就業者の拡大による需要の拡大ではなく、15歳以上人口や労働参加率の減少による供給側の縮小に起因していた。有効求人倍率の上昇は、一般的には好景気の時期に上昇するが、今回の上昇は生産年齢人口の減少と関係している。秋田や愛媛県の求職者の減少は生産年齢人口の減少によって生じている可能性がある。2010年と2015年の都道府県の求職者数の増減と労働力人口の増減は、相関係数0.65で、単回帰の決定係数0.43と労働力人口の増減と求職者数の増減の関係が示唆される[11]。

　2015年から16年にかけての失業率の低下は需要の拡大によるものである（図4-7（b）参照）。現在の失業者の9割以上が構造的・摩擦的失業者なので、より失業者を削減するのであれば、職業訓練等で企業が求めている技能を失業者に習

11）資料は「職業安定業務統計」と労働力人口は「労働力調査」の参考統計を使用した。

図4-7 (a) 2012年～2016年：失業者の増減内訳（単位：万人、%）

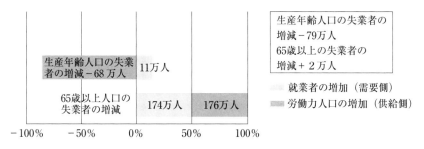

図4-7 (b) 2015年～2016年失業者の増減の内訳（単位：万人、%）

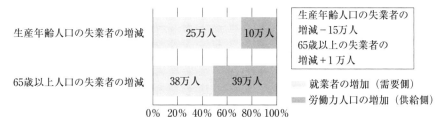

資料：表4-1に同じ。

得させる必要がある。また、高齢化による職のミスマッチも考えられる（**図4-7参照**）。そうしたきめ細かい対策がますます今後必要となる。

　水野（1995）によれば、労働力不足は労働需要に比して労働供給が不足している状態であり、労働需要がその供給を上回るならば、労働市場においても賃金が上昇し、それによって労働供給が誘発され、時間の経過とともに需要と供給が均衡し、超過需要は長続きしない。しかし、今回は有効求人倍率の上昇は大きな賃金上昇をもたらさない可能性がある。なぜなら、労働供給の増加の多くが高齢者や女性のパートであれば、賃金の上昇が低く、労働供給があまり増加しない可能性がある。また、高齢化や情報化の進展は、ミスマッチ失業を増加させている可能性がある。そうなれば、有効求人倍率の上昇は高止まりした状態が続くかもしれない。労働力不足は「職業安定業務統計」のデータによれば、2016年の年平均有効求人数は約252万人、有効求職者数は約186万人で、労働力の不足は約66万人である。仮に「職業安定業務統計」のデータが3割程度の補足率であるとすれば、

わが国全体で220万人程度の労働力不足となる。現在、わが国における生産年齢人口の中の非労働力人口は1,772万、加えて65歳以上で2,659万人存在している。一見すると、非労働力人口の数が多いように思われるかもしれないが、総務省「労働力調査」（詳細）によれば、2017年の7〜9月期の非労働力人口4,332万人中、就業希望者は365万人のため、仮に200万人の求人があるとすれば、現状の労働市場で求人が補充されることは非常に難しい。今後は、わが国の非労働力人口[12]の研究が重要となる。

参考文献

小﨑敏男（2004）「都道府県別の失業率と雇用変動」『東海大紀要政治経済学部』第36号、81-105頁。

小﨑敏男（2011）「第5章 失業」小﨑敏男・牧野文夫・吉田良生編『キャリアと労働の経済学』日本評論社、73-95頁。

小﨑敏男（2015）「地方創生と地域労働政策」『NETT』No.87, 32-36頁。

小﨑敏男（2017）「労働力不足と労働市場」『NETT』No.97, 52-55頁。

水野朝夫（1992）『日本の失業行動』中央大学出版部。

水野朝夫（1995）「労働供給制約の経済学」水野朝夫・小野旭編『労働の供給制約と日本経済』大明堂、8-28頁。

労働省編（1997）『労働白書』日本労働研究機構。

---

[12] 非労働力人口の研究に関しては、本書の第5章で「国勢調査」（匿名データ）の個票を使用しての分析を記載してあるので参考にして欲しい。

第 2 部

労働力不足とその対策

第5章

労働力不足と外国人労働
外国人労働者は日本人の賃金を低下させ、職を奪うのか？

はじめに

　労働力不足の解消策として、移民の受入れが考えられるが、移民問題は多くの諸国で社会問題となっていることは周知の事実である。わが国は移民を受け入れていない[1]。外国人労働者としての受入れのみである。ここ2～3年外国人労働者が増加してきているが、これまで、わが国は、単純労働者は原則禁止、高度人材は受入れる政策を採用してきた。2017年の厚生労働省のホームページによれば、外国人労働者受入れは、「日本経済の活性化や国際競争力強化という観点から、高度外国人人材の受入れ及び定着を支援することが重要であるとして、就労環境、生活面などの環境整備について政府全体で取り組む。企業主に関しては、雇用管理の改善、日本語能力の改善を図る研修や職業訓練の実施、社会保険の加入等を通じて安定した雇用を確保する」としている（雇用政策基本方針　平成26年4月厚生労働省告示）。

　上述された厚生労働省のホームページの外国人雇用政策の基本的考え方を見る限り、2008年の雇用政策基本方針（平成20年2月29日厚生労働省告示第40号）の単純労働者の受入れなど慎重な姿勢を示す記述は、以前ホームページにあったが今はその文言が見当たらなくなっている。かわりに、「……範囲の拡大については、労働市場や医療・社会保障、教育、地域社会への影響や治安等国民生活への影響を踏まえ、国民的議論が必要である」に留めている。ここから日本政府の外国人労働者受入れ姿勢に微妙な方針変更が読み取れる。こうした政府の姿勢の変

---

[1] 難民を受け入れることによる労働力不足の解決策も考えられなくもない。先行研究によれば、難民の生産性は、移民より生産性が低いと言われている。労働に対するモチベーションの違いによると考えられている。北朝鮮からの難民問題が議論されはじめてきている。

化の最大の要因は、わが国の将来の生産年齢人口の大幅な減少と、現状の人手不足である経済環境によると考えられる。

また、外国人労働の受入れの賛否に関する議論は国内の専門家の間においても分かれている。後藤（1990）は[2]、労働経済学者が多く使用する部分均衡モデルでの分析では、移民を受入れると、賃金が伸縮的な完全競争を想定する限り、移民余剰が生じ移民受入れは経済的便益を生み出すが、国際経済学者が多く使用する一般均衡分析では必ずしも、移民受入れは経済的便益を生み出すものではないとしている。

一方、山本（1992）は、後藤と同様、一般均衡分析を行っているが、後藤の結果と異なり、移民受入れにより経済的厚生が増加するとしている。また、Shimasawa and Oguro（2010）は、16カ国と地域で年間15万人の移民受入れをシミュレーション分析している。その結果、日本に関しては移民受入れにより、経済厚生が改善することを見出している。一方、消費税の増税のみは、長期的な経済厚生を改善させない結果となっている。移民受入れにより、生産年齢人口が増加、年齢の若返り効果と貯蓄率の上昇（移民受入れがない場合より14％増加）によりGDPが増加するとしている。

経済がグローバル化し、どこの国も一定程度外国人労働者に依存している。移民大国のアメリカで2017年1月にトランプ政権が誕生した。同年4月に専門技能を持つ外国人向けの査証（ビザ）「H1B」の審査の厳格化を決めた。また、同年9月には、オバマ前政権が2012年に出した大統領令であるDACA（16歳までに米国に入国し、かつ2012年6月15日時点で31歳未満の不法移民の若者に就労許可を与える）の撤廃を決めた。2018年の3月までに議会が対応を決めなければ、約80万人の移民の若者が米国から強制送還されることになる。経済的損失は50兆円規模であると伝えている（『日本経済新聞』2017年9月7日付け）。

一方、オーストラリアでは、2四半期連続してマイナス成長となっていない期間が26年（104四半期）となり、オランダの世界最長記録を更新した。移民と自由貿易協定（FTA）が不況知らずの経済に寄与していると、同紙は伝えている。この2つの記事は、外国人労働や移民に対する異なる各国の反応と経済現象を物語っている。

2）後藤の最近の研究は後藤（2015）を参照してほしい。

わが国では、労働力不足が顕在化して、ますます外国人労働に依存する比率が高くなりつつある。政府は入管法の改正により、人材不足分野（介護、建設、農業等）と高度人材の2つを軸に受入れ枠を拡大している。2016年11月には、日本の介護福祉の資格を取得した外国人を対象に、「介護」の在留資格を認め（2017年9月1日施行）、外国人技能実習制度を最長3年から5年間に延ばす法律が成立した（2017年11月施行）。政府は、国家戦略特区で認めた農業の外国人労働者の就労期間を通算3年とする方針と伝えている（『日本経済新聞』2017年9月9日）。一方、高度人材に関しては、2012年5月よりポイント制度を活用し出入国管理上の優遇措置を講じている[3]。

本章では、こうした混沌とした外国人受入れ問題を理論と実証分析で整理を試み、その後外国人労働者のわが国の労働市場への統合問題に言及する。第1節では、わが国の外国人労働者の受入れの現状を考察する。第2節では、外国人受入れの経済的帰結を理論と実証の両方から考察する。第3節では、労働力不足の対策としての非就業外国人労働者を考察する。外国人労働者と日本人労働者の労働力状態を調査して、外国人労働者の特徴を明らかにしその有効活用を考える。失業者と非労働力人口を中心に外国人の特徴を把握し、外国人の就業者の増加策を考える。

第1節　外国人労働者受入れの現状

本節では、わが国の外国人人口の動向とわが国の外国人労働者の現状と将来予測を考察する。

3）例えば、「高度専門職1号」（公私の機関の研究者・指導者等）の場合は、第1に大学の研究と同時に経営活動を行える複合的な在留活動が許容されている。第2に、在留期間「5年」が一律に与えられている。第3に、永住許可要件が3年ないし1年で永住許可の対象となる。第4に、配偶者の就労が可能である。第5に、一定の条件の下で、親や家事使用人の滞在の許容が与えられている、などの優遇措置を講じている。

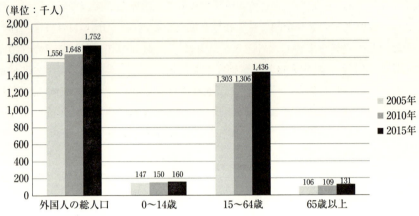

図5-1　外国人人口の動向（2005年〜2015年）

資料：総務省統計局「国勢調査」

1.1　わが国の外国人人口

　わが国に住む外国人労働者は、年々増加し2015年の「国勢調査」によれば、約175万となっている。ここ10年で約20万人、年率2％の増加率である。この10年間、年率0.5％のわが国の総人口の減少とは対照的な動きをしている。外国人の人口の内訳をみると、年少人口がここ10年間で約1万人、生産年齢人口が13万人、高齢者人口（65歳以上）が約3万増加している。増加率はそれぞれ、6.2％、10％、30％の増加となっている。国内の外国人高齢者の増加率も大きく、生産年齢人口の増加率の3倍となっている（**図5-1参照**）。

　小﨑（2015）によれば、各国の2008年における全人口に対する外国生まれの人口比率は、最も高い国がルクセンブルクで約4割を占めている。2割程度を占めている国は、カナダ、ニュージランド、オーストラリア、スイス、イスラエルとなっている。1割から1.5割程度の国は、イギリス、オランダ、OECD平均、ドイツ、ベルギー、アメリカ、スウェーデンなどとなっている。わが国は韓国と並んで国際的にみても低い（小﨑 2015：90頁）。2015年時点では日本が1.8％、韓国2.2％となっている（JILPT「データブック国際比較」）。また、労働力人口に占める外国人労働人口比率も低く1.4％台（2015年）である。アメリカが近年低

下傾向である一方、ドイツが躍進して世界第2位となっている。ドイツの外国人人口は、2012年で約721万となっており、年間40〜50万人程度恒常的に移民を受け入れている（小﨑 2015）。

1.2　外国人労働者の現状と将来予測

　2016年のわが国の外国人労働者の状況概要は以下のようにまとめられる。2016年10月末現在のわが国の外国人労働者数は約108万人である。外国人労働者の内訳は、就労目的で在留が認められている者は約20万人、身分に基づき在留する者が約41.3万人、技能実習が約21.1万人、特定活動が約1.9万人、資格外活動（留学生のアルバイト等など）が約24万人となっている。国籍別では、中国が全体の3割を占めていて約34万人、次にベトナムで約17万人（16％）、フィリピンが約12万人（11％）となっている。都道府県別では、東京が33万人と約3割を占めている。愛知が11万人で1割、以下神奈川、大阪、静岡でそれぞれ4〜5％を占めている。東京と愛知で外国人労働者の4割を占めている。産業別では、製造業が3割を占めている。労働者派遣・請負事業を行っている事業所に就労している外国人労働者は約23万人で全体の2割を占めている。また、事業所規模別では、30人未満の事業所が最も多く、外国人労働者の全体の34％を占めている（厚生労働省「「外国人雇用状況」の届出状況」（平成28年））。

　図5-2は、厚生労働省「外国人雇用状況の届出状況」から、1993年から現在までの外国人労働者の推移と、既存の外国人労働者の推移からタイムトレンドで延ばした予測推計値が2本描かれている。2014年以降外国人労働者が急増している。前年同期比で2014年は約7万人、2015年は約13万人、2016年は約17万人と急増している。4年連続で過去最高を更新している。

　わが国の将来の外国人の数を予測することは、政治・経済情勢の変化で大きく変わるため、将来を正確に予測することは困難である。そこで、ここでは、2つの方法で将来予測を試みた。第1は、既存の外国人労働者の推移をタイムトレンドで延ばす方法である。その方法での推計結果によれば、今後50年後には外国人労働者は272万人となる。現在の約3倍程度となる。年率3％程度の増加を記録することになる。2016年前年比約20％の増加と大きな開きがみられる。ここ3年間の外国人労働者の増加が著しいことを物語っている。

第2部 労働力不足とその対策

図5-2 外国人労働者の推移（1993～2066年）

資料：厚生労働省「外国人雇用状況の届出状況」より作成
注：1．2007年のデータは2006年と2008年の平均値を使用。
　　2．2016年以降は予測値、それ以前は実績値。

　第2は外国人労働者が2016年の17万人増が、今後50年間続くと仮定した場合である。50年後には958万人となり約1千万人の増加となる。国立社会保障人口問題研究所（以下社人研）のわが国の将来推計人口の中位推計によると、2065年の生産年齢人口は4,529万人となっている。総務省統計局「労働力調査」によれば、わが国の2016年の労働力率は60％である。2065年の労働力率を仮に60％とすると、50年後のわが国の労働力人口は2,717万人となる。つまり、労働力人口の3分の1が外国人労働者ということになる。提示された2つの推計結果は両極端で、現実はその中間に位置すると思われる。

第2節　外国人労働受入れの経済学的検討

　本節では、外国人労働者の流入増加が外国人労働者受入れ国の労働者の賃金や、雇用にどのような影響を与えるのかを理論と実証分析で考察する。

2.1 外国人労働者の流入が賃金・雇用に与える影響：理論的考察

今、1つの集計された財が資本と労働の組合せを使用する生産関数で生み出されると仮定する。集計された生産関数は規模に関して収穫一定のコブ・ダグラス生産関数

$$Y = AK^{\alpha}L^{1-\alpha} \tag{5-1}$$

を仮定する。ここで、Yは産出量、Kは資本ストック、Lは雇用量、wは賃金率、rは利子率として、完全競争市場を仮定する。
それゆえ、利潤の最大化の1階の条件は

$$w = (1-\alpha)AK^{\alpha}L^{-\alpha} \tag{5-2}$$
$$r = \alpha AK^{\alpha-1}L^{1-\alpha} \tag{5-3}$$

自国の労働者の数は完全に非弾力的と仮定し、(5-2) 式の対数をとり全微分すると

$$d\log w = \alpha d\log K - \alpha d\log L$$

を得る。ここで、短期において、資本ストックは一定である。それゆえ、短期的な移民の流入による賃金の影響は

$$\left.\frac{d\log w}{d\log L}\right|_{dK=0} = -\alpha \tag{5-4}$$

一般的に、日本における所得の労働のシェアは約0.7、資本のシェアは約0.3であることは、よく知られた事実である。それゆえ、$\alpha = rK/Y$、つまり資本分配率≒0.3より短期の賃金弾力性＝−0.3である。

一方、長期においては、資本に対するレンタル率rは一定と仮定する。資本の高い収益性は資本を引きつけ、資本収益のレンタル率を世界的な均衡水準まで引き下げる。つまり、長期的には$r = 0$と仮定される。(5-3) 式を全微分してゼロと置くと

図 5-3　労働供給曲線が完全に非弾力的なケース：短期と長期

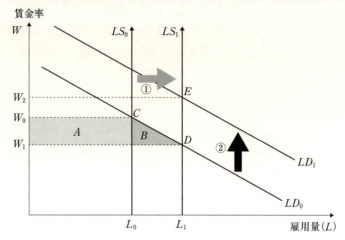

出所：小﨑 (2011)

$$dlogr = (\alpha-1)(dlogK - dlogL) = 0 \tag{5-5}$$
$$r = 0 \text{より} dlogK = dlogL \tag{5-6}$$

移民10%の労働供給が増加した場合、資本は10%増加しなければならない。つまり、

$$\left.\frac{dlogw}{dlogL}\right|_{dr=0} = 0 \tag{5-7}$$

となる。結論として、完全競争下で外国人と自国民の完全代替を仮定すると、理論的には賃金の弾力性は 0 〜 −0.3の間と考えられる（Borjas 2013）。

　次に図で考察する。**図 5-3** は外国人がわが国に流入した場合、賃金や雇用にどのような影響を与えるか分析したものである。完全競争市場で外国人と日本人の完全代替を仮定した図である。また労働供給曲線は賃金に非弾力的として垂直に描かれている。はじめに、労働需要曲線LD_0と供給曲線LS_0で、均衡賃金率W_0と均衡雇用量L_0を仮定している。外国人労働者の増加により、図 5-3 の労働供給曲線はLS_0からLS_1にシフトする。雇用量はL_0からL_1となる。雇用量L_1は、自

国民と外国人の両方が混在していることになる。$L_1 = L_0$（自国民）$+ M$（外国人 $= L_1 - L_0$）である。労働供給曲線が硬直的な場合、日本人の雇用の低下がなく、賃金の下落により調整される。一方、労働供給曲線の傾きが正の場合は、日本人の雇用削減が一部含まれる。つまり、賃金が W_0 から W_1 に低下することにより労働者が自発的に労働市場から退出する。

次に、労働者の厚生について検討する。外国人労働者の流入により、賃金が W_0 から W_1 に低下することにより、日本人労働者の厚生的損失（A の領域）が生じる一方で、雇用主は厚生の増加（$A + B$ の領域）が生じる。社会全体としては、外国人受入れにより B の領域の移民余剰が発生する。つまり、外国人労働者の増加は、日本人の賃金を低下させる一方で、雇用主は賃金低下による収益の増加となる。雇用主には、生産者余剰の拡大が発生する。このため、雇用主は利益が増加する一方、労働者は賃金低下により、労使の利益が相反することになる。以上が短期的効果である（①の効果）。

長期においては、短期において生じた雇用主の余剰の増加と外国人人口の増加による消費や住宅の需要拡大が考えられる。そうした需要の拡大は、需要曲線を LD_0 から LD_1 へと右上方へとシフトさせる（②の効果）[4]。それにより、賃金は W_2 に上昇することとなり、外国人労働者の流入は、賃金を低下させない。また、海外のいくつかの論文や中村他（2009）では、労働需要の拡大がなくても、ある地域の賃金が上昇する現象を報告している。そのメカニズムは、自国の労働者が外国人労働者や移民の流入地域から、他の地域へ移動することによりその地域の賃金上昇が確認されている。

流入する外国人労働者をブルーカラー労働者とホワイトカラー労働者に分けて考察した研究もある。但し、ブルーカラー労働者とホワイトカラー労働者は補完的であると仮定する。この場合、短期的効果として、外国人労働者の流入がブルーカラーの場合、ブルーカラーの労働供給曲線が右にシフトする。それにより、ブルーカラーの賃金は低下する。一方、補完関係にあるホワイトカラーの需要は、需要拡大により、ホワイトカラーの需要曲線は右へシフトする。それによりホワイトカラーの均衡賃金は上昇する。DeNew and Zimmerman（1994）の研究によ

4）本章の「はじめに」で紹介したオーストラリアの新聞記事を思い起こしてほしい。そこでは、外国人労働の流入による需要拡大が示されている。

れば、外国人労働の流入はブルーカラー労働者の賃金下落幅がホワイトカラー労働者の賃金上昇幅より大きい。それゆえ、ホワイトカラー労働者とブルーカラー労働者が補完的な場合、集計された賃金はわずかに減少する。

2.2　外国人流入の賃金・雇用への影響に関する実証分析[5]

わが国に関する実証分析に関しては、中村他（2009）がある。それによれば、外国人労働者の受入により、未熟練労働者の賃金率を高める傾向があることを指摘している。外国人労働者導入は男性の賃金を引き上げる。一方、女性については効果がないか、もしくは引き下げる効果を持つと指摘している。本節では、Borjas（2013）の理論的枠組みで使用した生産関数の変数と神野（2013）で紹介されている賃金関数、さらに中村他（2009）で使用している推計式を参考に推計する。但し、使用する変数は集計されたセミミクロの都道府県パネルデータである。基本的には、「国勢調査」2000年、2005年、2010年の都道府県別データから外国人労働者比率[6]を求めて推計を行う。賃金率に関しては、中村他（2009）に従い「賃金構造基本統計調査」の都道府県データの5年ごと（2001年、2006年、2011年）を使用した。内生性を考慮して1年前の外国人労働者比率を説明変数として用いる。また、賃金率は総務省統計局「全国物価統計調査結果」の「消費者物価指数」（全国2010＝100）を使用して実質化した。また、推計に当たっては不均一分散を考慮して White diagonal method を使用し、固定効果で推計した。具体的には、次式で推計を行った。

　実質賃金率（対数）＝ F（県内総生産額（対数）、外国人労働者比率（対数）、
　　　　　　　　　　　　資本ストック（対数）、2006年ダミー、2011年ダミー、
　　　　　　　　　　　　規模（千人以上）比率、勤続年数、勤続年数の二乗）

(5-8)

使用された資料は以下のものである。生産額（Y）は内閣府「県民経済計算」

5）移民・外国人流入と賃金・雇用に関する詳細なサーベイは、小﨑（2008）；小﨑（近刊 a）を参照。

6）外国人労働者比率＝（外国人労働者数／外国人労働者＋日本人労働者）×100で求めている。

2005年基準、資本ストック（K）は、内閣府「都道府県別民間資本ストック」で2000年基準を使用する。資本ストックのデータに関しては、有形固定資本＋無形固定資本で求めた。使用される年度は2000年、2005年、2009年である。賃金は男女計に関して厚生労働省「毎月勤労統計」を使用し、性別に関しては「賃金センサス」を使用した。外国人労働者比率は総務省統計局「国勢調査」、規模・勤続に関しては厚生労働省「賃金センサス」、物価に関して総務省統計局「全国物価統計調査結果」の「消費者物価指数」（全国2010=100）を使用した。

■推計結果（1）賃金関数の推計結果

　はじめに、産業計・男女計（男女別）・産業計・一般労働者に関する外国人労働者が賃金に与える効果をみることにする（表5-1（a）参照）。規模・勤続年数を加えた推計結果の方が、修正済み決定係数が高い。それゆえ変数を追加した推計結果で考察する。産業計・男女計の推計結果をみると、賃金の弾力性が0.035とプラスで統計的に有意となっている。つまり、外国人労働者比率が10％増加すると、実質賃金が0.35％増加することを示唆している。男女別でみると、男性は0.082と統計的に有意だが、女性に関しては、係数はプラスであるが統計的に有意でない。つまり、外国人労働者の流入は、男性労働者に補完的関係を示す一方で、女性労働にはそうした効果が認められないことを示唆している。先行研究の中村他（2009）の推計結果では、大卒の女性の賃金率が外国人労働者比率の増加に対して負で有意となっている。

　次に、外国人労働者比率が最も高い産業（外国人労働者の3割）の製造業を考察する[7]。製造業に関する推計結果を見ると、男性のみ係数がプラスで統計的に有意である。男性の弾力性は0.035で、産業計の男性の弾性値（0.082）より低く示されている（表5-1（b））。男女計ないし女性の係数はいずれも統計的に有意とならない。女性の係数は有意ではないが係数の符号がマイナスとなっている。つまり、製造業以外の産業で、男性の賃金弾性値を上げていることが考えられる。

7）他の産業、例えば、外国人比率が比較的高い卸売・小売業、宿泊業・飲食サービス業、サービス産業等も調べたいところであるが、2000年で産業分類が大きく変更になったため、産業別・都道府県別外国人労働者比率と産業別・都道府県別賃金率とのリンクが難しいので製造業のみに留めた。

表5-1 (a) 賃金関数の推計結果（産業計）2000年～2010年

従属変数	男女計 固定効果 White diagonal method 実質賃金 (産業計・男女計・規模計・学歴計・一般労働者)	男女計 固定効果 White diagonal method 実質賃金 (産業計・男女計・規模計・学歴計・一般労働者)	男性 固定効果 White diagonal method 実質賃金 (産業計・男性・規模計・学歴計・一般労働者)	男性 固定効果 White diagonal method 実質賃金 (産業計・男性・規模計・学歴計・一般労働者)	女性 固定効果 White diagonal method 実質賃金 (産業計・女性・規模計・学歴計・一般労働者)	女性 固定効果 White diagonal method 実質賃金 (産業計・女性・規模計・学歴計・一般労働者)
定数	2.056 (16.34)***	1.400 (2.34)*	2.167 (15.50)***	0.200 (0.37)	1.878 (12.20)***	1.811 (3.29)***
県内総生産額 (対数)	0.074 (8.32)***	0.042 (3.30)***	0.067 (7.19)***	0.030 (2.03)**	0.074 (6.99)***	0.041 (2.29)**
外国人比率 (対数)	0.041 (2.28)**	0.035 (1.95)**	0.067 (3.97)***	0.082 (5.99)***	0.021 (0.90)	0.019 (0.84)
資本ストック (対数)	−0.014 (−1.86)*	−0.002 (−0.32)	−0.007 (−1.04)	0.001 (0.20)	−0.019 (−2.13)**	−0.012 (−1.49)
2006年 ダミー	−0.032 (−0.50)	−0.036 (−0.58)	−0.042 (−0.90)	−0.110 (−3.68)***	−0.040 (−1.37)	−0.016 (−0.53)
2011年 ダミー	0.030 (0.45)	−0.005 (−0.065)	0.071 (1.15)	−0.119 (−1.89)*	−0.040 (−1.37)	0.0948 (1.29)
規模(1000人以上)比率		0.006 (3.74)***		0.006 (2.77)***		0.005 (2.33)**
勤続年数		0.168 (1.71)*		0.350 (4.12)***		0.1088 (1.05)
勤続年数の 二乗		−0.007 (−1.70)*		−0.012 (−3.71)***		−0.006 (−1.17)
$\bar{R}^2$	0.82	0.83	0.80	0.84	0.69	0.71
サンプル数	141	141	141	141	141	141

注：括弧内の数字は t 値。$\bar{R}^2$ は、修正済み決定係数。データの出所は、本文参照。
***：1％、**5％、*10％で有意
出所：本文を参照。

例えば、卸売・小売業、宿泊業・飲食サービス業、サービス産業などが考えられる。

　規模5～9人に関しての産業計に関する推計結果では、外国人比率の係数がプラスで有意である。弾性値は0.052、女性は係数がプラスであるが統計的に有意ではない。男性の値は規模計より値が小さい。製造業の規模5～9人に関しては、男性は係数がプラスで有意である。弾性値は0.032と規模計の製造業の値とそれ

表5-1（b） 賃金関数の推計結果（製造業）；2000年～2010年

	男女計	男女計	男性	男性	女性	女性
	固定効果	固定効果 White diagonal method	固定効果	固定効果 White diagonal method	固定効果	固定効果 White diagonal method
従属変数	実質賃金（製造業・男女計・規模計・学歴計・一般労働者）	実質賃金（製造業・男女計・規模計・学歴計・一般労働者）	実質賃金（製造業・男性・規模計・学歴計・一般労働者）	実質賃金（製造業・男性・規模計・学歴計・一般労働者）	実質賃金（製造業・女性・規模計・学歴計・一般労働者）	実質賃金（製造業・女性・規模計・学歴計・一般労働者）
定数	-0.068 (-0.48)	-1.103 (-1.84)*	0.284 (2.23)**	-0.186 (-0.61)	-0.017 (-0.12)	-0.389 (-0.77)
県内総生産額（対数）	0.116 (6.93)***	0.089 (4.15)***	0.104 (6.52)***	0.064 (3.19)***	0.084 (5.12)***	0.056 (3.28)***
外国人比率（対数）	0.012 (0.55)	0.009 (0.42)	0.026 (1.84)*	0.035 (2.68)***	-0.008 (-0.43)	-0.007 (-0.35)
資本ストック（対数）	-0.019 (-1.38)	-0.010 (-0.71)	-0.022 (-1.67)*	-0.009 (-0.69)	-0.017 (-1.33)	-0.009 (-0.724)
2006年ダミー	-0.0718 (-1.15)	-0.053 (-1.35)	-0.093 (-4.30)***	-0.082 (-2.76)***	-0.068 (-0.71)	-0.040 (-0.45)
2011年ダミー	-0.240 (-2.29)***	-0.242 (-2.51)***	-0.155 (-2.80)***	-0.131 (-2.33)*	-0.267 (-2.16)**	-0.222 (-1.80)*
規模(1000人以上)比率		0.007 (1.76)*		0.006 (1.80)*		0.010 (2.65)***
勤続年数		0.184 (1.91)**		0.090 (2.14)**		0.103 (1.22)
勤続年数の二乗		-0.006 (-1.80)*		-0.002 (-1.49)		-0.004 (-1.23)
$\bar{R}^2$	0.78	0.78	0.76	0.78	0.76	0.77
サンプル数	141	141	141	141	141	141

注：括弧内の数字は t 値。$\bar{R}^2$ は、修正済み決定係数。データの出所は、本文参照。
***：1 %、**：5 %、*10%で有意
出所：本文を参照。

ほど変わらない。女性に関しては、係数の値は有意とならない。また、新卒や短時間労働者を学歴別に推計したが、どれも有意とはならなかった[8]。

8）規模5～9人・新卒・短時間労働者に関する推計結果は、紙面の制約でここでは省略する。

■推計結果（2）労働需要に関する実証分析

次に、労働需要に関する推計結果を考察する。外国人労働者比率の増加が日本人労働者を減少させ、労働力不足に効果を上げるか検討する。賃金と同様、2000年、2005年、2010年の都道府県パネルデータを使用して固定効果で以下の関数を推計した。不均一分散を考慮して、White diagonal methodで推計を行っている。

日本人就業者数（対数）＝ F（県内総生産額（対数）、外国人比率（対数）、
　　　　　　　　　　　　資本ストック（対数）、実質賃金（対数）、2005年
　　　　　　　　　　　　ダミー、2010年ダミー）　　　　　　　　　　(5-9)

推計に使用されるデータは推計式（5-8）で用いたものと同様である。但し、従属変数である、労働者数は「国勢調査」の日本人就業者数を用いている。はじめに、産業計・男女計の推計結果から考察すると、外国人労働者比率の増加は日本人就業者に対してマイナスとなっている。弾性値は−0.092〜−0.095で、統計的に有意となっている。すなわち、外国人労働者比率が10％増加すると、約1％の日本人就業者が削減される結果となっている。その意味では、人口減少時代で生産年齢人口が減少する効果を緩和させる効果が期待される。2016年の外国人労働者の増加率が前年比で約20％増加したことは、日本人労働者を約2％程度、約131万人程度節約したことになる。性別では、男性に関する符号はマイナスで統計的に有意ではない。女性は、マイナスで統計的に有意となっている。弾性値は−0.124である。含意されることは、外国人労働者流入で影響を受けるのは男性でなく、女性の就業者を減少させている。外国人労働者と日本の女性労働者の間に代替関係が見いだせる。10％の外国人労働者流入で、日本の女性就業者が約1.2％減少する（**表5-2（a）**参照）。

製造業に関する推計結果（**表5-2（b）**参照）では、製造業・男女計の外国人労働者比率の符号はプラスで統計的に有意ではない。産業計・男女計の符号がマイナスであったのとは異なる。産業計・男性では、係数の符号がマイナスで統計的には有意でなかったものが、製造業・男性では符号の係数はプラスで統計的に有意となっている。弾性値は0.07である。つまり、外国人労働者比率が10％増加すると、日本の製造業・男性就業者数は0.7％増加する。補完関係を示唆している。一方、女性の外国人労働者比率の係数は−0.122で弱いが統計的に20％程度で有意である。要約すると、産業計では、外国人比率の増加は、日本人就業者を削減させる。特に女性の就業者を削減させる。製造業では、男性の就業者数は

表 5-2（a）　日本人の労働需要・産業計

従属変数	男女計	男女計	男性	男性	女性	女性
	固定効果 White diagonal method 日本人就業者数（産業計・規模計・学歴計・一般労働者）	固定効果 White diagonal method 日本人就業者数（産業計・規模計・学歴計・一般労働者）	固定効果 White diagonal method 日本人就業者数（産業計・規模計・学歴計・一般労働者）	固定効果 White diagonal method 日本人就業者数（産業計・規模計・学歴計・一般労働者）	固定効果 White diagonal method 日本人就業者数（産業計・規模計・学歴計・一般労働者）	固定効果 White diagonal method 日本人就業者数（産業計・規模計・学歴計・一般労働者）
定数	0.827 (1.35)	0.981 (1.33)	0.826 (1.06)	0.797 (1.00)	0.324 (0.52)	0.304 (0.48)
県内総生産額（対数）	0.864 (17.67)***	0.871 (16.92)***	0.879 (16.66)***	0.805 (16.34)***	0.838 (18.16)***	0.837 (17.86)***
外国人比率（対数）	−0.095 (−2.29)**	−0.092 (−2.10)**	−0.020 (−0.65)	−0.024 (−0.71)	−0.124 (−3.04)***	−0.124 (−2.99)***
資本ストック（対数）	0.032 (0.84)	0.033 (0.85)	0.039 (0.92)	0.039 (0.94)	0.024 (0.70)	0.023 (0.65)
実質賃金（対数）	−0.383 (−1.63)*	−0.455 (−1.50)	−0.660 (−2.21)**	−0.650 (−2.12)**	−0.347 (−1.42)	−0.345 (−1.40)
2005年ダミー		−0.120 (−1.31)		−0.023 (−0.49)		0.071 (2.23)**
2010年ダミー		−0.070 (−0.69)		−0.079 (−0.63)		0.099 (0.91)
$\bar{R}^2$	0.96	0.96	0.96	0.96	0.97	0.97
サンプル数	141	141	141	141	141	141

注：括弧内の数字は t 値。$\bar{R}^2$ は、修正済み決定係数。データの出所は、本文参照。
***：1％、**5％、*10％で有意
出所：本文を参照。

増加するが、女性に関しては、影響がないか、あるいはマイナスに弱い影響を与えている。つまり、外国人労働者流入は、日本人の就業者を節約ないし減少させる。製造業では、日本人男性と外国人労働者は補完関係にあり、製造業以外では、女性が外国人労働者と代替関係にある。

第3節　外国人労働者による労働供給増加政策

前節でわかったように、日本への外国人労働者の流入は、賃金を下落させるのではなく、僅かに上昇させる。一方、労働需要に関しては、外国人労働者の流入

表 5-2 (b) 日本人の労働需要・製造業

従属変数	男女計 固定効果 White diagonal method 日本人就業者数（製造業・規模計・学歴計・一般労働者）	男女計 固定効果 White diagonal method 日本人就業者数（製造業・規模計・学歴計・一般労働者）	男性 固定効果 White diagonal method 日本人就業者数（製造業・規模計・学歴計・一般労働者）	男性 固定効果 White diagonal method 日本人就業者数（製造業・規模計・学歴計・一般労働者）	女性 固定効果 White diagonal method 日本人就業者数（製造業・規模計・学歴計・一般労働者）	女性 固定効果 White diagonal method 日本人就業者数（製造業・規模計・学歴計・一般労働者）
定数	2.024 (3.09)***	2.002 (2.92)***	1.051 (1.40)	1.009 (1.32)	2.571 (2.87)***	1.817 (2.41)**
県内総生産額（対数）	0.845 (17.03)***	0.847 (16.55)***	0.880 (18.75)***	0.885 (18.57)***	0.822 (9.75)***	0.725 (11.63)***
外国人比率（対数）	0.037 (0.74)	0.045 (0.81)	0.071 (1.83)*	0.070 (1.79)*	0.070 (0.45)	−0.122 (−1.54)
資本ストック（対数）	−0.026 (−0.90)	−0.025 (−0.85)	−0.039 (−1.40)	−0.037 (−1.33)	−0.004 (−0.10)	0.018 (−0.44)
実質賃金（対数）	−0.562 (−1.75)*	−0.558 (−1.67)*	−0.443 (−1.37)	−0.433 (−0.132)	−1.00 (−2.17)**	−0.400 (1.21)
2005年ダミー		0.015 (0.09)		0.022 (0.21)		0.400 (1.21)
2010年ダミー		0.135 (−0.43)		−0.229 (−0.84)		3.187 (5.47)***
$\bar{R}^2$	0.94	0.94	0.95	0.95	0.91	0.94
サンプル数	141	141	141	141	141	141

注：括弧内の数字はt値。$\bar{R}^2$は、修正済み決定係数。データの出所は、本文参照。
***：1％、**5％、*10％で有意
出所：本文を参照。

は、日本人労働者を節約できる。それでは、外国人労働者を受入れた場合、外国人が非労働力人口や失業者にならずに就業者として働いてもらうことは非常に重要なことである。特に、社会保障などの財源問題が重要となる。本節では、外国人労働者の活用という観点から、外国人の失業者や非労働力人口の実態を日本人のそれと比較検討して、外国人の失業行動と非労働力人口の属性を2000年の「国勢調査」匿名データを用いて考察する。

3.1 使用される外国人の労働力状態に関わる変数の分布状況と推計関数

　使用されるデータは総務省統計局「国勢調査」2000年の全体から無作為に1％抽出されたデータである。そこから14歳以下を除いた99万8,189サンプルを用いて分析を行う。分析に使用された変数の分布は**表5-3**にまとめられる。われわれの関心事である労働力状態に関して、就業者は日本人と比べ、外国人が3％ポイント程度高い。また、失業者は外国人が1％ポイント程度高くなっている。非労働力人口は、日本人が外国人より4.4％ポイント高くなっている。性別は、日本人と外国人両方とも、女性の割合が男性より高くなっている。現在、住んでいる場所の期間に関しては、1～5年未満で外国人は50％を超える一方で、20年以上は10％以下である。一方、日本人は20年以上が3割を占めている。年齢も日本人と外国人は大きく異なる。外国人は、20～30代で5割を超える。一方日本人はその年代は3割程度しか占めていない。50歳以上で日本人が占める割合が外国人より高い。つまり、相対的に日本にいる外国人は若い人々で占められている。その意味では、わが国の従属人口割合を低下させ、生産年齢人口割合を増加させる。配偶者の有無では、未婚割合が外国人で多い。死別は日本人が多くなっている。学歴は、日本人より相対的に大卒の割合が10％ポイント程度高くなっている。熟練労働者の受入れは認められているが、単純労働者の受入れは原則禁止していたことに由来するかもしれない。地域では、南関東（埼玉、千葉、東京、神奈川）で3割と日本人より多い比率となっている。東海（岐阜、静岡、愛知、三重）、近畿（滋賀、京都、大阪、兵庫、奈良、和歌山）地方でも、日本人の割合より多くなっている。家族類型は、単身世帯が日本人の2倍以上の割合となっている（表5-3参照）。

　次に、推計された関数は次のようなものである。

$$V228 = F(V20, V24, V221, V222, V227, V44, V17) \qquad (5\text{-}10)$$

各変数は、表5-3に記載されている。従属変数の労働力状態（$V228$）は、就業者をリファレンスとして完全失業者と非労働力人口をロジット分析する。年齢（$V221$）は5歳階層を10歳階級にまるめた。但し、15～19歳のみは5歳階級のままとした。また、推計に当たっては、14歳以下のサンプルを除いて推計した。地域（$V44$）に関しては、47都道府県を「労働力調査」の地域区分に従って10地域

表 5-3　分析で使用される変数の分布状況

(単位：％)

		外国人	日本人			外国人	日本人
労働力状態 (V228)	就業者	63.6	60.1	学校の種類 (V227)	小学・中学	22.0	22.8
	完全失業者	4.0	2.9		高校	43.0	47.7
	非労働力	32.5	36.9		短大	9.7	12.6
性別 (V20)	男性	47.3	48.4		大学	25.3	16.8
	女性	52.7	51.6	地域 (V44)	北海道	1.0	4.5
現在の場所に住んでいる期間 (V24)	出生時から	2.2	11.4		東北	2.9	7.9
	1年未満	27.7	7.2		南関東	31.4	26.0
	1〜5年未満	37.0	18.7		北関東・甲信	9.4	8.1
	5〜10年未満	13.1	12.5		北陸	3.2	4.5
	10〜20年未満	11.0	18.7		東海	16.3	11.9
	20年以上	9.0	31.4		近畿	25.7	16.1
年齢 (V221)	15〜19歳	5.8	7.0		中国	4.5	6.1
	20〜29歳	28.3	16.9		四国	1.3	3.3
	30〜39歳	30.2	15.7		九州	4.4	11.5
	40〜49歳	16.9	15.6	世帯の家族類型 (V17)	夫婦のみ	17.6	16.9
	50〜59歳	10.1	18.1		夫婦と子供	38.9	41.3
	60〜69歳	5.3	13.8		男親又は女親と子供	7.0	6.9
	70歳以上	3.4	12.9		その他の親族	10.9	23.4
配偶者の有無 (V222)	未婚	32.6	27.3		非親族	1.1	0.3
	配偶者あり	60.7	61.7		単独	24.5	11.2
	死別	3.1	7.6				
	離別	3.6	3.4				

出所：総務省統計局「国勢調査匿名データ（2000年）」
注：14歳以下のサンプルは除いた。

にまるめた。

3.2　失業者と非労働力人口に関する多項ロジット分析

■外国人の失業者[9)]・非労働力人口に関する多項ロジット分析

　就業者をリファレンスとして、失業者と非労働力に関する多項ロジット分析を

まとめたものを**表5-4**で提示した。われわれの関心は、就業者とならず失業者や非労働力人口となる人々の属性を考察することにより、就業者を増加させる政策を考える。また、失業者や非労働力になる人々の属性は日本人と外国人で異なるのかを検討し、今後、増加する外国人労働者の有効活用を考える。

表5-4（a）の外国人労働者の失業者から考察することにする。まず第1に、外国人の失業者は、**表5-4**（b）の日本人の失業者に関する属性と大きく異なっている。外国人の失業者は性別、年齢、現在の場所での期間、地域といった変数が統計的に有意とならない。一方では、そうした変数は日本人では統計的に有意に効いてきている。手元のデータによれば、日本で外国人の失業者は全部で406人存在している。1％抽出なので100倍すると、約4万600人程度である。公表されている「国勢調査」データで確認すると、4万6,300人となっているので、大きな誤差がないことが確認される。第2に、こうした失業者に関して、地域や年齢の変数が統計的に有意となっていないが、記述統計によれば、近畿地方に38.4％、南関東に26.1％と特定の地域に集中している。また、年齢も20～40歳代までの失業者が多くこの世代で失業の7割を占めている。モデルには含まれていないが、世帯主の続柄をみると失業者の半分が世帯主となっていて、失業の深刻さが理解できる。第3は、配偶者の有無に関する変数は、離別を参照カテゴリとした場合、配偶者あり、死別では失業者になる確率を有意に引き下げている。第4に、学歴に関しては、大卒を参照カテゴリとした場合、短大・高専を除き、それ以下の学歴で失業者の確率を有意に高めている。義務教育では3倍、高卒で約2倍の確率でもって失業の確率を高めている。人的資本の代理変数と考えられる学歴は、失業対策としては重要な役割を果たしている。第5に家族類型では、単身を参照カテゴリとした場合、夫婦のみ、夫婦と子どもの世帯が失業確率を高めている。単身と比べ、2.2～2.6倍失業確率を高めている。

次に、外国人の非労働力人口を考察する。失業者の変数と打って変わって、投入変数のすべてが統計的に有意となっている。非労働力は、第1に男性が女性に比べ、極端に低い。82％程度も低い。非労働力はほとんど女性であることがわかる。第2に、現在の場所に住んでいる期間に関する変数は、20年以上をリファレ

9） 集計されたデータでの外国人の失業研究に関しては、労働政策研究・研修機構（2012）を参照して欲しい。

表5-4 (a) 外国人の失業者・非労働力の確率：多項ロジット分析

従属変数	失業者		非労働力	
	係数	オッズ比	係数	オッズ比
定数	-2.337***		2.019***	
性別(V20)				
男性	-0.001	0.999	-1.707***	0.181
女性	—	—	—	—
現在の場所に住んでいる期間(V24)				
出生時から	0.373	1.451	0.750***	2.117
1年未満	-0.091	0.913	0.297**	1.345
1〜5年未満	-0.286	0.751	0.291**	1.338
5〜10年未満	-0.361	0.697	0.430***	1.638
10〜20年未満	-0.214	0.807	0.276**	1.317
20年以上	—	—	—	—
年齢(V221)				
15〜19歳	-0.348	0.706	-0.534**	0.586
20〜29歳	-0.621	0.538	-2.621***	0.073
30〜39歳	-0.305	0.737	-2.845***	0.058
40〜49歳	-0.371	0.690	-3.128***	0.044
50〜59歳	-0.581	0.559	-3.160***	0.042
60〜69歳	0.050	1.051	-1.912***	0.148
70歳以上	—	—	—	—
配偶者の有無(V222)				
未婚	-0.296	0.743	0.183	1.201
配偶者あり	-1.374***	0.253	0.519***	1.680
死別	-0.975**	0.377	0.594***	1.811
離別	—	—	—	—
学歴(V227)				
小学・中学	1.083***	2.952	-0.325***	0.722
高校	0.676***	1.965	-0.500***	0.607
短大・高専	0.036	1.037	-0.166	0.847
大学	—	—	—	—
地域(V44)				
北海道	0.758	2.134	0.043	1.044
東北	-0.536	0.585	-0.318	0.728
南関東	-0.117	0.890	-0.209	0.812
北関東・甲信	-0.210	0.810	-0.751***	0.472
北陸	-0.648	0.523	-0.505***	0.603
東海	-0.415	0.660	-1.027***	0.358
近畿	0.177	1.194	-0.222	0.801

中国	−0.653	0.520	−0.499***	0.607
四国	−1.704	0.182	−0.716***	0.489
九州	—	—	—	—
家族類型(17)				
夫婦のみ	0.958***	2.606	0.621***	1.860
夫婦と子供	0.813***	2.254	0.843***	2.323
男親又女親と子供	0.527**	1.694	0.187	1.206
その他の親族	0.336	1.400	0.572***	1.772
非親族	0.759	2.137	0.528**	1.695
単独	—	—	—	—
−2対数尤度	8.05E+03			
Cox&Snell	0.23			
Nagelkerke	0.291			
サンプル数	9,378			

注：
1) 就業者が参照カテゴリ
2) 14歳以下は除かれている。
3) 地域区分は47都道府県を「労働力調査」区分でまるめた。
4) ***は1％、**5％有意である。

ンスとした場合、全ての期間で、非労働力を増加させている。出生時からになれば、2倍のオッズ比を示している。これは、高齢化と関係しているものと思われる。第3に、年齢（70歳以上リファレンス）に関しては、40歳代〜50歳代で、非労働力が最も低下している。15〜19歳を除けば、60歳代が最も非労働力化が高い。第4に、配偶者関係に関しては、離別に比べ配偶者ありと死別は、1.6〜1.8倍の非労働力を高めている。第5に、学歴に関して、大卒に比べ短大・高専を除き、他の学歴は非労働力になる確率を低下させている。3〜4割程度低下させている。第6に、地域に関して、北関東・甲信（茨城、栃木、群馬、山梨、長野）、北陸（新潟、富山、石川、福井）、東海、中国（鳥取、島根、岡山、広島、山口）、四国（徳島、香川、愛媛、高知）は、九州（福岡、佐賀、長崎、熊本、大分、宮崎、鹿児島、沖縄）地域と比較して、非労働力確率を低下させている。第7に、家族類型に関して、単独に比べ夫婦のみ、夫婦と子ども、その他の親族、非親族で非労働力確率が増加している。特に、夫婦と子ども世帯では2.3倍の増加となっている。

表5-4（b） 日本人の失業者・非労働力の確率：多項ロジット分析

従属変数	失業者 係数	オッズ比	非労働力 係数	オッズ比
定数	−4.029***		1.677***	
性別（V20）				
男性	0.209***	1.232	−1.677***	0.187
女性	—	—	—	—
現在の場所に住んでいる期間（V24）				
出生時から	−0.149***	0.862	−0.095***	0.909
1年未満	0.453***	1.573	0.240***	1.272
1〜5年未満	0.176***	1.192	0.370***	1.448
5〜10年未満	0.149***	1.161	0.285***	1.330
10〜20年未満	0.159***	1.172	0.171***	1.186
20年以上	—	—	—	—
年齢（V221）				
15〜19歳	0.397***	1.488	0.769***	2.157
20〜29歳	0.232***	1.261	−2.867***	0.057
30〜39歳	0.210***	1.233	−3.167***	0.042
40〜49歳	0.119**	1.126	−3.542***	0.029
50〜59歳	0.323***	1.381	−3.179***	0.042
60〜69歳	1.031***	2.803	−1.458***	0.233
70歳以上	—	—	—	—
配偶者の有無（V222）				
未婚	0.341***	1.407	0.126***	1.134
配偶者あり	−1.371***	0.254	0.517***	1.677
死別	−0.794***	0.452	0.788***	2.200
離別	—	—	—	—
学歴（V227）				
小学・中学	1.092***	2.980	0.049***	1.050
高校	0.752***	2.122	−0.148***	0.862
短大・高専	0.429***	1.535	−0.150***	0.861
大学	—	—	—	—
地域（V44）				
北海道	−0.214***	0.807	0.029**	1.029
東北	−0.241***	0.786	−0.152***	0.859
南関東	−0.163***	0.849	0.051***	1.053
北関東・甲信	−0.364***	0.695	−0.193***	0.825
北陸	−0.402***	0.669	−0.26***	0.771
東海	−0.386***	0.680	−0.153***	0.858
近畿	0.045**	1.046	0.150***	1.161

中国	−0.226 ***	0.798	−0.115 ***	0.892
四国	−0.124 ***	0.884	−0.065 ***	0.937
九州	―	―	―	―
家族類型(17)				
夫婦のみ	0.913 ***	2.493	0.381 ***	1.464
夫婦と子供	0.629 ***	1.876	0.414 ***	1.513
男親又女親と子供	0.641 ***	1.899	0.007	1.007
その他の親族	0.459 ***	1.583	0.161 ***	1.175
非親族	0.381 ***	1.463	−0.413 ***	0.661
単独	―	―	―	―
−2対数尤度	2.15E+05			
Cox&Snell	0.343			
Nagelkerke	0.434			
サンプル数	988,811			

注：
1） 就業者が参照カテゴリ
2） 14歳以下は除かれている。
3） 地域区分は47都道府県を「労働力調査」区分でまるめた。
4） *** は1％、** 5％有意である。

■日本人の失業者と非労働力人口に関する多項ロジット分析

　本項では、日本人の失業確率と非労働力確率を考察する。労働力不足が叫ばれているおり、日本人のそうしたグループの属性を個票で知ることは、重要な政策への考察に繋がると考えられる。しかし、ここでは、外国人のそれとの比較を中心に考察を行う。第1に、失業に関しては、日本人の失業者の属性は外国人と大きく異なる。投入変数のすべてが統計的に有意となっている。第1の性別に関して、外国人は有意とならなかったが、日本人では、男性の失業が女性より2割程度高くなっている。第2の現在の住居期間においても、外国人では有意でないが、日本人では有意となっている。20年以上と比較して、それ以下の年数では失業の確率を増加させている。特に、1年未満は5割も失業確率を増加させている。出生時からは、失業確率を15％程度低下させている。第3に、年齢に関して、外国人はこの変数が有意ではない。日本人は、70歳以上を参照カテゴリとすると、60歳代が2.8倍、15～19歳は1.4倍、20～30歳代は1.2倍、50歳代が1.3倍失業確率を高めている。70歳以上を基準としているので、70歳以上の就業者は非常に就業能力が高いか、経済的に困窮して働かなければならない人々の集団と考えれば、こ

こに提出された結果もおかしくはないと解釈される。第4に、配偶者関係は、外国人でも一部有意となっていた。外国人は未婚が失業確率を高めないが、日本人の未婚は失業確率を高める。離別と比較して4割程度高めている。第5に学歴に関しては、外国人も一部統計的に有意となっていた。外国人は大卒と比較して短大・高専は失業確率を高めないが、日本人では短大・高専も失業確率を5割程度高めている。第6に地域の変数は、外国人では有意ではなかったが、日本人では有意となっている。九州地域と比較して、近畿は失業確率を高めているが、他の地域では失業確率を低下させている。第7に、家族類型は、外国人でも一部統計的に有意であった。日本人では、外国人で有意となっていない家族類型も単独と比較すると、失業確率を高めている。

　次に、日本人の非労働力の確率を考察する。非労働力に関しては、外国人も投入された変数のほとんどが有意であった。個別に考察すると、第1に、性別に関しては、外国人と同じく、日本人の男性も非労働力確率を外国人と同程度低下させている。第2は、住んでいる場所の期間に関して、外国人は出生時からの場合は非労働力の確率を高めるが、日本人では逆に低下させている。第3の年齢に関して、外国人は15〜19歳の非労働力のオッズ比は0.58で非労働力確率を低下させているが、日本人ではオッズ比が2.15と2倍以上を示し、非労働力の確率を高めている。この違いは、高校・大学の進学率の相違によるものと考えられる。こうした違いが失業確率にも反映されていると考えられる。第4に、有配偶の有無に関する変数は、日本人は未婚が非労働力確率を高めるが外国人は統計的に有意でない。家族関係とその家族の所得等が関係していると思われる。第5に、学歴に関しては、外国人では、義務教育程度の教育を持つ人々は非労働力の確率を低下させていたが、日本人では逆に非労働力の確率を高めている。日本人の場合、人的資本蓄積の少なさから職場の選択肢が限られてしまい、単純労働等に就くことを忌避し非労働力確率を高めていると考えられる。第6の地域変数では、外国人では北海道・南関東・近畿地域の変数は有意となっていないが日本人では、それらの地域は統計的に有意で非労働力確率を高めている。その他の地域では、非労働力の確率を低下させている。第7の家族類型では、非親族に関して外国人は非労働力確率を高めているが、日本人では逆に確率を低めている。

　要約すると、ここで提示された結果から外国人労働者の失業者の削減策として、人的資本の蓄積を行う政策が必要である。そのために、学校教育が有効な手段と

なりうる。外国人に対する高等教育への教育費の貸与制度の充実などが有効と思われる。さらに、大学等でのリカレント教育もまた重要となってきている。次に、非労働力人口の削減策として、OECDは外国人・移民を受入れる際、年齢が重要な役割を果たすことを強調している（小﨑2015）。推計結果からも、40～50歳代が最も非労働力の確率を低下させている。次に20～30歳代となっている。60歳代になると、15～19歳を除けば、一番非労働力人口となる確率を高めている。学歴の低下は非労働力人口を低下させるが、高等教育を受けた労働者、特に大卒女性の活用が課題となる。地域に関しては、外国人が比較的少ない地域ほど非労働力になる確率を低下させている。外国人が少ないゆえに、同化がより速やかに行われていると考えられる（小﨑近刊; b）。最後の家族類型では、単独よりそれ以外の家族類型で非労働力確率を増加させている。性別の結果を考慮して考えると、子どもを持つ女性がより働きやすい社会システム創りが必要である。ここで述べた政策は、何も外国人だけに有用な施策ではなく日本人の失業者の削減や非労働力人口の削減策においても必要なので、ユニバーサルデザイン的政策と社会システムの構築が必要である。

おわりに

本章は、労働力不足対策として外国人労働者の活用を考えるとき、外国人の流入はわが国の賃金や雇用にどの程度影響を与えるか理論と実証で考察した。そこでの、結論は、過去のデータからは、外国人労働者のわが国への賃金の影響は少ない。わずかに賃金を上昇させるものであった。そのメカニズムは流入する外国人とわが国の労働者間に補完関係があると考えられる。産業計では、男性労働者に補完関係を示す一方、女性労働者にはそうした効果が認められなかった。

次に、労働需要関数の推計結果から、外国人労働者が10%増加すると、約1%程度の日本人就業者の削減が認められる。2016年の外国人労働者が対前年比で20%増加したことは、日本人労働者を約131万人節約したことになる。性別では、男性の符号はマイナスだが、統計的に有意とならない。一方、女性の符号は、マイナスで統計的に有意となる。外国人労働者の流入で影響を受けるのは男性ではなく、女性就業者である。

最後に、外国人受け入れ後を勘案して、外国人労働者の有効活用を考えた。外国

人の失業者と非労働力の人々の属性を考察して、外国人労働者の活用を考察した。その結果、失業の削減策として、人的資本の蓄積（教育）が重要であることがわかった。また、非労働力人口の削減として、子どもを持つ外国人女性の活用が重要である。こうした観点から、わが国の政策としては、日本人の失業者・非労働力人口の削減と同様の為、ユニバーサルデザイン化された政策と社会システムの構築の必要性が求められる。そうすることが、外国人の日本社会への労働市場への統合を早め、統合費用の削減が可能となる[10]。

参考文献

小﨑敏男（2008）「人口減少と外国人労働政策」『東海大学紀要政治経済学部』第40号、99-130頁。

小﨑敏男（2011）「労働移動」小﨑敏男・牧野文夫・吉田良生編『キャリアと労働の経済学』日本評論社、211-227頁。

小﨑敏男（2015）「移民受け入れの経済学的検討」『東海大学紀要政治経済学部』第47号、87-109頁。

小﨑敏男（近刊; a）「移民・外国人労働者と労働市場」小﨑敏男・佐藤龍三郎編『移民・外国人と日本社会』原書房。

小﨑敏男（近刊; b）「外国人労働力受入れをめぐる議論」小﨑敏男・佐藤龍三郎編『移民・外国人と日本社会』原書房。

後藤純一（1990）『外国人労働の経済学』東洋経済新報社。

後藤純一（2015）「少子高齢化時代における外国人労働者受入れ政策の経済学的分析」国際経済、J-STAGE Advance Publiched Date;August 19, 2015.

是川夕（2015）「外国人労働者の流入による日本の労働市場の変容」『人口問題研究』71-2, 122-140頁。

神野真敏（2013）「理論と実証（4）移民」山重慎二・加藤久和・小黒一正編（2013）『人口動態と政策』日本評論社、151-176頁。

中村二朗・内藤久裕・神林龍・川口大司・町北朋洋（2009）『日本の外国人労働力』日本経済新聞社。

山本繁綽（1992）『国際労働移動の経済学』関西大学出版部。

労働政策研究・研修機構（2012）『外国人労働者の失業の現状』JILPT 資料シリーズ No.112。

---

10) 外国人の社会統合と同化政策に関しては、小﨑（近刊 b）を参照して欲しい。

Borjas, G. J. (2013) *Labor Economics* (*Sixth Edition*), McGraw-Hill.
DeNew, J. and K. Zimmermann (1994) "Native Wage Impacts of Foreign Labor: A Random Effect Panel Analysis," *Journal of Population Economics*, 7(2), 177-192.
Shimasawa, M. and K, Oguro (2010) "Impact of Immigration on the Japanese Economy: A Multi-Country Simulation Model," *Journal of the Japanese and International Economies*, 24, 586-602.

第6章

労働力不足と日本的雇用慣行
人手不足は、日本的雇用慣行をどう変化させているか？

はじめに

　本章では、労働力不足が長期雇用や年功賃金と言った日本的雇用慣行にどのような影響を与えているのか？　また、影響を与えていないのか？　賃金・勤続年数プロファイルを中心にしながら、規模間、男女間、学歴間、産業等で考察を加えて、今後の労働力不足と日本的雇用慣行の将来展望を行う。人手不足の現場では、今いったい何が起きているのか？　新聞記事によれば、人手不足が一段と激しくなっていて、人材の中途採用は経験や職歴、年齢など「不問」にする企業が増えている（『日本経済新聞』2017年9月24日付け）とのこと。公式データを使い、労働力不足の現場で起きていることが、どこまで確認できるのか、あるいはできないのかについて検証を試みる。はじめに、日本的雇用慣行の基礎的な理論を紹介した後に公式の集計データで検証する。その後、得られた含意から今後の日本的雇用慣行の展望を行う。

　定年制を合理的に説明するモデルの著者の一人であるラジアーが、日本的雇用慣行をギブスとの共著書で「かつて賞賛された人事戦略には、今や世間の厳しい目が向けられており、日本政府も巻き込んだ変化が必要とされている。内部昇格や終身雇用、年功序列といった慣習は、長い間、日本では上手く機能してきたが、その単純さと柔軟性の欠如が浮き彫りになってきた。」(Lazear = Gibbs 2015; 邦訳 i 頁）と批判している。しかし、日本的雇用は、ラジアーが指摘するようにある一面では素晴らしい制度でもある。「日本企業は、伝統的に、安定した雇用の提供者とみなされてきた。」(Lazear = Gibbs 2015; 邦訳 ii 頁)。

　現在、わが国が置かれている日本的雇用慣行の現状とその変化を考察し、日本的雇用慣行の課題と対策を考える。第1節では、日本的雇用慣行の理論を紹介し、現状分析を行う。第2節では、有効求人倍率が0.47倍であった2009年と有効求人

倍率が1倍を超えている2016年と比較検討しながら、年功賃金制を考察しその展望を考える。

第1節　日本的雇用慣行の理論と現実

1.1　長期雇用の理論的考察

　一般的に、日本的雇用慣行を合理的に説明するために使用される理論として、いくつかの理論がある。第1は、繰り返しのゲーム理論による説明である。短期的な雇用システムの場合、企業と労働者がワンショットの囚人のジレンマ・ゲームとなり、短期的雇用関係ではプレーヤー（労働者と雇用主）の協力関係が得られない。一方、ゲーム論では、長期雇用システムを有限回の繰り返しゲームと解釈する。一般的には、有限回の繰り返しゲームでは、逆向き推論法（Backward-Induction）での労使の協力的関係が成立しないことが証明されている。しかし、別の方法では有限回繰り返しゲームであってもゲームの協力均衡が得られる。また、無限回繰り返しゲームでは、協力関係が得られることが証明されている（ギボンズ 1995、邦訳: 荒井 1996）。長期雇用制度を有限回繰り返しゲームの協力均衡と考え、不完備情報動学ゲームでモデル化される（小﨑 1997）。

　第2は Lazear（1979）によるエージェンシー・モデルによる定年退職制度を合理的に説明するモデルの中の年功賃金制である。なぜ賃金が右上がりなのかを説明する。エージェンシー・モデルでは、右上がりの賃金は、労働者の怠業を防止する装置と考えられている。このモデルでは、若年期において労働者が企業に貸付（賃金＜生産性）を行い、壮年期でその貸付を回収（賃金＞生産性）するものである。壮年の回収期に怠業を行って解雇になった場合、若いときの貸付が回収出来なくなる。大日・浦坂（1997）は、賃金の勾配が企業特殊的人的資本とインセンティブ理論のどちらがより説得力があるか検証を試みている。その結果は、企業特殊的人的資本であるとしている。

　第3に、小野（1989）などによる生活保障仮説である。年齢とともに賃金が上昇するのは人的資本の代理変数として年齢を考えている。他企業での就業経験年数を含めた外部経験年数の重要性を強調する。小野（1989）によれば、1980年の1,000人以上の規模について、年齢要因の寄与が63％、残り37％が教育、内部経

験、職種経験等の人的資本であるとしている。

第4は、わが国の年功賃金制や長期雇用制度を合理的に説明する理論モデルとして人的資本がある（Becker 1962; Hashimoto 1981）。以下では人的資本モデルによる長期雇用制度と年功賃金制度を詳しく考察することにする。

■人的資本と長期雇用・年功賃金制度

人的資本は、ベッカー（Becker 1962）によって議論され、その後橋本（Hashimoto 1981）等による企業特殊的人的資本が展開された。一般的に、人的資本の理論では、訓練を一般訓練と企業特殊訓練に分ける。一般訓練は、労働者が現在就業している企業の他に、現在労働者が就業していない他の多くの企業で等しく有用であり、労働者の限界生産力をそれらの企業で同じだけ増加させる。他方、企業特殊的訓練は、労働者が現在就業している企業でのみ労働者の生産性が増加し、労働者が他の企業へ移動した場合、生産性は増加しない訓練である。

ここでは、企業特殊的訓練により、日本的雇用慣行である長期雇用と年功賃金制が導出されることを考察することにする。企業特殊訓練は現行の企業でのみ生産的であるので、労働者は、一般的訓練と同じような行動をとらない。つまり、自分で訓練費用の全額を負担し、その後訓練後の価値限界生産力（以下生産性）に等しい賃金を受け取る行動を行わない。なぜなら、訓練費用の労働者の全額負担は、企業から解雇された場合、他の企業では生産的なものでないので労働者は自ら進んで投資を行わない。結果として、企業は特殊訓練の費用の一部を負担し、そして労働者は訓練後、生産性以下の賃金を受け取る。それゆえ、企業特殊訓練は企業と労働者の共同投資で行われると仮定されている。

図6-1は、2期間における企業特殊訓練の人的投資を示している。訓練を受けない労働者の生産性と賃金率は、2期間通して VMP_* と W_* で示される。これに対して、企業特殊訓練を受けた場合の生産性は、VMP_0 から VMP_1 と生産性の上昇として示される。一方の賃金は、0期には W_0 で、1期では W_1 の賃金率で示される。0期では、企業特殊訓練を受けない労働者の賃金は W_* で企業特殊訓練を受けた労働者の賃金は W_0 で示されている。つまり、労働者は、訓練期間中 W_*W_0cd の投資費用を負担していることになる。一方、企業は生産性が VMP_0 の労働者に生産性以上の賃金 W_0 を支払っているので、W_0VMP_0de を企業が負担していることになる。これが共同投資ということである。訓練期間修了

図6-1　企業特殊訓練と長期雇用及び年功賃金制

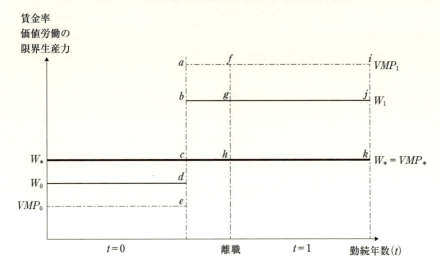

後、労働者の生産性は VMP_1 であるが、労働者に支払われる賃金は W_1 である。つまり、企業は $abij$ 儲けが発生していることになる。この収益の部分から0期に負担した投資費用を回収することになる。一方、労働者は訓練を受けなかった場合の賃金 W_* より高い賃金 W_1 を受け取る。1期においては、労働者は $bcjk$ の収益を上げることができる。この収益のなかから、0期の投資費用を回収することになる。ここで、賃金に着目すれば、0期より1期において、労働者の賃金が上昇しているので、この企業特殊的訓練モデルを繰り返し行えば、年功賃金制が導出される。また、1期修了前に離職すれば、労働者の収益は $bchg$ となり、投資費用が回収できない恐れが生じる。一方、企業は収益 $abfg$ となり、こちらも0期に投資した費用を回収できなくなる恐れがある。つまり、企業特殊訓練の人的投資は、長期雇用制が労使双方に便益をもたらす。以前のわが国では、女性が結婚すると寿退社と言って、短期で離職してしまうので、他の条件が等しければ、企業は女性より男性を採用する統計的差別が生じる。現在でも、寿退社ではないが、出産後の子育てと仕事の両立が出来ず退職するケースが多く存在している。厚生労働省「第15回出産動向基本調査　夫婦調査の結果概要」（2017年）によれば、2010～14年では、33.9％が第1子出産後退職している。2005～09年では40％を超えている。子育てと仕事の両立がいかに困難であるかを示す数字である。

以上のような基本的フレームワークを基に大橋（1990）や中馬・樋口（1995）は理論モデルを提示している。以下では中馬・樋口（1995）[1]で提示されたモデルを考察する。

労働者の効用関数は、賃金水準（W）と人的投資（HI）に依存していると仮定する。

$$U = F(W, HI) \tag{6-1}$$

労働者は賃金 W が高いほど効用が高い。一方、人的投資（HI）が大きい場合労働者の負担が大きくなり効用が低下すると考える。一方、企業の短期生産関数は、Y を産出量、L を雇用量として $Y = F(L)$ で示されるが、ここで L は、未熟練労働者と熟練労働者からなる。さらに未熟練労働者は短期雇用者（SL）と長期雇用者（LL）の労働者からなっている。熟練労働者は、企業特殊訓練修了者（$a(t)HI_{t-1}LL_{t-1}$）である。中馬・樋口（1995）によれば、$a(t)$ は熟練労働者の生産効率を高めるような技術進歩係数である。添え字 t は時間を示す。それゆえ、生産関数は、

$$Y_t = F(SL_t + LL_t, a(t)HI_{t-1}LL_{t-1}) \tag{6-2}$$

として表される。以上の仮定のもとで、賃金プロファイルの決定モデルを以下のように定式化している。

$$Min\ C(V_{1t}, HI_t) = (W_{1t} + \rho W_{2t}) \tag{6-3}$$
$$\text{s.t.}\ U(W_{1t}, HI_t) + \delta U(W_2, 0) \geq U(V_1, 0) + \delta EU(V_2(\theta), 0) \tag{6-4}$$
$$U(W_{1t}, HI_t) + \delta U(W_2, 0) \geq U(W_1, 0) + \delta EU(V_2(\theta), 0) \tag{6-5}$$

ここで、V は短期雇用者の賃金、W は長期雇用者の賃金（W_1：若年期、W_2：壮年期）、HI は人的資本の投資、θ は景気状況の確率変数、ρ と δ は割引率、E は期待値オペレータ、添え字は期間を示す。(6-3)式は企業の費用を示している。(6-4)式は、企業は長期雇用者に対して、少なくとも労働者が短期雇用者になる

---

[1] 中馬・樋口（1995）によれば、Kanemoto,Y and W.B.MacLeord（1989）"Optimal Labor Contracts with Non-contractible Human Capital," *Journal of Japanese and International Economics*, vol.3, 385-402のモデルを拡張した形になっている（中馬・樋口 1995、38頁）。

ことを選択するより、労働者の効用が等しいかそれ以上の効用を持つことが必要であることを示している。(6-5) 式は、長期労働者が企業で特殊訓練を受けることにより、訓練を受けない場合と同等か、それ以上の効用を労働者に提示することが必要であることを示している。制約条件の (6-4) と (6-5) 式を制約として、(6-3) 式を最小化する問題となる。但し、$V_1 > W_1$ より有効制約式は (6-4) の制約のみとなる。その結果、第1に、労働者が企業から要請される人的投資レベル (HI_t) が増加すれば、壮年期の賃金 (W_2) の賃金が上昇する。第2に、外部労働市場で決定される短期雇用者の賃金 (V_1) が上昇すれば、長期雇用者の W_1 と W_2 の賃金が上昇する。第3に、その結果として、長期雇用者の年功賃金 (W_2/W_1) を引き上げる結果となる（中馬・樋口 1995、45頁）。

1.2　長期雇用と年功賃金制の実態

　本項では、厚生労働省「賃金構造基本統計調査」（以下賃金センサス）の一般労働者[2]の賃金と勤続年数（2016年）を利用して現状を考察する。図6-2は性別を分け、さらに学歴を高卒と大卒・大学院卒（以下大卒）に分けて規模別の賃金プロファイルを示した。まず男性の賃金プロファイルから考察する（図6-2 (a)；(b) 参照）。第1に、大卒も高卒も規模1,000人以上の企業では綺麗な右上がりの賃金プロファイルを描いている。どちらも50～54歳が賃金のピークである。大卒と高卒の54歳時点の月額・所定内現金給与額の差は約18万円と大きい。読者は以下の事項に注意が必要である。所定内給与は残業代やボーナスが含まれていない。その結果、提示された大卒と高卒の差額は、さらに大きくなる。第2に、賃金プロファイルの勾配も規模が小さくなるに従って小さくなる。大企業・大卒の50～54歳時点の賃金と20～24歳の賃金では2.5倍の開きがある。一方、小企業ではその差は1.97倍である。第3は、法定定年制の60歳前から所定内給与が減額されている。企業内では定年前から何らかの調整が行われていることを含意している。第4に高卒では60歳以降の賃金は、企業規模にかかわらず低下しているが、

　2）賃金センサスの一般労働者とは、短時間労働者以外の労働者をいう。短時間労働者の定義は、1日の所定内労働時間が一般の労働者よりも短い又は1日の所定内労働時間が一般の労働者と同じでも1週の所定労働日数が一般の労働者よりも少ない労働者をいう。

第6章 労働力不足と日本的雇用慣行

図6-2(a) 男性・高卒・産業計；賃金プロファイル（単位：千円）2016年

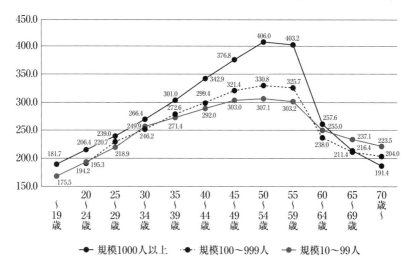

図6-2(b) 男性・大卒・大学院卒・産業計；賃金プロファイル（単位：千円）2016年

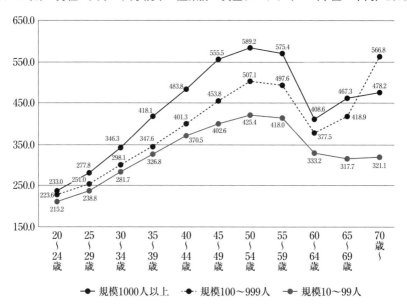

第2部　労働力不足とその対策

図6-2(c)　女性・高卒・産業計；賃金プロファイル（単位：千円）2016年

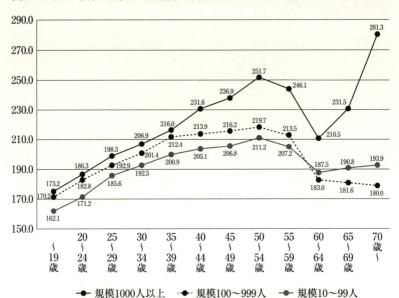

図6-2(d)　女性・大卒・大学院卒・産業計：賃金プロファイル（単位：千円）2016年

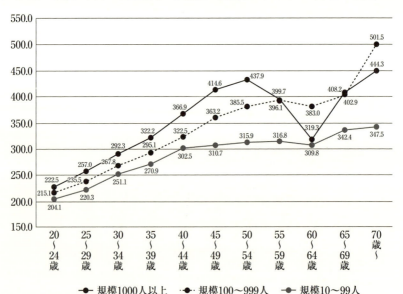

資料：厚生労働省「賃金構造基本統計調査」。

大卒では小企業を除き労働者の賃金が再度上昇している。

次に女性の賃金プロファイルを考察する（図6-2（c）；（d）参照）。第1に、男性のように高い年功賃金プロファイルが観察されない。大企業・大卒の女性でも賃金の勾配は1.7倍程度で男性・高卒の1.97倍より小さい。第2は賃金のピークは男性と同様50～54歳である。大企業・大卒では60～64歳では賃金が一旦ボトムとなる。その水準は小企業と同等程度まで低下している。その後、再び大きく上昇する。第3に、大企業は学歴を問わず、60歳以降再び賃金が上昇する。その賃金の動きは、高卒男性の大企業の持続的賃金低下の動きとは異なる。

図6-3は勤続年数プロファイルである。第1に、男性の勤続年数プロファイルは、企業規模に関係なく大卒・高卒共に55～59歳まで持続的に上昇している。但し、規模と学歴によりその勾配は異なる。勤続年数を学歴別で比較すると、大企業・高卒では勤続年数はピーク時点まで32.1倍、大卒では20.6倍である[3]。一方、小企業では高卒が18.7倍、大卒は14.9倍となっている。こうした勤続年数の違いが賃金に反映されるはずであるが、大企業のピーク時点の学歴間格差は、前述したように大卒が高卒より月額18万円程度高い。この差は、役職による昇進・昇格による賃金格差とみなすことが出来る。第2に、規模間で65歳以降における勤続年数の動向が異なる。65歳以降、小企業の労働者が勤続年数を増加させている。70歳以降では、勤続年数が小企業で4～5年大企業より長くなっている（図6-3（a）；（b）参照）。第3に、女性の勤続年数プロファイルは、男性ほど綺麗な急勾配を持たない。大企業は、男性と同様55～59歳で一度ピーク・アウトした後、再び上昇している。また、中小企業では持続的に勤続が増加している。大企業の高卒勤続年数の勾配は19.4倍、大卒は14.7倍となっている。一方小企業では高卒が15倍、大卒は10.9倍となっている[4]。大企業の高卒・女性の勤続年数が男性より大幅に短くなっている。第4に、大企業の高卒・女性の勤続年数が60歳以上で再び増加する。一方、大卒・女性の60歳以降の勤続年数の増加は規模間で大きな差が見出せない（図6-3（c）；（d）参照）。

以上2016年の年功賃金プロファイルを考察してきたが、こうした年功賃金プロファイルと賃金水準とは密接な相関がある。賃金プロファイルの急勾配を持つ産

---

3) 高卒は19歳を基準にし、大卒は20～24歳を基準とした55～59歳の値である。
4) 高卒は19歳を基準にし、大卒は20～24歳を基準とした55～59歳の値である。

図6-3(a)　男性・高卒・産業計：勤続プロファイル（単位：年）2016年

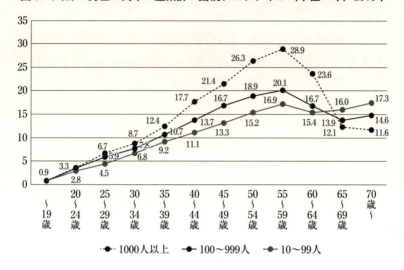

図6-3(b)　男性・大卒・大学院卒・産業計：勤続プロファイル（単位：年）2016年

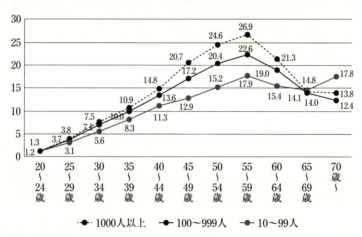

第6章　労働力不足と日本的雇用慣行

図6-3（c）　女性・高卒・規模計：勤続プロファイル（単位：年）2016年

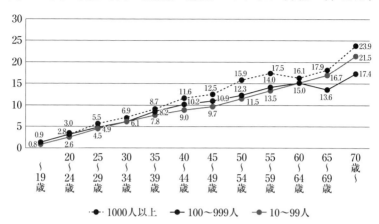

図6-3（d）　女性・大卒・大学院卒・産業計；勤続プロファイル（単位：年）2016年

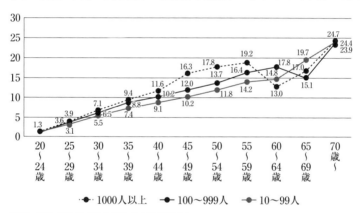

資料：厚生労働省「賃金構造基本統計調査」。

第2部　労働力不足とその対策

表6-1　2016年労働者の規模・学歴・性別割合

(単位：%)

規模	規模 1000人以上	規模 100～999人	規模 10～99人	規模 1000人以上	規模 100～999人	規模 10～99人	規模 1000人以上	規模 100～999人	規模 10～99人
年齢階級	男女計・学歴計			男女計・高卒			男女計・大卒・大学院卒		
年齢計	34.7	37.7	27.6	29.5	36.3	34.2	45.2	37.2	17.7
～19歳	30.7	43.4	25.9	31.3	44.1	24.6	—	—	—
20～24歳	35.1	39.1	25.8	30.5	40.1	29.3	46.0	38.2	15.8
25～29歳	38.9	38.0	23.1	33.4	37.3	29.3	46.3	37.2	16.6
30～34歳	37.2	37.6	25.1	28.9	36.3	34.8	47.7	36.0	16.3
35～39歳	34.1	38.7	27.2	29.1	35.9	35.0	42.9	38.4	18.7
40～44歳	34.3	38.0	27.7	30.9	35.2	33.9	42.9	38.1	19.0
45～49歳	36.4	36.6	27.0	29.4	35.8	34.9	49.6	35.0	15.4
50～54歳	36.0	36.8	27.2	31.1	35.6	33.2	48.3	35.6	16.1
55～59歳	32.8	37.8	29.4	29.3	36.3	34.4	42.7	38.4	19.0
60～64歳	28.3	37.4	34.3	26.9	36.1	37.0	36.0	39.5	24.5
65～69歳	18.1	35.0	46.9	16.7	33.8	49.4	29.6	38.7	31.7
70歳～	10.5	30.7	58.8	10.4	28.7	60.9	15.4	39.4	45.2

資料：厚生労働省「賃金構造基本調査」より作成。

業は平均賃金が高い。2016年の産業中分類ベースで相関が0.92あることがわかった。規模別で賃金の勾配が異なる。つまり大企業の大卒・男性の賃金の勾配が最も大きいことは、最も平均賃金水準が高いことと同値である。

　企業は上述された賃金・勤続プロファイルを持つ一方で、労働者数や労働者のシェアはどのようになっているのか？　**表6-1**は労働者の規模別労働者割合を計算したものである。それによれば、男女計・学歴計の規模別労働者割合を見ると、大企業で34.7％、中企業で37.7％、小企業で27.6％の割合で雇用されている。こうした規模別表から以下の点が指摘される。第1に、大卒と高卒では、規模が1,000人以上の企業に雇用されている割合は、15.7％ポイントの差がある。学歴が高いほど大企業に雇用されている。男女別の計算結果は割愛したが、大企業で働く高卒労働者は20～24歳時点で男性が33.5％、女性が25.3％と男性が大企業で働く割合が高くなっている。一方大卒では男性が44.2％、女性が48％と高卒とは逆転する。第2は、大企業・高卒での労働者のシェアと小企業の労働者のシェアを比較すると、30歳以降ですべて小企業のシェアが大企業のシェアを上回っている。つまり、高卒は小企業で働く割合が高くなっている。大卒になると、大企業

のシェアを小企業が上回るのは65歳以降となっている。言い換えれば、高卒と高齢労働者の受け皿は小企業がその役割を担っている。こうした傾向は性別で分けても結果は同じである。

第2節　労働力不足と日本的雇用システム

　本節では、労働力不足は日本的雇用システムを変化させているのか、いないのか？　こうした課題に答えるために、リーマン・ショック直後の有効求人倍率0.47倍の2009年と、労働力不足が顕在化して3年経過した2016年の賃金・勤続年数プロファイルを比較検討することにする。

2.1　2009年と2016年の比較検討

■賃金・勤続年数プロファイル

　図6-4は、2009年と2016年の賃金・勤続年数プロファイルを提示した。第1に、2016年の賃金プロファイルは30歳代まで09年より上昇しているが、40歳代は09年が16年の賃金を上回っている。それ以後2016年が09年を上回り、70歳以降2009年が16年を上回っている。この賃金プロファイルの動きが労働力不足により生じたと断定するには、難しい問題を孕んでいる。1）人口構造の変化、2）景気変動、3）産業構造の変化が含まれる。しかし、はじめの2つにより労働力不足が生じているので、この賃金プロファイルの変化を労働力不足により生じていると言ってもあながち間違いではない。つまり、若年の労働力不足は若年層の賃金を上昇させる。第2に、図6-4（b）より、60歳代の勤続年数が増加している。これは2013年施行の「高年齢者雇用安定法の改正」により、高齢者の継続雇用を行うことが義務化されたためである[5]。第3に、賃金も勤続年数も60歳以降急激に賃金の低下と勤続年数の低下を招いているが、最大の原因は各企業が定年制を60歳とし、60歳以降1年ごとの継続雇用を行っているためである。そうした意味では、労働力不足は企業が自ら招いている側面もある。別言すれば、日本的雇用慣行は、外部環境（労働力不足・高齢化等）の変化に対して柔軟に適応でき

5）高齢者の就業に関しては、小﨑・永瀬編（2014）ないし小﨑（2017）参照。

第2部　労働力不足とその対策

図6-4(a)　賃金プロファイル（2009年と2016年）単位：千円

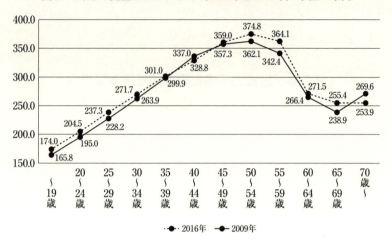

図6-4(b)　勤続年数プロファイル（2009年と2016年）

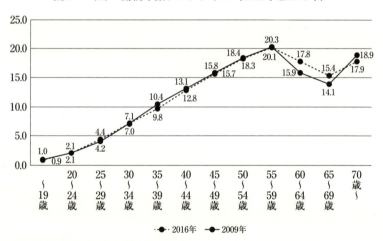

資料：厚生労働省「賃金構造基本統計調査」。

第6章　労働力不足と日本的雇用慣行

表6-2　2016年の60歳以上の労働者割合とその増加分（2009年から2016年）

（単位：％と％ポイント）

	規模計	規模		
		1000人以上	100～999人	10～99人
男女・学歴計	8.40 (1.49)	5.96 (1.86)	8.11 (1.56)	11.86 (1.88)
高校卒	11.33 (2.84)	8.93 (3.24)	10.95 (2.49)	13.79 (3.27)
大学・大学院卒	5.50 (1.71)	4.10 (1.62)	5.82 (1.87)	8.43 (2.35)
男				
学歴計	8.38 (1.88)	6052 (2.26)	9.22 (1.89)	13.28 (2.28)
高校卒	11.76 (3.07)	9.01 (3.57)	11.86 (2.78)	14.02 (3.21)
大学・大学院卒	6.65 (2.23)	4.88 (2.00)	7.09 (2.44)	10.30 (3.15)
女				
学歴計	6.60 (0.92)	4.78 (1.11)	6.17 (1.06)	9.11 (1.134)
高校卒	10.40 (2.35)	8.74 (2.38)	9.24 (1.95)	13.24 (3.35)
大学・大学院卒	2.09 (0.68)	1.73 (1.01)	2.13 (0.62)	2.92 (0.57)

資料：厚生労働省「賃金構造基本統計調査」
注：括弧内の数字は割合の変化分。

ていないと言える。

■60歳以上の労働者割合

　表6-2は、2016年の60歳以上の労働者割合と、09年を基準として16年までのその増加分（括弧内の数字）の2つの数値を示している。それによれば、2016年の60歳以上の労働者は一般労働者全体の8.4％である。また、括弧内の1.49％ポイントは、2009年から16年までの60歳以上の割合の増分を示している。こうした計算結果から、第1に、高卒が最も高齢労働者割合が高い。規模計・高卒の60歳以上の割合が11.3％（2016年）を占めている。2009年から16年の変化分は2.84％ポイントである。規模別では、高卒の小企業で60歳以上の割合が最も高く13.7％を占めている。3.27％ポイントがその変化分である。つまり、性別・学歴計では、小企業が60歳以上の一般労働者割合が最も高く、その増加分も大きい。60歳以上の労働者の受け皿は小企業であることが再度確認できる。第2に、学歴別では、大卒は高卒の半分程度の割合しか働いていないことがわかる。人的資本の損失であり、大卒労働者の有効活用を考えるべきである。第3に、大卒・女性の60歳以上の労働者割合が極端に少ない。女性・高卒の5分の1程度となっている。2016年時点で、高卒・女性は小企業で13.24％を占めていて、高齢女性の働く場とな

っている。第4に、規模計で最も増加した層は、男性・高卒（3.07％ポイント増）で、規模1,000人以上の男性・高卒において、3.57％ポイント増加している。

以上、要約すると、2009年から16年で最も増加した層は、男性・高卒の規模1,000人以上の企業である。また、60歳以上の労働者の割合が高いのは小企業である。性別では、女性の労働者、特に大卒女性の割合が極端に低い。

■労働者の規模別推移

表6-3は、2009年から16年の性別・学歴別・規模別労働者割合の増加分を示している。例えば、学歴計・規模1,000人以上の欄に4.6％ポイントと記されているが、この数字は性別・学歴計、規模1,000人以上の労働者の割合が30.1％（2009年）から34.7％（2016年）に増加し、その増加分が4.6％ポイントであることを意味している。一方、中企業−0.2％ポイント、小企業が−4.4％ポイントと、小企業が最も大きな減少となっている。学歴計の性別では、男性が小企業で−3.8％ポイント減少する一方、女性は中企業−1.2％ポイント、小企業−5.7％ポイント減少している。小企業における女性の減少が顕著である。その他に、以下の点が指摘できる。第1に、最も注目されるのは規模である。学歴、年齢、性別に関係なく、2009年からの変化分は、小規模の労働者割合が減少する一方、大企業の労働者割合が増加している。第2に、大学・大学院卒では、小企業だけでなく、中企業までも労働者割合が減少していることがわかる。特に、中小企業における大卒女性の減少が顕著で、そうした動きを反映して大卒女性の大企業の増加分は25～34歳[6]と45歳以上で10％ポイントを超えている。

以上をまとめると、労働者割合を増加させているのは大企業で、その他の規模の企業では労働者割合が減少している。それも、企業の中核となる大卒労働者が大企業に吸収されている状況が見て取れる。厚生労働省「職業安定業務統計」の過去3年（2016年～2014年）の規模別有効求人倍率の平均値を計算すると、企業規模29人以下が4.97倍、30～99人が5.53倍、100～299人が2.52倍、300～499人が−0.78倍、500～999人が0.25倍、1,000人以上が0.67倍である。表6-3からもわかるように、ほとんどの労働者が大企業に吸い込まれている。その結果として規

6）大卒・女性の30歳代の大企業労働者割合の増加の1つの要因は、その年代の勤続年数の増加と一部関係している。

第6章 労働力不足と日本的雇用慣行

表6-3　2016年と2009年の労働者規模別シェアの差

(単位：％ポイント)

	男女計			男性			女性		
	規模1000人以上	規模100〜999人	規模10〜99人	規模1000人以上	規模100〜999人	規模10〜99人	規模1000人以上	規模100〜999人	規模10〜99人
学歴計	4.6	−0.2	−4.4	3.6	0.2	−3.8	6.8	−1.2	−5.7
〜19歳	−1.2	2.9	−1.8	−5.2	4.0	1.1	4.5	1.9	−6.4
20〜24歳	4.1	−1.0	−3.1	3.8	−1.0	−2.8	4.4	−0.9	−3.4
25〜29歳	7.2	−1.7	−5.4	6.3	−0.7	−5.6	8.4	−3.3	−5.2
30〜34歳	7.3	−1.9	−5.4	6.1	−1.2	−4.9	9.9	−3.7	−6.2
35〜39歳	2.7	0.7	−3.4	2.5	0.8	−3.3	3.5	0.1	−3.5
40〜44歳	1.7	0.8	−2.5	−0.1	1.1	−1.0	6.2	−0.4	−5.7
45〜49歳	4.3	0.1	−4.4	2.8	0.0	−2.8	8.3	−0.2	−8.1
50〜54歳	5.3	0.6	−5.9	4.1	0.9	−5.1	8.7	−0.6	−8.2
55〜59歳	4.6	1.2	−5.9	3.9	1.5	−5.4	7.2	−0.1	−7.2
60〜64歳	8.4	0.3	−8.7	8.2	0.4	−8.6	8.8	0.2	−9.0
65〜69歳	5.6	1.6	−7.2	6.5	0.6	−7.2	3.6	3.8	−7.5
70歳〜	4.0	3.7	−7.7	3.7	3.5	−7.2	5.5	3.5	−9.1
高校卒	2.6	0.8	−3.4	1.5	1.0	−2.5	4.8	0.4	−5.3
〜19歳	−1.6	2.7	−1.2	−6.0	3.5	2.5	4.6	2.1	−6.7
20〜24歳	1.4	3.2	−4.7	3.0	1.2	−4.3	−1.4	6.7	−5.4
25〜29歳	6.8	0.8	−7.7	7.4	0.1	−7.5	5.7	2.1	−7.9
30〜34歳	2.2	0.9	−3.2	0.9	1.0	−1.8	5.8	0.6	−6.4
35〜39歳	1.0	1.1	−2.1	0.9	1.2	−2.1	1.4	0.8	−2.2
40〜44歳	5.0	−1.1	−3.9	4.1	−0.7	−3.4	6.6	−1.6	−5.0
45〜49歳	1.3	1.1	−2.4	−0.8	1.6	−0.9	5.5	−0.1	−5.4
50〜54歳	2.4	1.3	−3.8	−0.1	2.4	−2.3	7.6	−0.9	−6.7
55〜59歳	1.0	1.5	−2.5	−1.1	1.7	−0.6	5.8	0.6	−6.4
60〜64歳	7.1	−0.6	−6.5	7.4	−0.6	−6.8	6.2	−0.7	−5.5
65〜69歳	3.7	1.1	−4.7	4.3	−0.1	−4.3	3.1	3.2	−6.3
70歳〜	3.4	7.8	−11.3	2.5	9.2	−11.7	5.8	4.5	−10.3
大学・大学院卒	4.6	−1.6	−3.0	3.7	−1.1	−2.6	8.2	−3.8	−4.4
20〜24歳	2.6	−3.1	0.5	2.0	−3.5	1.5	3.1	−2.4	−0.7
25〜29歳	5.9	−3.4	−2.6	3.6	−1.7	−1.9	9.9	−6.3	−3.7
30〜34歳	9.7	−4.3	−5.4	8.2	−3.3	−4.8	14.7	−7.5	−7.2
35〜39歳	2.4	−0.1	−2.3	1.6	0.1	−1.7	7.4	−1.8	−5.6
40〜44歳	−4.4	2.6	1.8	−5.1	2.7	2.4	2.9	0.0	−2.8
45〜49歳	5.3	−1.0	−4.3	5.7	−1.7	−4.0	6.6	1.7	−8.2
50〜54歳	8.4	−1.4	−7.0	8.5	−1.6	−6.8	11.0	−0.5	−10.5
55〜59歳	8.0	−1.5	−6.4	7.9	−1.3	−6.6	10.9	−4.4	−6.4
60〜64歳	7.6	−0.4	−7.1	6.3	0.0	−6.3	20.9	−5.1	−15.7
65〜69歳	7.0	−1.9	−5.1	6.4	−0.8	−5.6	11.1	−11.3	0.3
70歳〜	6.4	−7.0	0.6	7.8	−7.5	−0.4	−6.3	−3.0	9.7

資料：厚生労働省「賃金構造基本統計調査」。

模300人以上の企業では、有効求人倍率は1以下である。この数字から、大企業は決して人手不足の状態ではない。

つまり、大企業はほとんど人手不足の影響を受けていない。その結果、賃金プロファイルも大きく変更を迫られているわけではなく、変更のインセンティブを持たない。賃金の急勾配を持つ大企業の年功賃金制と長期雇用慣行は、多くの労働者を引き付けている可能性が示唆された。そうであれば、人手不足の産業は、賃金プロファイルの勾配が緩やかで平均賃金が低いことに原因があると考えられる。もしこの考えが正しいのであれば、2009年から16年にかけて賃金プロファイルの急勾配を持つ産業に労働者が集まっているはずである。そこで、産業別の2009年と16年の労働者シェアの変化分と産業別の賃金の勾配を、産業中分類で計算しその相関を調べた。その結果、産業別の賃金プロファイルの勾配と労働者シェアの増分の間にはまったく相関がなかった。つまり、規模間では労働移動が生じているが、産業をまたいでの移動はあまりない、ということになる。

2.2 賃金プロファイルの推計

■データと推計関数

本項では、有効求人倍率が1を超えてきた2014〜16年の賃金プロファイルを、大企業（1,000人以上）と小企業（10〜99人）にわけて産業大分類でパネル分析を行う。推計にあたり、第1節で紹介した理論を参考に変数を決定した。また、川口（2011）で指摘されているように、わが国の年功賃金制は50〜54歳までであるとの指摘を受けて、50〜54歳と55〜59歳までの両方で推計を行った。図6-2からもわかるように、たしかに50〜54歳が賃金のピークとなっているが、個別の産業をみると55〜59歳で賃金がピークになる産業も存在している。それゆえ、従属変数は55〜59歳／20〜24歳と、50〜54歳／20〜24歳の2通りで推計を行った。また、独立変数に関して、小野（1989）の生活保障仮説も説得的なので、勤続年数の代わりに年齢を入れて推計を試みた。労働需給の変数として、厚生労働省「職業安定業務統計」より産業別求職者の変化率を利用した。各産業により非正規と正規比率が異なるため、厚生労働省「雇用動向調査」からパート労働者／一般労働者を求め使用した。また、企業は賃金の勾配と同時に雇用調整を行うため、労働者比率（50〜54歳／25〜29歳と、55〜59歳／25〜29歳）を使用した。さらに、

従属変数は各産業(大分類)の所定内給与の対数を使用しているので、独立変数に所定内労働時間を導入して賃金を推計した。それゆえ、推計される関数は、

$$\ln(賃金) = F(勤続年数、勤続年数の二乗、所定内労働時間、各産業の求人変化率、労働者比率) \tag{6-6}$$

$$\ln(賃金) = F(年齢、年齢の二乗、所定内労働時間、各産業の求人変化率、労働者比率) \tag{6-7}$$

ただし、賃金が比率なので勤続年数、労働時間、年齢も賃金にあわせて比率で計算されている。つまり、50〜54歳(55〜59歳)／20〜24歳の賃金比率、勤続年数比率、労働時間比率、年齢比率となっている。

■大企業の賃金プロファイルの推計結果

まず大企業(1,000人以上)に賃金プロファイルの推計結果から考察する(**表6-4 (a) 参照**)。第1に、男性・大卒・大学院卒の推計結果である。人的資本の代理変数として用いている勤続年数とその二乗項は、期待される符号と一致し、勤続年数はプラスで二乗項はマイナスとなっている。かつ統計的にも有意な水準となっている。勤続年数の55〜59歳までの係数が50〜54歳までより大きい。つまり、大企業では55〜59歳まで年功賃金制を採用していると推察される[7]。次に、生活保障仮説の代理変数として勤続年数の代わりに年齢を入れて推計した結果、係数は期待された符号と一致せず、また統計的に有意水準を示さなかった。すべての推計式で試みたが、シンプルに年齢を入れただけでは年功賃金制を説明できない。ここでは大企業の推計結果のみ記載した。その意味から言えば、本章の**図6-2と図6-4 (a)** の横軸は、厳密には勤続年数が望ましい。ここでは、便宜的に年齢を使用している。また、大企業の年功賃金の勾配は、外部労働市場の変数(各産業の求人の変化率)やパート比率には影響を受けない。一方、壮年の労働者比率の増加は、相対賃金にプラスの係数を与えている。これは、年功賃金制のため、壮年労働者比率が増加すると、賃金の勾配を高めることになる。

次に大卒・女性の結果をみると、男性で有意であった勤続年数が有意でなくなっている。ほとんどの変数が有意ではない。唯一、パート比率の増加が年功賃金

---

[7] 勤続年数のプロファイルの図6-3からも推察される。

第2部　労働力不足とその対策

表6－4（a）　規模1000人以上の賃金プロファイルの推計結果　産業大分類　2014～2016年　パネル分析

	男性・大卒・大学院卒				女性・大卒・大学院卒		男性・高卒		女性・高卒	
	(1)	(2)	(3)	(4)	(1)	(2)	(1)	(2)	(1)	(2)
定数	0.125 (0.256)	0.806 (0.971)	86.659 (0.564)	30.219 (0.089)	0.242 (0.291)	−0.096 (−0.114)	0.971 (1.349)	1.454 (2.977)***	−0.538 (−0.556)	−0.182 (−0.219)
勤続年数	0.074 (3.455)***	0.086 (2.642)***			0.013 (0.465)	0.015 (0.432)	0.041 (2.501)***	−0.019 (−0.730)	0.052 (1.039)	0.010 (0.340)
勤続年数の二乗	−0.002 (−4.158)***	−0.002 (−2.942)***			0.000 (0.277)	0.000 (−0.311)	−0.001 (−2.808)***	0.000 (0.546)	−0.003 (−1.280)	0.000 (−0.304)
年齢			−77.922 (−0.559)	−22.174 (−0.079)						
年齢の二乗			17.623 (0.569)	4.293 (0.074)						
所定内労働時間	0.119 (0.242)	−0.790 (−1.062)	0.318 (0.521)	−0.888 (−1.085)	0.068 (0.085)	0.451 (0.456)	−0.510 (−0.686)	−0.629 (−1.219)	0.701 (0.774)	0.549 (0.713)
各産業の求人数の変化率	0.002 (1.114)	0.000 (0.405)			0.005 (0.673)	0.001 (0.221)	−0.006 (−1.946)**	0.001 (0.333)	−0.007 (−1.628)*	−0.006 (−1.549)*
パート比率	0.042 (0.950)	0.026 (0.558)	0.055 (1.184)	0.045 (1.026)	0.167 (1.136)	0.305 (2.934)***	0.119 (3.520)***	0.078 (2.898)***	0.020 (0.458)	0.024 (0.564)
労働者比率（50~54歳/25~29歳）	0.052 (4.043)***		0.067 (2.652)***		−0.011 (−0.069)		0.008 (0.346)		0.013 (1.263)	
労働者比率（55~59歳/25~29歳）		0.084 (2.534)***		0.060 (1.170)		−0.578 (−0.480)		−0.005 (−0.379)		−0.044 (−1.303)*
サンプル数	48	48	48	48	48	48	48	48	48	48
修正済み決定係数	0.869	0.881	0.830	0.844	0.702	0.641	0.795	0.754	0.722	0.851

資料：厚生労働省「賃金構造基本統計」，厚生労働省「雇用動向調査」，厚生労働省「職業安定業務統計」。
注：鉱業と電力・ガス・水道等の女性の一部のデータが使用できないので，利用できない年次は前後のデータで補正した。
男性・大卒・大学院卒：(1) 式は 50～54歳，(2) 式と (3) 式は 50～54歳／20～24歳の賃金が従属変数，(2) 式と (4) 式は 55～59歳／20～24歳の賃金が従属変数
それ以外は (1) 式は，50～54歳，(2) は，20～24歳，(2) 式は 55～59歳／20～24歳の賃金が従属変数
固定効果モデルで White diagonal method 推計
上段は係数，下段（括弧内）は t 値
＊＊＊１％，＊＊５％，＊10％で有意

制の勾配にプラスの効果を示している。パート比率の高い産業は一般労働者の若年大卒・女性の賃金が低いのかもしれない。総合的に勘案して言及すれば、現状において、改善したとはいえ大卒・女性は子育て期に離職してしまい、労働力率がM字カーブを持ち、企業特殊的人的資本の蓄積による賃金増加と結びついていないことを含意する。

　高卒・男性の推計結果は、男性・大卒と同様、勤続年数が統計的に有意となっている。但し、その係数の値は大卒の半分程度である。また、50歳代後半の賃金の勾配は、勤続年数が有意となっていない。つまり、大卒は50歳代の後半まで年功賃金が継続しているが、高卒は50代前半で終了していることになる。また、高卒・男性では、外部労働市場に反応して賃金の勾配が低下する。これは、求人の多い産業は若年の賃金を増加させる一方で、壮年の賃金は一定の場合、賃金の勾配は低下することになる。また、各産業のパート比率の高さは、一般労働者の若年の賃金を低め、その結果として壮年の賃金水準を高めていると考えられる。最後に、高卒・女性の賃金勾配は外部労働市場（求人の増加）により低下する。

　以上大企業の賃金プロファイルを考察してきたが、要約すると大企業でも男性のみが年功賃金制となっている。但し、その適用を受けている高卒は大卒の半分程度の賃金の勾配しかない。また適用される年齢も50歳代前半までである。他の大卒・高卒の女性は大企業といえども、年功賃金制の提供を受けていない可能性が示唆された。

■小企業（10～99人）の賃金プロファイル

　第1に、小企業の大卒・男性を考察すると、大企業のような年功賃金制となっていない（表6-4（b）参照）。勤続年数・年齢等はいずれも統計的に有意とならない。各産業の求人の増加は、賃金の勾配を低下させる。人手不足において、求人を募集する際、特に若年の賃金水準を上げないと人が集まらない。その一方で壮年の賃金水準を上昇させない。その結果として、賃金の勾配は低下することになる。一部、所定内労働時間やパート比率の増加が統計的に有意となる。所定内労働時間は賃金の勾配にプラスになったりマイナスになったりで一定していない。これは、所定内労働時間が若年で増加するか壮年で増加するかによって賃金の勾配を左右しているものと思われる。第2に、予想に反して、大卒・女性に関しては、勤続年数がプラスで統計的に有意になっている。特に壮年後期の賃金に

表6-4(b) 規模10人〜99人の賃金プロファイルの推計結果　産業大分類　2014〜2016年　パネル分析

	男性・大卒・大学院卒				女性・大卒・大学院卒		男性・高卒		女性・高卒	
	(1)	(2)	(3)	(4)	(1)	(2)	(1)	(2)	(1)	(2)
定数	1.365 (2.847)***	0.591 (1.025)	−85.125 (−0.584)	−45.60 (−0.286)	0.579 (1.223)	−2.709 (−2.772)***	−1.071 (−1.892)*	−0.592 (−1.155)	−1.025 (−1.463)*	−2.206 (−3.199)***
勤続年数	−0.006 (−0.260)	0.020 (0.986)			0.057 (1.488)*	0.136 (2.346)**	0.098 (1.401)*	0.087 (1.820)**	0.191 (0.998)	0.154 (1.159)
勤続年数の二乗	0.000 (0.749)	0.000 (−0.734)			−0.002 (−1.676)**	−0.004 (−1.994)**	−0.005 (−1.128)	−0.005 (−1.800)**	−0.017 (−0.936)	−0.007 (−0.871)
年齢			77.148 (0.585)	36.294 (0.274)						
年齢の二乗			−17.132 (−0.573)	−7.035 (−0.256)						
所定内労働時間	−0.631 (−1.348)*	−0.159 (−0.266)	−0.964 (−1.891)**	−0.351 (−0.622)	−0.671 (−2.26)**	2.153 (2.937)***	1.349 (2.484)***	0.852 (1.610)*	0.799 (1.513)*	1.847 (2.912)***
各産業の求人数の変化率	−0.004 (−2.314)***	−0.002 (−0.855)	−0.003 (−1.729)**	−0.004 (−1.687)**	−0.004 (−0.649)	−0.020 (−2.473)***	0.001 (0.524)	0.004 (1.572)*	−0.001 (−0.460)	−0.005 (−1.560)*
パート比率	0.005 (0.162)	0.043 (0.873)	0.015 (0.482)	0.077 (2.217)**	−0.020 (−0.154)	0.164 (1.679)**	−0.039 (−1.614)*	−0.011 (−0.350)	0.017 (0.749)	−0.022 (−1.092)
労働者比率 (50〜54歳/25〜29歳)	−0.040 (−0.890)	0.048 (0.918)	−0.039 (−0.719)	0.006 (0.133)	0.767 (2.319)**		−0.066 (−2.192)**		0.000 (−0.045)	
労働者比率 (55〜59歳/25〜29歳)						0.361 (1.533)*		−0.039 (−2.477)***		0.040 (1.287)*
サンプル数	45	45	45	45	45	45	45	45	45	45
修正済み決定係数	0.892	0.898	0.896	0.916	0.652	0.75	0.889	0.922	0.762	0.768

資料：厚生労働省「賃金構造基本統計」、厚生労働省「雇用動向調査」、厚生労働省「職業安定業務統計」。
注：女性のデータが利用できないので鉱業のデータを除いた。
電力・ガス・水道の一部女性のデータが使用できなかったので、前後の年次を使用。
それ以外は(1)式は、50〜54歳/20〜24歳、(2)式と(3)式は50〜54歳/20〜24歳の賃金が従属変数、(2)式と(4)式は55〜59歳/20〜24歳の賃金が従属変数
固定効果モデルでWhite diagonal method推計
上段は係数、下段（括弧内）はt値
***1％、**5％、*10％で有意

関して当てはまる。また、外部労働市場の変数も統計的に有意となっている。こうした意味では、内部労働市場と外部労働市場の両方の影響を受けながら年功賃金制を形成している。その結果、大企業より年功賃金の勾配が緩やかになっていると推察される。小企業の大卒・女性に関して、年功賃金制を形成している。意外な感じをうけるが、小企業にとり、大卒・女性は企業の中核社員であり、企業に人材をつなぎ止める装置と解釈される。但し、年功賃金制の勾配は非常に緩やかである。小企業は、年功賃金制の勾配の緩やかさを補う働き方の柔軟性を導入し始めている可能性も考えられる。

　第3に、高卒・男性に関しては、壮年の後期に関しては、年功賃金制を形成している。但し、その係数は大卒・女性より小さい。所定内労働時間の増加が賃金の勾配を増加させている。人手不足を壮年労働者の所定内労働時間の増加で補っている可能性が考えられる。労働者の比率が賃金の勾配に負の関係を示している。壮年の労働者比率の増加は、壮年の賃金水準を低下させ、賃金の勾配を低下させている[8]。壮年労働者比率の増加は、壮年の賃金を低下させ、壮年の雇用を維持している。第4に、小企業は大企業と異なり、高卒の壮年後期（50歳代後半）の賃金勾配が統計的に有意となる。大企業では50歳代前半の賃金勾配に関する各変数が有意になったが、小企業では50歳代後半の賃金の勾配の方が統計的に有意となる。高卒が小企業では重要な役割を果たしている。最後に、女性・高卒に関して、所定内労働時間と外部労働市場の変数が影響を与えている。

　以上を要約すると、小企業では男性・大卒と女性・高卒の労働者に関しては、勤続年数は統計的に有意とならない。一方、小企業の大卒・女性と高卒・男性に関して、特に50代後半の賃金勾配に関して勤続年数と外部労働市場の影響もうけながら、賃金の勾配が決定されている。50歳代後半は、賃金水準を高めない代わりに雇用を維持している。また、年功賃金制と労働者の働き方の柔軟性を確保することで、小企業は人材のつなぎ止めを行っている可能性が示唆される。

8）この係数は、女性・大卒ではプラスで、統計的に有意となっている。大卒・女性の係数がプラスなのは、大企業の大卒・男性でも同様である。

おわりに

　本章では、人手不足が日本的雇用慣行とりわけ年功賃金制に影響を与えているのか検証した。その結果、大企業は現状で人手不足の状態に陥っていない。人手不足状態に陥っているのは企業規模300人未満の企業である。人手不足に陥っている企業は、採用を強化するために若年層の賃金を上昇させ、また、60歳以上労働者のシェアを増加させている。有効求人倍率が0.45倍の2009年と2016年を比較すると、中小企業の労働者割合が低下していた。特に、大卒・女性においては、顕著である。その動きを反映して大企業の労働者割合が一般労働者で増加している。これは、大企業の女性の勤続年数が増加した結果、大企業の大卒・女性の労働者割合が増加したわけではない。勤続年数はむしろ全体で減少している。それゆえ、新卒の大卒・女性の割合の増加と労働移動などによるものと思われるが、詳細な結果は今後、さらに研究が必要である。

　また、賃金プロファイルの推計結果から、企業特殊的人的資本の代理変数の勤続年数は大企業では、大卒・男子、高卒・男子で有意であるが、女性に関しては学歴に関係なく統計的に有意でなかった。小企業では大卒・女性と高卒・男性が、勤続年数が統計的に有意となっていた。小企業は外部労働市場の影響を受けながら、年功賃金制を形成している。小企業が年功賃金制を採用する1つの理由として、人材の引き留めが考えられる。賃金水準は大企業より低いが、賃金勾配の緩い年功賃金制を補う働き方の柔軟性を導入することにより、人材のつなぎ止めを図っている可能性が示唆される。小企業の大卒・男性が勤続年数で有意とならないのは、年功賃金制の勾配が緩やかなため、より高い賃金勾配を求めて転職するためではないかと推察される。また、大企業では大卒・男性は50歳代の後半まで、高卒・男性は50歳代前半まで、勤続年数が有意となっていた。一方、小企業は勤続年数が有意な大卒・女性と高卒・男性の推計結果は、50歳代前半より50歳代後半で勤続年数の係数が統計的有意となる。小企業は壮年労働者、とりわけ50歳代後半からの受け皿としての機能を果たしている。最後に、生活保障仮説を確認するために、勤続年数の代わりに年齢を入れて推計したが、どの推計結果も年齢は統計的に有意とならない。

　日本的雇用慣行の展望としては、今後、大企業の日本的雇用慣行は、AI・

IoT・ICT等により、日本的雇用慣行に浴することができる人々の割合が減少してくるかもしれない。さらに、雇用の寿命を延ばすために賃金の勾配がさらに緩やかになる可能性がある。また、人材の引き留め政策として、中小企業で日本的雇用慣行である長期雇用と年功賃金制が普及するかもしれない。そのためには、生産性を上昇させ、賃金の全体的な上方シフトが必要である。

　小企業における若年の相対賃金の上昇と60歳以上の勤続年数の上昇も考えられる。中馬・樋口（1995）による理論的帰結である短期労働者の賃金上昇が、長期雇用者の賃金勾配を上昇させるものとなっていたが、現実はそうならないかもしれない。なぜなら、若年の賃金上昇が必ず壮年賃金を上昇させる保障がない。企業は費用を抑えるために壮年の賃金上昇を抑える可能性がある。その場合には、現在より賃金の勾配が緩やかとなる。また、現在の労働力不足の状態は企業側にも原因がある。なぜなら、企業が自から、60歳定年制や継続雇用を65歳と年齢制限を設けていることが、現在の労働力不足を生み出している要因の1つと言えよう。さらに、女性の勤続年数の延びの改善策が必要である。

　当面の対応策としては、法定定年制を65歳とし、66歳から70歳まで任期制を導入して、労働者の雇用期間を長くすべきである。

参考文献
荒井一博（1996）『雇用制度の経済学』中央経済社。
小野旭（1989）『日本的雇用慣行と労働市場』東洋経済新報社。
大橋勇雄（1990）『労働市場の理論』東洋経済新報社。
大森義明（2008）『労働経済学』日本評論社。
大日康史・浦坂純子（1997）「賃金勾配における企業特殊的人的資本とインセンティブ」中馬宏之・駿河輝和編『雇用慣行の変化と女性労働』東京大学出版会、115-149頁。
大湾秀雄（2017）『日本の人事を科学する』日本経済新聞社。
川口大司（2011）『ミンサー型賃金関数の日本の労働市場への適用』RIETI Discussion Paper Series, 11-J-026.
小﨑敏男（1997）「日本的雇用慣行に関する考察(1)」『東海大学紀要政治経済学部』No. 29, 65-79頁。
小﨑敏男（1998）「日本的雇用慣行に関する考察(2)」『東海大学紀要政治経済学部』No. 30, 119-135頁。
小﨑敏男（2017）「高齢労働者の"生涯現役"は可能か？」『統計』第68巻、第9号、

21-26頁.

小﨑敏男・永瀬伸子編（2014）『人口高齢化と労働政策』原書房.

三谷直紀（2010）「年功賃金・成果主義・賃金構造」樋口美雄編『労働市場と所得分配』慶応義塾大学出版会、227-252頁.

中馬宏之・樋口美雄（1995）「経済環境の変化と長期雇用システム」猪木武徳・樋口美雄編『日本の雇用システムと労働市場』日本経済新聞社、23-56頁.

中馬宏之（1997）「経済環境の変化と中高年層の長勤続化」中馬宏之・駿河輝和編『雇用慣行の変化と女性労働』東京大学出版会、47-82頁.

八代尚宏（1997）『日本的雇用慣行の経済学』日本経済新聞社.

八代尚宏（2015）『日本的雇用慣行を打ち破れ』日本経済新聞出版社.

Becker, G. S.（1962）"Investment in human Capital: A Theoretical Analysis," *Journal of Political Economy*, 70, 9-49.

Becker, G. S.（1975）*Human Capital-A Theoretical and Empirical Analysis, with Special Reference to Education-Second edition*, Columbia University, 佐野陽子訳（1976）『人的資本—教育を中心とした理論的・経験的分析—』東洋経済新報社.

Gibbons, R.（1992）*Game Theory for Applied Economists*, Princeton University Press, 福岡正夫・須田伸一訳（1995）『経済学のためのゲーム理論入門』創文社.

Hashimoto, M.（1981）"Firm-Specific Human Capital as a Shared Investment," *American Economic Review*, 71, 475-482.

Laing, D.（2011）*Labor Economics*, Norton and Company.

Lazear, E. P.（1979）"Why Is There Mandatory Retirement?," *Journal of Political Economy*, Vo87, No,6, 1126-1184.

Lazear, E. P.（2011）*Firm-Specific Human Capital: A Skill-Weights Approach, in Inside The Firm*, Oxford, 341-367.

Lazear, E. P. and M. Gibbs（2015）*Personnel Economics in Practice*, 3rd Edition, John Wiley & Sons, 樋口美雄監訳、成松恭多・杉本卓哉・藤波由剛訳（2017）『人事と組織の経済学』日本経済新聞出版社.

第7章

労働力不足と地方創生
どうしたら人々が地方に集まるのか？

はじめに

　本章では、地方の人口動向を把握し、どうしたら地方の人口が増加するのかを考える。まず、労働力不足となっている原因と考えられる地方の少子・高齢化の現状ならびに生産年齢人口の現状分析と将来展望を行い、地方の人口増加政策を考える。次に、地方の人口増加政策として、人口の自然増加政策と社会増加政策を考察して、地方創生のための政策を考える。最後に、地方活性化への取り組みに求められる視点をいくつか言及する。

第1節　都道府県別の少子・高齢化の現状と将来展望

1.1　都道府県別の少子・高齢化

　図7-1は、都道府県別の3区分人口の推移を示したものである。図7-1（a）は年少人口（0～14歳）の推移を示している。それによれば、2015年の全国平均で総人口に占める年少人口割合は12.6％となっている。2040年では全地域で年少人口割合がさらに低下する。全国平均ではその数字が10％となり、今後25年で2.6％ポイント減少する。2015年で年少人口割合が相対的に高い地域は石川、福井、岐阜、愛知、三重、滋賀、岡山、広島、福岡、佐賀、熊本、宮崎、鹿児島、沖縄県で13％以上である。その中でも、滋賀14.5％、沖縄17.4％と高い値を示している。石川、福井、岐阜より南に位置する地域で高い値を示している。2015年と比較して、2040年で相対的に大きく減少する地域は北海道、青森、宮城、埼玉、東京、神奈川、滋賀、大阪、兵庫、奈良、和歌山、広島、福岡、沖縄県で2.7％ポイント以上の減少となっている。その中でも沖縄は、3.5％ポイントの大きな

第 2 部　労働力不足とその対策

図7-1（a）　年少人口割合の推移（2015年と2040年比較）

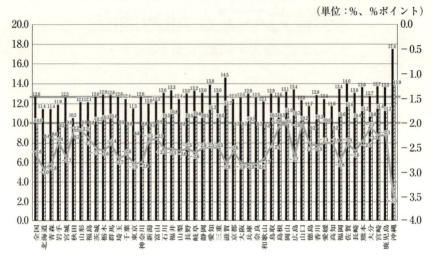

資料：総務省統計局「国勢調査」、国立社会保障・人口問題研究所『日本の地域別将来推計人口』
　　　（平成25年3月推計）による。
注：2015年の値は国勢調査2015年の値を使用
　　水平線は2015年と2040年の年少人口の全国平均値
　　折れ線の目盛りは右側

減少を示している。逆に、比較的減少が少ない地域は秋田、山形、福島、島根、岡山、山口、大分、宮崎、鹿児島で2％ポイント前半の減少である。比較的減少が小さい地域は、2015年の年少人口割合が相対的に低い地域と高い地域に分かれる。相対的に低い地域は年少人口が少なく、減少幅が小さい。一方、年少人口の割合が相対的に高い地域は、人口を集積する能力が高い地域で、今後も相対的に年少人口の減少幅が少ない（但し、滋賀、沖縄の一部地域を除く）。

　次に**図7-1**（b）は各都道府県別の生産年齢人口（15～64歳）の推移を示している。2015年の生産年齢人口の全国平均は60.8％となっている。2015年で全国平均を上回っている地域は、宮城、栃木、埼玉、千葉、東京、神奈川、愛知、滋賀、大阪、沖縄県である。その中で最も高いのは東京の66.0％である。平均か平均より僅かに下回っている地域として、茨城、兵庫、福岡県で60.0～60.8％に達している。一方で、生産年齢人口割合が相対的に低い地域は、秋田、島根、山口、

第7章 労働力不足と地方創生

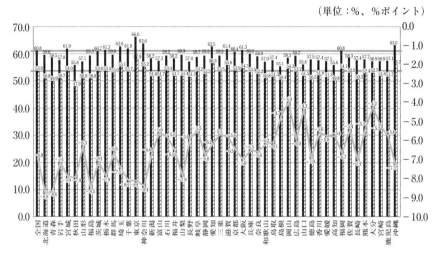

図7-1(b) 生産年齢人口割合の推移（2015年と2040年）

（単位：％、％ポイント）

■2015年　▨2040年　―2015年と2040年の差

資料：総務省統計局「国勢調査」、国立社会保障・人口問題研究所『日本の地域別将来推計人口』（平成25年3月推計）による。
注：2015年の値は国勢調査2015年の値を使用
　　水平線は2015年と2040年の生産年齢人口割合の全国平均値
　　折れ線の目盛りは右側

高知で55％台を記録している。2015年と比較して、2040年にはすべての地域で生産年齢人口割合が低下する。全国的には、6.9％ポイントの減少となる。大きく減少する地域は北海道、青森、岩手、宮城、秋田、福島、茨城、栃木、埼玉、千葉、東京、神奈川、山梨、沖縄県で7％ポイント以上の減少が見込まれている。東北・関東地域で生産年齢人口の減少幅が大きい。一方、比較的減少幅が少ない地域は、島根、岡山、山口、大分で約4％ポイントの減少が見込まれている。この減少幅が少ない地域は、2015年で相対的に生産年齢人口の割合が低い地域と重なっている。

最後に、図7-1（c）には老齢人口割合の推移が示されている。年少人口や生産年齢人口と異なり、65歳以上人口の割合は全ての地域で増加する。2015年の全国平均のその値は26.6％であるが、2040年には36.1％と9.5％ポイントもの増加を示している。2015年で相対的に高い地域は、青森、岩手、秋田、山形、富山、

第 2 部 労働力不足とその対策

図 7-1 (c)　65歳以上人口割合の推移（2015年と2040年）

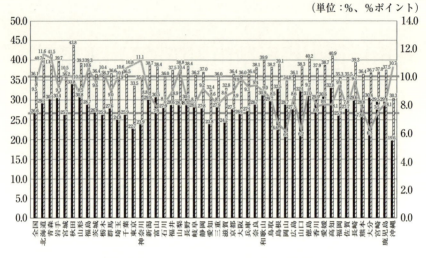

■ 2015年　▨ 2040年　― 2015年と2040年の差

資料：総務省統計局「国勢調査」、国立社会保障・人口問題研究所『日本の地域別将来推計人口』
（平成25年3月推計）による。
注：2015年の値は国勢調査2015年の値を使用
　　水平線は2015年と2040年の65歳以上人口割合の全国平均値
　　折れ線の目盛りは右側

　長野、和歌山、島根、山口、徳島、愛媛、高知、大分で65歳以上人口が総人口の3割を超える。東北地方と山陰地方の一部と四国地方に集中している。
　一方、相対的に低い地域は宮城、栃木、埼玉、千葉、東京、神奈川、愛知、滋賀、福岡、沖縄である。東京圏近郊と愛知、沖縄県である。その中でも沖縄県は19.6％と著しく低い。2040年には、北海道、青森、宮城、秋田、福島、栃木、埼玉、千葉、東京、神奈川、山梨、沖縄県が2015年より10％ポイント以上老齢人口割合が増加する。その中で高いのは北海道、青森県で11.1～11.6％ポイント増加し、65歳以上人口が4割を超えて、40.7％（北海道）、41.5％（青森）となる。秋田県は、老齢人口割合は青森より高く43.8％になると見込まれている。増加幅が相対的に少ない地域は島根、岡山、山口県となっている。それでも島根県は39.1％と予測されている。すべての地域で、今後25年間、少子・高齢化が持続し生産年齢人口割合が減少し続ける。

第7章 労働力不足と地方創生

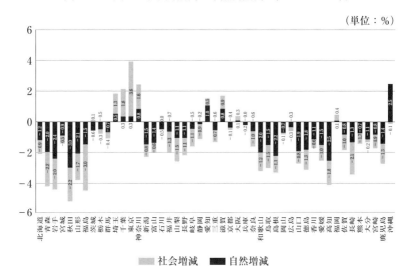

図7-2 人口の社会増減率と自然増減率（2010〜2015年）

資料：国立社会保障人口問題研究「人口統計資料集（17年改訂版）」

1.2 都道府県別の人口増減：自然増減・社会増減・人口増減

図7-2は、2010年から2015年にかけての人口の都道府県別自然増減と社会増減を示している。自然増減で最も増加した地域は、沖縄県の2.5％で他の県と隔絶している。次に増加率が大きい地域は愛知県の1.0％である。他の都道府県は1％未満の増加となっている。増加率は1％に届かないものの、埼玉、千葉、東京、神奈川は0.3〜0.8％の増加率を示している。他のほとんどの地域はマイナスの増加率となっている。減少率が大きい地域は、東北の青森、岩手、秋田、山形で2〜3％の減少率となっている。最も大きな減少率の地域は秋田県の3％である。次に大きい地域は高知の2.5％、島根の2.2％である。

社会増減で大きな地域は埼玉、千葉、東京、神奈川で1.3〜3.6％の増加率を示している。最も大きな増加率を示しているのは東京3.6％である。一方で、減少率が大きな地域は東北地方で、青森、岩手、秋田、山形、福島で1.7〜3.0％の減少率を示している。和歌山、鳥取、島根も1.1〜1.5％、高知1.6％、長崎の2.1％と比較的大きな減少率を示している。自然増減と社会増減を観察すると、類似の地域が観察される。相関をとると0.71を示し、自然増は社会増の地域であり、自

163

然減は社会減の地域であることがわかる。

　以上の自然増減と社会増減の動きを受けて、2010～15年における都道府県の人口増加は、埼玉、千葉、東京、神奈川、愛知、滋賀、福岡、沖縄で人口増加が観察される。最も人口が増加したのは沖縄で2.9%の増加となっている。次いで、東京2.7%、埼玉１%となっている。一方、減少した地域は、東北地方の青森、秋田、福島と高知で４%以上の減少となっている。そのなかでも、秋田は5.79%の減少で最も減少が激しい。

第２節　人口の自然増加政策

　本節では、地方の人口増加政策を考察する。前節で考察した自然増減をより詳細に考察して、地方の人口増加政策を考える。その後、保育園の待機児童数と出生率ならびに女性の労働参加率との関係を考察する。

2.1　都道府県別の人口増加政策

　2015年のわが国の合計特殊出生率（以下 TFR）は、1.45である（**図7-4（a）**参照）。12の都道府県を除いて、他の地域は全国平均を上回っている。相対的に高い地域は、沖縄（1.96）[1]、島根（1.78）、宮崎（1.70）、鹿児島（1.70）となっている。沖縄県は他の県と隔絶しているが、それでも静止人口の2.07に及ばない。相対的に低い地域は、東京（1.24）、北海道（1.31）、京都（1.34）、秋田（1.35）、宮城（1.36）と続く。京都は下から３番目に位置しているが、それほど注目されないのは、観光による交流人口の多さによると思われる。

　少子化対策は、どの県も待ったなしの政策が必要である。金子（2017）は、出生数を用いて少子化の過程を３つに分解して説明している。第１は、親となる年齢層の人口変化による出生数の減少（人口規模・年齢構造の変化）、第２は、結婚した人々の割合の減少（結婚行動変化）、第３は結婚した人々の持つ子どもの数の減少（夫婦出生行動変化）に分けている。1975年から2010年まで約2,100万人減少している。その内訳は第１の要因である人口規模・年齢構造51.3%

1）括弧内の数字は、TFR の数字である。

(10,770,375人)、第2の婚姻行動変化27.9％（5,863,136人）、第3の夫婦出生行動変化20.8％（4,362,316人）となっている（金子 2017；5頁）。金子（2017）によれば、

$$出生数 = \Sigma P39_t \times MR_t \times CN_t \tag{7-1}$$

として示される。但し、$P39$は女性20〜39歳人口、MRは婚姻率、CNは完結出生数、tは年齢である。(7-1) 式は次式に変形できる。

$$出生数 = 婚姻件数\,t \times CN_t \tag{7-2}$$

ここで（7-2）式を使用して、各都道府県の出生数の変化の内訳を計算する。完結出生数は、各都道府県の出生数を婚姻件数で割った値を使用した。計算結果は**図7-3**にまとめられる。それによれば、2010年から2015年の5年間で出生数が大きく減少した県は、秋田県（−12.4％）、福島（−12.0％）、青森（−11.2％）、愛媛（−11.2％）、静岡（−11.1％）、群馬（−11.0％）山口（−10.3％）となっている。特記すべきは、東京都は出生数が4.7％増加している。出生数が増加したのは東京都だけである。その要因は、婚姻件数が4.4％程度減少したが、完結出生数が9.5％程度増加したためである。出生数の変化率の内訳である婚姻件数が大きく減少した県は、秋田（−15.6％）、山口（−15.3％）、宮崎（−14.4％）、新潟（−14.4％）と続いている。金子（2017）で指摘するように女性20〜39歳人口の減少により婚姻件数が減少している側面もあるが、それを除いても婚姻件数は減少傾向を示している。時系列、横断面いずれもTFRと総人口に占める女性20〜39歳の人口割合の関係は負の相関を示唆する。つまり、総人口に占める女性20〜39歳のシェアが増加しても必ずしもTFRは増加しない。そのことは、婚姻数そのものの減少が考えられる[2]。その意味では、婚姻件数ないしは婚姻率を増加させる政策が必要である。

次に、完結出生数の変化率の減少率上位は、福島（−5.1％）、福井（−3.5％）、青森（−3.2％）、長野（−2.5％）、群馬（−2.4％）となっている。完結出生数の増加政策に関しては、守泉（2017）で言及している理想子ども数を持たない理由として、半数が経済的理由をあげている。本書の少子化（第1部第1章・第2章）で紹介したように、国・地方自治体は子育てに関する費用の削減に取り組む必要がある。

図7-3 出生数の変化率の内訳（2010～2015年）

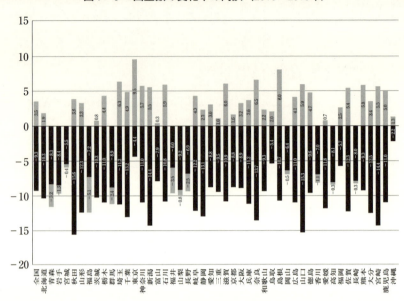

資料：厚生労働省「人口動態調査」より作成。
注：完結出生数は、出生数を婚姻件数で除した値を使用

　最後に、小﨑（2017b）が言及するように、初婚年齢の上昇（晩婚化）が完結出生数に影響を与える。そこで、(7-1)式と(7-1)式の完結出生数に変えて、女性の初婚年齢で推計を行った。

出生数(BN) = F(女性20～39歳人口（$FN39$），婚姻率（MR），完結出生数
　　　　　　　　(CNB))　　　　　　　　　　　　　　　　　　　　　　　(7-3)

---

2) 時系列での推計結果（1980～2015年）
　　$\ln(TFR) = 3.59 - 0.69\ln(FMA) + 0.60\ln(MR) + 1.09\ln(CNB) - 0.98\ln(FR39)$　$\bar{R}^2 = 0.97$
　　　　　　　(5.16)(-4.37)　　　　(5.69)　　　(20.81)　　　　(-9.09)
　但し、括弧内の数字は t 値。FMA は女性の初婚年齢、MR は婚姻率、CNB は完結出生数、$FR39$は総人口に占める20～39歳の女性の割合。
　パネル分析（2005年、2010年、2015年）都道府県データの結果は
　　$\ln(TFR) = 0.12 - 0.29\ln(FR39) + 0.39\ln(MR) + 0.62\ln(CNB)$　$\bar{R}^2 = 0.48$　サンプル数141
　　　　　　　(0.66)(-2.52)　　　(3.99)　　　(7.65)　　　　　　　　White diagonal method
　資料：厚生労働省「人口動態統計」、総務省統計局「推計人口」、総務省「国勢調査」

$$\text{出生数}(BN) = F(\text{女性20～39歳人口}(FN39), \text{婚姻率}(MR), \text{女性の初婚年齢}(FMA)) \tag{7-4}$$

$$\ln(BN) = -3.27 + 0.96\ln(FN39) + 0.43\ln(MR) + 0.913\ln(CNB)$$
$$\quad\quad (-52.49)\;(209.07)\quad\quad (13.24)\quad\quad (22.58) \tag{7-5}$$
$$\overline{R}^2 = 0.997 : \text{White diagonal method}$$

$$\ln(BN) = -8.96 + 0.92\ln(FN39) + 0.58\ln(MR) - 3.45\ln(FMA)$$
$$\quad\quad (8.96)\quad (103.2)\quad\quad (7.29)\quad\quad (-7.32) \tag{7-6}$$
$$\overline{R}^2 = 0.996 : \text{White diagonal method}$$

$$\ln(BN) = 10.88 + 0.13\ln(FN39) + 0.79\ln(MR) + 0.814\ln(CNB)$$
$$\quad\quad (42.51)\;(4.38)\quad\quad (31.87)\quad\quad (83.18) \tag{7-7}$$
$$\overline{R}^2 = 0.998 : \text{推計期間}:1980\sim2015\text{年}$$

$$\ln(BN) = 18.65 + 0.256\ln(FN39) - 0.094\ln(MR) - 2.12\ln(FMA)$$
$$\quad\quad (5.56)\;(0.854)\quad\quad (-0.376)\quad\quad (-6.514) \tag{7-8}$$
$$\overline{R}^2 = 0.819 : \text{推計期間}:1980\sim2015\text{年}$$

(7-5) と (7-6) 式は2005年、2010年、2015年の都道府県パネル分析の結果である。(7-7) と (7-8) 式は時系列 (1980～2015年) の分析結果である。括弧内の数字は t 値。(7-6) と (7-8) 式の推計結果から、初婚年齢 (FMA) の1％の上昇は、出生数を2～3％減少させる大きな弾力性を示している[3]。完結出生数ないし完結出生率に影響を与える初婚年齢の引き下げは重要な意味を持つ。

2.2 都道府県別の少子化と待機児童

2016年2月半ば頃書かれた「保育園落ちた日本死ね！！！」のブログが、待機児童問題を一躍クローズアップさせた。待機児童問題の1つとして保育士の待遇、月給の低さが問題となり、保育士不足を生み出していると考えられている。保育士の月給は2015年ベースで全職業平均より約11万円低い21万9,200円となっている。こうした待遇面を改善するために、政府は2017年春から月額約1万2,000円引き上げる方針を打ち出した。全国の保育所で働く保育士は約45万人いるが、資格をもちながら働いていない「潜在保育士」は2014年度ベースで約80万人と推計

---

3) 推計で使用した資料は注2を参照。

されている（『日本経済新聞』4月28日付け：神奈川・首都圏経済）。賃金の引き上げは、保育士の人手不足解消と離職率の低下につながると期待される。待機児童は2015年4月時点で、「公式」待機児童数は2万3,167人、前年比で1,796人の増加となっている。一方、「隠れ」待機児童数（認可保育園に入っても自宅に近い保育園を希望、認可外保育園から認可園に移りたい、保育園に入れず親が育児休業を延長した、保育園に入れず仕事に就くのをあきらめた等）は5万9,383人、合計8万9,383人が待機児童数となる。「公式」待機児童数の85.9%が0〜2歳児で、都市部が73.7%を占めている（『日本経済新聞』2016年5月4日付け朝刊特集）。

待機児童数は少子化と女性の労働参加率に影響を与えるのか。図7-4（a）は都道府県の待機児童数と出生率の関係を考察したものである。その結果によれば、待機児童数と出生率の間にはほとんど関係を見出せない。待機児童数が影響を与えるのは、出生率より女性の労働参加率に強く影響を与えていることが図7-4（b）から理解できる[4]。相関係数は−0.56である。労働力不足対策として、保育園の待機児童の解消策は、女性の労働参加率を増加させる（小﨑 2017b）。

待機児童数の削減対策としては、保育士の賃金の引き上げや幼稚園と保育園の合体型の「幼保一体化」の推進、保育園と介護の一体化、育児休暇の延長、企業が社員の子どもを預かる「企業主導型保育事業」への支援、株式会社などの様々な運営主体の参入を認め、認可保育園を増やす等の対策が提案されている（『日本経済新聞』2016年5月4日付け朝刊特集）。また、待機児童数が多い都市部への対策が急務である。各都道府県の将来の労働力確保策として、TFRを増加させる婚姻率の増加政策、晩婚化対策、完結出生数の増加政策を行う必要がある[5]。

4）都心では待機児童と出生率は相関があるとされている。それゆえ、東京都の完結出生数の増加は、待機児童の解消と関係があると考えられる。
5）注2のTFRの推計結果を参考にしてほしい。その推計結果によれば、時系列では完結出生数（*CNB*）、女性20〜39歳の人口割合（*FR39*）、婚姻率（*MR*）、女性の初婚年齢（*FMA*）の順で弾力性が大きいことに留意すべきである。政策対応の優先順位を考える際、参考となる。但し、初婚年齢と完結出生数は相関があるので注意されたい。その意味では本文中の推計結果が妥当である。

図7-4(a) 都道府県の合計特殊出生率と保育園の待機児童数（対数）：
2015年　相関係数－0.2

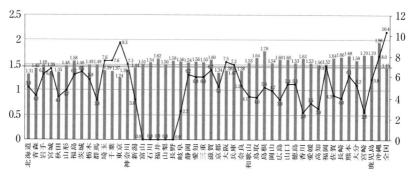

図7-4(b) 都道府県の女性労働参加率（34～39歳）と保育園の待機児童数（対数）：
2015年　相関係数－0.56

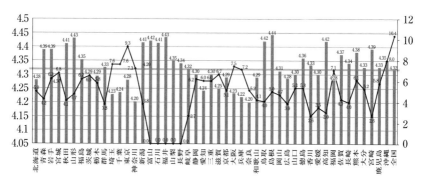

資料：総務省「国勢調査」、厚生労働省「人口動態調査」「保育園待機児童数」
注：待機児童数がゼロの県は便宜的にゼロとして対数表示した
　　女性の労働参加率と保育園の待機児童数は、対数表示
　　水平線は、全国平均値

図7-5 人口減少と地域のGDP

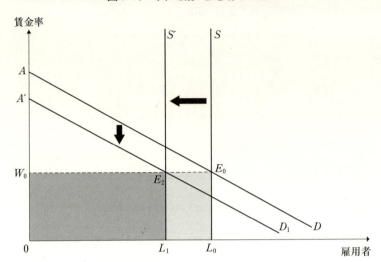

① $AW_0E_0 + W_0 0 L_0 E_0 = A 0 L_0 E_0$
② $A'W_0E_2 + W_0 0 L_1 E_2 = A' 0 L_1 E_2$
③ $AA'E_0E_2 + E_2 L_1 L_0 E_0$：減少分

第3節　人口の社会増加政策

3.1　地方の人口流出と賃金格差のメカニズム

　はじめに、人口減少は地域経済にどのような影響を与えるかを考察することにする。そのために、**図7-5**を提示した。はじめにその地域の需要曲線 AD と供給曲線 SL_0 が与えられていると仮定する。そのときの企業側の生産額は AW_0E_0 で労働者側の賃金総額は $W_0 0 L_0 E_0$ である。つまり、この地域のGDPは $A 0 L_0 E_0$ である。ここで労働力人口が減少したことにより、供給曲線は SL_0 から SL_1 にシフトする。その地域の労働力人口の減少により、その地域の消費や住宅といった需要面の減少により需要曲線も AD から AD_1 へとシフトすることになる。その結果として、企業側の生産額は AW_0E_2 に労働者の賃金総額は $W_0 0 L_1 E_2$ へと減少する。その地域のGDPは $A' 0 L_1 E_2$ へと減少することになる。つまり、労働力人口の減少は総生産額を $E_2 L_1 L_0 E_0 + AA'E_2E_0$ だけ減少する。

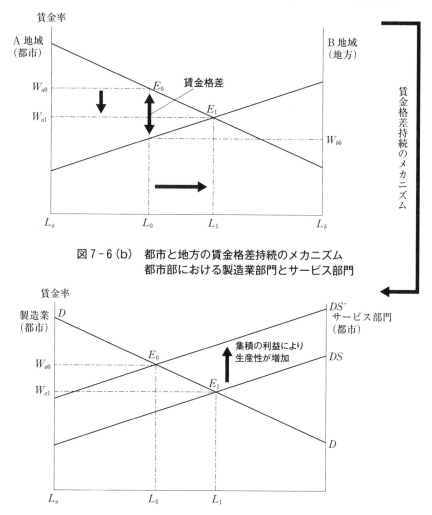

図7-6（a） 労働移動（高い賃金を求めて都市に移動）は都市の賃金を低下

図7-6（b） 都市と地方の賃金格差持続のメカニズム
都市部における製造業部門とサービス部門

　次に、地域の労働力不足と賃金格差のメカニズムを考察することにする。図7-6は2部門モデルを示している。図7-6（a）は相対的に高い賃金A地域（都市部）と相対的に低い地域B地域（地方地域）の労働の限界生産力を示している。地域A（都市）はW_{a0}で賃金が与えられており、地域B（地方）はW_{b0}で

与えられていると仮定する。こうした仮定の下で、人々は相対的に高い賃金を求めて地域B（地方）から地域A（都市）に移動する。その結果、地域A（都市）の賃金はW_{a0}から賃金W_{a1}へと低下し、雇用量は地域A（都市）ではL_aL_0からL_0L_1の雇用が増加する。このモデルでは、低い地域から労働移動により高い賃金A地域（都市）の賃金が低下し、地域B（地方）の人口流出は止まるはずであるが、現実は、秋田県や他の地域が経験しているように地方と東京の地域間の賃金格差と人口流出は持続している。要約すると、人口移動により地域間の賃金格差が解消され、人口流出もなくなるはずである。しかし、現実は、そうならず地方の人口流出と賃金格差が持続している。

こうした都市と地方の賃金格差と人口流出のメカニズムは、**図7-6（b）**で説明することが可能である。都市部の賃金の高い地域Aでは、人口流入によりサービス部門の生産性が集積の利益により増加し、サービス部門の限界生産力が上方にシフトすることにより、地域Aの賃金が低下せずW_{a0}の水準に留まることにより、地方と都市部の賃金格差が持続するとともに地方の人口流出が持続していると考えられる。こうしたメカニズムにより地方の人材不足が生じる。

このメカニズムにより引き起されている現象を止めるためには、高い賃金を提示する企業を地方に誘致するか、地方企業の生産性を高めて、高い賃金を提示出来るようにするかである。あるいは、高い賃金に代わる、例えば、都会と比べ格段に地方が住みやすいなどの代替的なものを提示することにより人口流出を阻止することが考えられる。

3.2 地域活性化への取組みに求められる視点

地域の人手不足・人口流出問題を緩和させる1つの方策として、労働生産性の増加政策が考えられる。本項では、生産性の増加政策を考察する。**図7-7**は2011年度の労働生産性と人口密度の関係をプロットしたものである。それによれば、決定係数が約0.4を持つ正の相関が示されている。つまり、人口密度の高い地域は労働生産性も高いことが示唆される。上述された理論図7-6（b）で示した仮説を部分的に支持している。また、地方創生などで取り上げられるコンパクトシティ化が生産性を高める効果を示唆している。

第7章　労働力不足と地方創生

図7-7(a)　人口密度と労働生産性（就業者一人当たり）

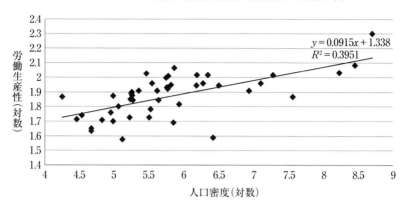

資料：内閣府「平成24年度県民経済計算」、総務省統計局「平成22年　国勢調査」
注：1）県内総生産＝生産額－中間財を引いた名目値で2012年度の値
　　2）人口密度は2010年の「国勢調査」の値
　　3）労働生産性＝県内生産／就業者数
　　4）就業者数は「県民経済計算」の値

図7-7(b)　人口密度と労働生産性（マンアワー当たり）

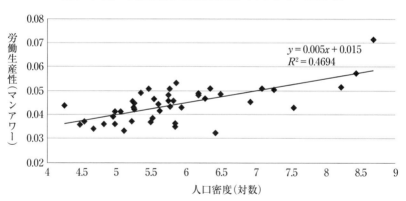

資料：内閣府「平成24年度県民経済計算」、総務省統計局「平成22年　国勢調査」
　　　厚生労働省「毎月勤労統計」
注：1）県内総生産＝生産額－中間財を引いた名目値で2012年度の値
　　2）人口密度は2010年の「国勢調査」の値
　　3）労働生産性＝県内生産／就業者数×総実労働時間数
　　4）就業者数は「県民経済計算」の値

■ 人口密度・産業と生産性

2015年度の『労働経済白書』が、人口と労働生産性の関係を都道府県のデータを使用して考察を行っている。図7-7は、人口密度と労働生産性の関係を示した図である。**図7-7（a）**は人口密度と就業者一人当たりの生産性を、**図7-7（b）**は人口密度と時間当たり生産性の関係を示したものである。それによれば、いずれも右上がりの関係で、正の相関を示している。つまり、人口密度が高い地域は生産性も高くなっている。白書によれば「経済活動の場が集中することによって、「ヒト」「モノ」「カネ」の利用の効率化が進むとともに、知識の伝播や情報の共有がスムーズに行われるなどの波及効果があり、そのことにより労働生産性が上昇する」（厚生労働省（2015）『労働経済白書』196頁）と考えられる。

人口密度と生産性の関係をサービス産業（卸売・小売業、サービス業）に関して考察した図が**図7-8**である。サービス業の特徴として、消費と生産の同時性があり人口密度は重要な役割を果たすことが知られている。図7-8からも人口密度と労働生産性の関係が正であることがわかる。こうした関係が図7-6で示した地方と都市の生産性格差をもたらしその結果として、賃金格差を生み出していると考えられる。また、事業所密度と生産性も正の相関があることを白書は確認している。さらに、各都道府県の産業の特化係数と労働生産性を考察すると、「学術研究、専門・技術サービス業」「不動産業、物品賃貸業」「情報通信業」「金融業、保険業」「運輸業、郵便業」「製造業」「サービス業」において正の相関が観察され、なかでも「学術研究、専門・技術サービス業」「金融業、保険業」で回帰係数が高くなっている。一方、負で相関している産業は「農林水産業」「複合サービス事業」「建設業」「医療、福祉」「鉱業、採石業、砂利採取業」である。「建設業」「医療、福祉」で回帰係数が大きい（「労働経済白書」2015）[6]。各都道府県の労働生産性は、特化する産業により生産性も異なることを示唆している。例えば、「建設業」や「医療、福祉」に特化しても、その都道府県の生産性は増加しないことを意味している。生産性の高い産業に特化する必要がある。

---

[6] 産業の特化係数と生産性に関しては、解釈に十分注意が必要であろう。例えば「医療、福祉」では、医療従事者の給与は現在でも十分他の産業より高いが、福祉、例えば介護関係で給与が相対的に低いので、給与を国の助成金で上げたとすると、名目的な生産性は高まるが真の生産性は高まったと言えない。サービス業の生産性の測定問題が含まれていることに注意が必要である。

第 7 章　労働力不足と地方創生

図 7 - 8 (a)　人口密度と卸売・小売業の生産性

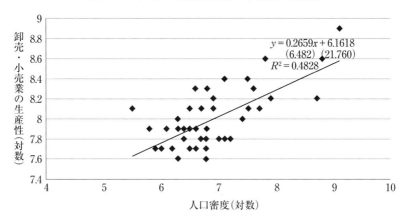

出所：厚生労働省（2015）『労働経済白書』、197頁。
資料：総務省統計局「人口推計」「地域別統計データベース」、（独）経済産業研究所「都道府県別産業生産性（R-JIP）データベース2012」をもとに厚生労働省労働政策参事官室にて推計
注： 1 ）人口密度、労働生産性は2008年の値
　　 2 ）労働生産性＝名目付加価値／マンアワー

図 7 - 8 (b)　人口密度とサービス業の労働生産性

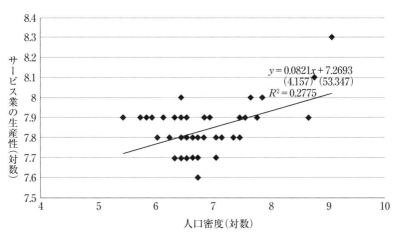

出所：厚生労働省（2015）『労働経済白書』、197頁。
資料：総務省統計局「人口推計」「地域別統計データベース」、（独）経済産業研究所「都道府県別産業生産性（R-JIP）データベース2012」をもとに厚生労働省労働政策参事官室にて推計
注： 1 ）人口密度、労働生産性は2008年の値
　　 2 ）労働生産性＝名目付加価値／マンアワー

第2部　労働力不足とその対策

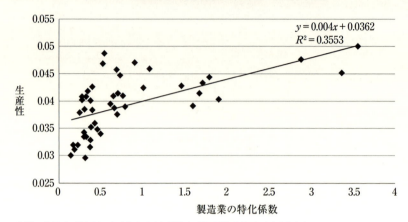

図7-9　製造業の特化係数と生産性（2012年度）

資料：内閣府「県民経済計算」、厚生労働省「毎月勤労統計（地方版）」
注：1）生産性は県内総生産／就業者数×総労働時間数
　　2）製造業の特化係数＝各都道府県の製造業の就業者シェア／全都道府県の製造業の就業者シェア
　　　但し、東京都は極端に特化係数の値が大きいので除いた。東京都を含むと決定係数は0.5まで上昇する。

　最後に、就業者1,000万人を抱える大きなシェアを持つ製造業を考察することにする。**図7-9**は各都道府県の製造業の特化係数と時間当たりの生産性を示したものである。右上がりの正の相関が示される。一般的に街づくりにおいて、基盤産業が街の人口規模を規定すると言われている（中村 2014）。こうした傾向はセミミクロの都道府県でも確認できる。基盤産業と言われている農林水産業、鉱業・採石業、製造業、運輸業・郵便業、宿泊業とその他の産業の就業者比率を各都道府県でプロットすれば、基盤産業の規模が1％増加すると非基盤産業の規模が1％増加する関係が示される。県や市が製造業の企業誘致を行う合理的理由がある。

■労働生産性と地方創生

　各都道府県の労働生産性を成長会計から考察する。各都道府県の生産性の増加率とGDP成長率は0.7程度の高い正の相関をもつ。その意味では、労働生産性を高めることは重要な意味を持つ。労働生産性を高めるには、資本装備率を高めれば労働生産性が高まる。しかし、極端に高い資本装備率は資本の効率を損なう

ため、全要素生産性（TFP）を高めることを目標にすべきと考えられている。

いま、コブ・ダグラス型の生産関数を仮定して、

$$Y = AK^a L^{(1-a)} \tag{7-9}$$

但し、Y は産出量、A は技術進歩、K は資本ストック、L は労働投入量である。(7-9) 式の対数をとり時間に関して微分すれば

$$\Delta Y/Y = \Delta A/A + a(\Delta K/K) + (1-a)\Delta L/L \tag{7-10}$$

を得る。(7-10) 式は産出量の変化率は技術進歩の変化率、資本ストックの変化率、労働の変化率からなることを教えている。ここで、一般的には技術進歩の変化率（$\Delta A/A$）は、労働の変化率と資本ストックの変化率の残差と処理され、全要素生産性（Total Factor Productivity, 以下 TFP）の変化率として表される。

(7-10) 式の両辺から $\Delta L/L$ を引き整理すると

$$\Delta Y/Y - \Delta L/L = \Delta A/A + a(\Delta K/K - \Delta L/L) \tag{7-11}$$

労働生産性の変化率は TFP の変化率と資本装備率の変化率で表すことができる。

(7-11) 式を基本として、これに労働の質の変化を考慮して提示したものがR-JIP2017データで表された**図 7-10**である。それによれば、2003〜2012年の年移動平均値で、生産性の変化率が最も低下した県は鳥取である。2.6％の減少となっている。5年移動平均（2008〜2012年）では、さらに値が大きくなり7.6％もの減少となる。10年移動平均値の最大の原因は、TFP の全要素生産性の寄与率の低下が2.4％の低下、資本装備率の寄与率の低下が0.9％で、労働の質の寄与率に関してはプラス0.6％となっている。2012年の「経済センサス」を考察すると、鳥取県は全国と比べ、産業構造が極端に偏っているわけではない。従業者構成は、製造業は16.6％（全国17.8％）、卸売業、小売業21.7％（全国21.1％）、医療、福祉14.2％（全国11.2％）となっている。大きく異なるのは、労働生産性で製造業397.3万円／人（全国552.1万円／人）、卸売業、小売業361.5万円／人（全国490.0万円／人）である。全国平均と比べ、製造業では一人当たり154.8万円の差がある。製造業の生産性増加政策が必要である。そのためには、県内産業の育成と企業ないし新設事業所の誘致が必要である。さらに、企業誘致のためには交通

アクセスの利便性を高めることが必要である[7]。

一方で、労働生産性の変化率が増加した地域は、山梨、長野、秋田、静岡、京都、三重、滋賀、栃木で年率2～3.2％の増加となっている。特に山梨県は年率3.2％となっている。8県に共通していることは、TFPが高い伸び率を示していることである。TFPが多くの地域において、重要な役割を果たしている。徳井（2017）によれば、1970年は生産性の高低の順位は資本装備率の高低により決定されていた。しかし、2010年になるとTFPの高低が生産性の高低を規定している。それでは、TFPを高めるためには、どうすればよいのか？

今、(7-9) 式をAについて解くと

$$A = \frac{Y}{K^{\alpha}L^{1-\alpha}} \tag{7-12}$$

となる。TFPは、産出1単位を生み出すために、生産要素である資本（K）と労働（L）の効率的利用度を示している（宮川 2017）。それゆえ、TFPを高めるには資本と労働の効率的な使用が必要となる。小崎（2012）のサーベイによれば、①資本蓄積（IT投資の促進）②無形資産の強化③新陳代謝の促進④グローバル化への対応などが挙げられる。また、**図7-10**から分かるように、近年のわが国の低成長の原因は、わが国の人口の約1割、生産額の約2割を占めている東京都のTFPの低下が、原因の1つであることが分かる。東京は労働の質に関して、0.7％と高い寄与率を示している。

おわりに

本章は労働力不足と地方創生に関して考察を行って来た。第1節では、地方の少子・高齢化の現状把握と将来展望を考察した。今後25年間でわが国の総人口は15％程度減少する。年率0.6％程度減少することになる。しかし、地域間での人口減少は一様ではない。秋田県－31.6％（年率－1.3％）、青森－28.7％（年率－1.1％）、岩手－26.7％（年率－1.1％）、高知－26.3％（年率－1.1％）、山形－25.6％（年率－1％）、和歌山－25.3％（年率－1％）、島根－25％（年率1％）以

---

7) より詳細な分析は小崎（2016）の秋田県の地方創生を参考にして欲しい。

第7章　労働力不足と地方創生

図7-10　労働生産性増加率の要因分解（2003～2012年）；年移動平均値（単位：%）

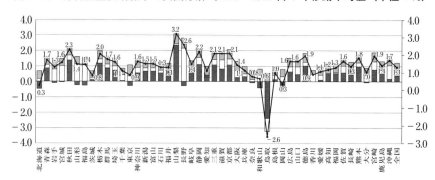

資料：経済産業研究所「R-JIP2017年データ」より作成。

上の7県は、年率1％以上の人口減少に見舞われる。一方、愛知、滋賀、沖縄県では年率−0.3～−0.2％程度である。労働政策研究・研修機構（2016）の労働力需給の推計によれば、人口減少の厳しい秋田、青森、山形県は経済再生シナリオ（実質成長率2％）の楽観的見通しでさえ、労働力人口は2030年まで年率0.8～1.2％程度の減少が見込まれている[8]。

わが国は少子・高齢化は持続し、生産年齢人口が現在の総人口の60％程度が2040年には54％程度になることが見込まれている。北海道、青森、福島、千葉、東京は8％ポイント以上の減少が見込まれている。こうした人口減少下における地方の人口増政策と成長戦略を考察した。

人口増加政策は、人口の自然増加政策と社会増加政策に分けられる。人口の自然増加政策は、出生数、出生率、TFRをいかに増加させるかということである。そこでは、婚姻率と完結出生数、婚姻年齢、婚姻適齢期の女性人口などが重要な政策要因となる。こうした要因に働きかけるものとして、子育て費用の削減政策が重要であることは第1部で紹介した。人口自然増加政策は人口社会増加政策とも密接に結び付いている。住んでいる都市や街に魅力がなければ、人口の自然増

---

8) 森川（2017）によれば、労働力率を現在より10％ポイント上昇させても、経済成長の寄与度にマイナス寄与度0.7から0.6程度で、0.1％程度の成長にしか寄与しないとしている（深尾・森川 2017：対談）。その意味では、TFPの上昇が経済成長のカギとなる。

加政策で増やした人口も流出してしまい人口増加政策には結び付かない。一方、魅力的都市や街であれば、流入人口が増加し、結婚適齢期の男女が増加し、婚姻件数や出生数の増加に結び付く可能性がある。

　魅力的な街とは何か。働く職場があり、賃金や生産性の高い職業や職場の提供があり、企業活動がしやすく労働者にとり働きやすく、交通アクセスの利便性が高いことが必要である。企業活動には、人手の確保の容易さなども含まれる。その意味では、待機児童を解消し女性の労働参加率を高めることも必要である。政府は地方での人材確保のために大学を都市から地方へと分散を試みているが、地元に良質な働く職場がなければ、若者は魅力のある企業や働く職場が多くある都市部に移動することになり、地方の人口増加政策には結び付かない。小崎（2016）は、新設事業所比率と人口の転入超過比率が正の相関をもつことを確認している。まずは、国・地方自治体が行わなければならないことは、労働者にとって魅力的で良質な職場の提供である。そうした魅力的な都市や街には人々が集まり活気を呈する。人口の自然増や社会増により、地方の税収も増加することになる。

参考文献
金子隆一（2017）「少子化の人口学的分析」『統計』第68巻、第3号、2-7頁。
厚生労働省（2015）『労働経済白書』。
小崎敏男（2009）「人口減少と生産性増加策（Ⅰ）」『東海大学紀要政治経済学部』第41号、127-147頁。
小崎敏男（2012）「人口減少と生産性増加策（Ⅱ）」『東海大学紀要政治経済学部』第44号、57-83頁。
小崎敏男（2014）「人口の高齢化と労働生産性」松浦司編『高齢社会の労働市場分析』中央大学出版部、23-42頁。
小崎敏男（2015）「地方創生と地域労働政策」『NETT』No.87、32-36頁。 http://www.nett.or.jp/nett/pdf/nett87.pdf
小崎敏男（2016）「秋田の人口減少と労働政策」『人口減少社会における地域の雇用・労働のあり方～秋田県域において～』一般財団法人　北海道東北地域経済総合研究所、6-12頁。　www.nett.or.jp/about/pdf/2016akita_forum.pdf
小崎敏男（2017a）「労働力不足と労働市場」『NETT』No.97、52-55頁。 http://www.nett.or.jp/nett/pdf/nett97.pdf

小崎敏男（2017b）「少子化と労働市場」『NETT』No.98、56-59頁。
　　http://www.nett.or.jp/nett/pdf/nett97.pdf
小﨑敏男（2017c）「少子高齢化と地域創生―伊勢原市のケース（1）」『東海大学紀要政治経済学部』第49号、99-125.
清水谷諭（2016）経済教室「男性高齢者の就業余力大」日本経済新聞、2016年5月5日付け。
徳井丞次（2017）「生産性の地域間格差」『経済セミナー』No.697、38-42頁。
中村良平（2014）『まちづくり構造改革』日本加除出版。
宮川努（2017）「生産性を考える」『経済セミナー』No.697、22-26頁。
深尾京司・森川正之（2017）「日本の生産性を高めるには：対談」『経済セミナー』No.697、8-21頁。
守泉理恵（2017）「夫婦出生力の動向とその要因」『統計』第68巻、第3号、14-19頁。
労働政策研究・研修機構（2016）『労働力需給の推計―新たな全国推計（2015年版）を踏まえた都道府県別試算―』JILPT資料シリーズ、No.166。

第8章

労働力不足と技術革新
第4次産業革命は仕事を奪うか？

はじめに

　最終章では、労働力不足に対して、人口知能（AI）・もののインターネット（IoT）・情報通信（ICT）・ロボット化で対応することが可能なのか。また、賃金・雇用はAI・IoT・ICT・ロボット化によって、どのような影響を受けるのか。それらは、労働力の減少に対する対策となりえるのか等について考察する。松尾（2017）によれば、AIの画像認識精度向上により、既に機械化しているタスクの数倍以上が自動化・機械化され、その結果、機械・ロボット市場は現在の比ではないほど巨大化すると言う。井上（2017）は、AIが未来の経済に与える影響について、現在の「特化型AI」から「汎用型AI」への移行・実現により汎用ロボットに雇用の大半が代替されると言う。また最近、注目された論文にFrey and Osborne（2013）がある。彼らの論文は衝撃的な内容で、アメリカの職業の47％がここ10～20年で自動化されるリスクがあると計算している。つまり、半数近くの職がなくなる可能性があるというものである。非常に衝撃的内容であったため、これに刺激されて、野村総合研究所（2015）が日本に適用して計算した結果、その値はアメリカより高く、49％と公表されている。Pajarinen and Rouvinen（2014）は、フィンランドに関して、アメリカより10％程度、コンピューターの脅威は少なく、また低い賃金・低いスキルの職業は、より多くの脅威を持つと報告している。

　Arntz, Gregory and Zierahn（2016b）はこの結果に異を唱える論文を提出した。タスク（職務）ベースのアプローチによれば、OECD加盟国21カ国平均で、9％が雇用の自動化が可能であるとしている。タスクベースのアプローチでは、職業ベースのアプローチに比べ、はるかに小さい結果を提示している。さらに、次の3つの理由により、技術進歩による雇用喪失は実際の雇用喪失とならないとし

ている。第1に、新技術の利用は、経済的、法的、社会的に乗り越えなければならない障壁があるために、雇用代替が技術的に期待通りに進まない。第2に新しい技術が導入されても、労働者がタスクを切り替えることにより技術的に対応が可能で雇用喪失とはならない。第3は、技術革新は、新技術の需要と競争力の強化により、雇用が創出される。また、MIT（マサチューセッツ工科大学）の Autor（2015）は、技術進歩により賃金の上位と下位に労働者が分離するとしても、賃金水準の中間層は、技術的に一部自動化が困難であるため、一定程度の中間層は残るとしている。Holzer（2015）は、医療技術者、取り付け・保守・修理技術者、経営（ローエンド）、サービス（ハイエンド）等といった新たな中位の賃金を持つ職業が誕生しているという。本章では、これまでの一連の理論的流れを整理しながら、わが国のデータを中心に第4次産業革命と呼ばれている AI・IoT・ICT・ロボット等が、賃金・雇用にどのような影響を与えているのか、また、労働力不足に対して、どの程度有効なのか考察する。

第1節　先行研究

■スキル偏向的技術進歩（Skill-Biased Technological Change）：SBTC

　スキル偏向的技術進歩に関する論文は、もともと相対賃金の動向や賃金の二極化（賃金不平等の拡大）を説明する理論として登場した。小﨑（1995）では、「相対賃金の動向とその決定因」を説明するために、Katz and Murphy（1992）, Katz, Loveman and Blanchflower（1993）などの論文を紹介している。そこでは、労働者を2つのグループに分けている。つまり、労働者を大卒（高技能労働者）／高卒（低技能労働者）に分けて、賃金格差（賃金不平等の拡大）の議論を行っている。このモデルは、スキルに対する収益の変化を、需要と供給で説明する。2つの異なるスキル（技能）は、不完全な代替タスクを行うか、不完全な代替財を生み出すと仮定されている。ここでの技術は、低・高技能労働者を補完して、スキル偏向的需要を生み出す因子増強型をとっている[1]。当初は、技術は低技能労働者と補完関係にあり、より多くの資本の使用は、そうした労働者の需要を増

---

1) Acemoglu and Autor（2011）は、上述されたモデルを canonical model（標準モデル）と呼んでいる。

加させた。しかし、技術革新により技術が高度になると、技術は高技能労働者を増加させることになる。技術進歩は低技能労働者から高技能労働者へと、労働需要がシフトする。これにより、大卒／高卒の賃金格差（賃金不平等）が拡大するようになる。技術進歩は、生産性を高め、低技能労働者と高技能労働者の賃金を上昇させる。このモデルでは、大卒の賃金プレミアムを増加させ、両グループの生産性を高め、賃金を上昇させると同時に賃金格差（賃金不平等）を拡大させる。

こうした単純なモデルはアメリカの賃金格差の拡大（賃金不平等）を説明するのに利用された（Katz and Murphy 1992）。わが国に関して、小﨑（1995）は以下の分析結果を提示している。賃金格差の拡大は観察されるものの、アメリカと異なり、相対賃金（大卒／高卒）格差の拡大が、技術進歩により拡大している証拠は見いだせない[2]。小﨑（1995）によれば、わが国労働市場の二重構造（大企業と中小企業）は、R＆D支出の増加は必ずしも大卒の賃金プレミアムを増加させる保障はないとしている。また、賃金格差の拡大は日本やヨーロッパ諸国では、アメリカほどの拡大は観察されなかった（小﨑 1995、Katz, Loveman and Blanchflower 1993）。

いくつかの研究は、こうした賃金格差の拡大（賃金不平等）は、技術進歩によって引き起こされたとした。そのメカニズムの中身は、第1に高技能労働者のシフトは主に産業内で生じている。特に、知識集約的産業で見出せる。第2に高技能労働者の賃金上昇は、多くの産業で高技能労働者の雇用と関係している。第3に高技能労働者のシフトは、技術進歩の影響が強い産業や企業で生じている（Bound and Johonson 1989; Katz and Murphy 1992; Arntz, Gregory and Zierahn 2016）。

一般的に賃金格差を拡大させた要因は、技術革新であると考えられている。しばしば、ロボットは技術革新の例として取り上げられる。ロボットは高技能労働者の補完が期待される。それゆえ、ロボットは大卒の賃金プレミアムを増加させ不平等を拡大させると考えられる。Graetz and Michaels（2015）によれば、ロボ

2）技術進歩の代理変数として、研究本務者一人当たり社内使用研究費（RD1）、研究費の対国民総生産比（RD2）、研究費の対国民所得比（RD3）を独立変数として、相対賃金（大卒／高卒）を被説明変数として回帰分析を行ったが、いずれも独立変数の係数は負を示して、プラスの符号を得られていないことを報告している（小﨑 1995：38頁）。

ットは労働生産性と付加価値を増加させた。また、成長率を0.37％増加（工業国17カ国、1993-2007年）させ、賃金や全要素生産性（TFP: Total Factor Productivity）を増加させ、生産物価格を低下させる。また、ロボットの応用は、低技能労働者に比して高技能労働者の労働需要の増加を導く一方、中間技能労働者への効果に関しては明らかでない。

要約すると、SBTC仮説は1970年代と80年代における大卒労働者に対する相対需要増加といった主要な観察事実を説明することが出来る。しかしながら、低・高技能労働者に比して、中間技能労働者需要の減少と同様に低技能労働者間の収入の減少などの説明が十分出来ない。理由の1つには、多くの先進諸国で、労働者の構成が職業内で変化しているにもかかわらず、技能と職務の区別を行っていないためである。加えて、コンピューターとロボットがある職種内の労働者の置換あるいは代替することを無視して、不平等拡大因子の増強の技術しか考えないためである（Arntz, Gregory and Zierahn 2016a; Acemoglu and Autor 2011）。

■ルーチン置換技術進歩（Routine-Replacing Technological Change）: RRTC

SBTC仮説は、1980年代後半からの労働市場の動向をうまく説明できない。例えば、中間的技能労働者の減少や、低技能労働者と高技能労働者への仕事の二極化現象をうまく説明できない。Autor et al.（2003）は、ルーチン置換技術進歩仮説（RRTC）を提示している。彼らのアプローチは、スキル（skill）とタスク（task）を区別した。職務（タスク）は、産出（財やサービス）を生み出す仕事の1単位である[3]。技能（スキル）は、いろいろな職務を遂行するための労働者の能力である。労働者は、彼らの技能を職務に応用して賃金を得る。技能は生産（財やサービス）を生み出す職務に使用される。所与の技能水準は、労働市場の状態や技術変化に対応して職務の変化や多様な職務を遂行するときに特に関係し

3）taskの翻訳は、業務と訳すか職務と訳すか悩ましい。一般的には、「業務」は事業を行う会社などの各部署で行われ、事業の中で発生する一部の仕事のことを意味する。例えば、営業の業務。「職務」とは、個々人が担当する仕事のことを指すとされている。業務より概念が狭く使用されている。例えば、営業の中の海外の法人営業などとして使用されている。また、業務と職務が限りなく等しくなる場合も考えられる。業務より職務と訳したほうがわかりやすい場合もある。池永（2009；2011；2015）の文献は、タスクを業務と訳している。

てくる。最近の技術進歩である ICT（Information and Communication Technologies）は、中間技能労働者によって行われた仕事の一部や全部を外注する。それゆえ、ある種類の技能に対する収益の変化と職務に対する技能の割り当ての変化が生じている（Acemoglu and Autor 2011; p.1045）。

　RRTC 仮説は、生産要素である労働に具現化された技能、資本に具現化された技術を使用して、連続的なタスクで最終財を生産する。スキルは 3 つのタイプを仮定する。低・中及び高のスキルを考える。労働者は 3 つのタイプのいずれかのスキルが与えられている。技術進歩は、手仕事（肉体）的なタスクと特殊な（専門的）なタスクの両方を変化させる。また、このモデルは、新しい技術進歩がある職務労働者を置換させる。

　職務に関して、3 つの概念を導入している[4]。第 1 は、ルーチン・タスクである。最新の ICT を使用し、アルゴリズムに基づいて自動的に成文化されたものを実行する。つまり、明確に定義された手順に従って行う職務である。それらの職務は手仕事ルーチンあるいは認知ルーチンに分けることができる。そのような職務は、簿記、書類作成あるいは生産の仕事を含む賃金水準が中位の仕事でしばしば見出される。RRTC 仮説によれば、コンピューター費用の低下は賃金水準が中位の相対労働需要の減少を導く。第 2 は、手仕事非ルーチン・タスクである。これは、状況適応性、視覚的及び言語的認識、ならびに対人相互作用を必要とする職務である。このような職務は、食品の調理やサービスの仕事、クリーニングや清掃、ヘルスケアおよびセキュリティサービスなど多くの低賃金サービス職業に広がっており、コンピューターではほとんど置き換えられない。第 3 は、抽象的（あるいは非定型認知）タスクである。これはコンピューターによってまだ実行できず、しばしば問題解決能力、直感、創造性及び説得力を伴う職務でコンピューターが補完する。この職務区分の典型的な仕事は、専門的、技術的および管理的職業である。これらの仕事は、賃金分布の上位に位置している。

　また、RRTC 仮説は、次の 3 つの主要な事象を予測している。第 1 は、コン

4）池永（2009）は、Autor, Levy and Murnane（2003）に従い、非定型分析業務、非定型相互業務、定型認識業務、定型手仕事業務、非定型手仕事業務の 5 つに区分し、「国勢調査」を使用して、1990 年以降わが国で業務の質の二極化、すなわち中間的な業務の減少と高スキルと機械化されにくい低スキル業務の増加が生じたとしている。

ピューター費用の低下は定型職務から手仕事（肉体的）職務あるいは認知職務へと労働者の職務を変化させる。Autor et al.（2003）は、1980年代と90年代に、アメリカで定型職務シェアが減少したことを示している。第2は、定型職務や賃金が中位の職業のシェアの減少により、雇用の二極化が生じる。つまり、賃金分布の中間が減少し、両端（低い賃金と高い賃金の職業）が増加する。ヨーロッパに関して、1993年と2006年の間で8％ポイント、中位の賃金労働者のシェアが減少した（Goos et al. 2007）。第3は、賃金の二極化、つまり、賃金分布の中位と比較して賃金分布の端での賃金増加を説明できる。直感的には、ルーチン置換技術は、労働者を賃金が中位の仕事から追い出し、その結果、そうした労働者の過剰供給を招き、そのために賃金が下がる。しかしながら、技術は残った中位の賃金労働者と補完関係にあり、賃金を上昇させる。RRTC 仮説は中位の賃金労働者への正味の影響はあいまいである（Autor 2013）。それゆえ、賃金の二極化は RRTC の結果のみではない。

　SBTC 仮説と比較して RRTC 仮説は、狭義の技術的変化の定義と関係している。認知的ルーチン職務の低下は、手仕事（肉体的）ルーチン職務の低下よりも顕著であり、コンピューター化は特に事務の職務に影響を及ぼし、生産の仕事に関してはあまり影響を与えていない（Autor et al. 2003）。1つの説明は、定型手仕事（肉体的）職務は、コンピューター化の前に、機械化によって既に自動化されてきた。一方、情報処理に焦点を当てた定型認知的職務は、コンピューター技術を用いてのみ自動化することが出来る（Autor et al. 2003）。したがって、コンピューター化は、事務職務にとって重要な変化をもたらし、生産職務にとってはそれほど変わらない可能性が高い。Graetz and Michaels（2015）の結果によれば、ロボットは RRTC 仮説と同様、労働全体の需要を減少させるのではなく、低技能労働者の雇用を減少させる。

　結論として、RRTC 仮説は1980年代と1990年代の主要労働市場の動向を説明することができ、最近の技術的変化が労働市場をどのように変化させたかの支配的な見方となっている。しかし、RRTC 仮説は、産業用ロボットに密接に関連するタスクより、事務的なタスクについて言及している。

■技術革新・生産性・雇用

　SBTC 仮説や RRTC 仮説の文献は、不平等や職業構造の変化を理解するのに、

重要な貢献をしている。しかしながら、それらの文献は、一般的な技術変化の潜在的効果や集計された雇用に対するロボットの効果の証拠を提示していない（Arntz, Gregory and Zierahn 2016a）。

ここで、雇用に対する技術革新の効果を考察する。技術変化が雇用に与える影響を考察するために、イノベーションの概念を考察することにする。シュンペーター（Schumpeter）は、資本主義の現実において重要なのは、価格競争ではなく、新商品、新技術、新供給源泉、新組織型からくる競争であると強調している（Schumpeter 邦訳（1995）、132頁）。内閣府（2017a）は、イノベーションとは、新しいものを生産する、あるいは既存のものを新しい方法で生産すると定義している（内閣府 2017a; 150頁）[5]。イノベーションは次のようなメカニズムで生産性や雇用と関係を持つと考えられる。

第1はプロダクト・イノベーション、シュンペーターの言う新商品である。個々の企業が研究開発（R&D）を行って、新たな製品・サービスを生み出すため、新しい需要創出となり、生産の増加と雇用の増加を生み出す。第2は、AI、ビック・データ、IoT、ICT などの導入を含めた、プロセス・イノベーション。シュンペーターの言う新技術の利用である。プロセス・イノベーションを使用することにより、労働投入（雇用）のコスト削減が可能となる。それによって、生産性と競争力が上昇し、新しい需要拡大が生じる。その結果、生産と雇用が拡大する。プロセス・イノベーションが雇用を拡大するかどうかは生産物需要の弾力性に依存する。現在、進行中の第4次産業革命から起業する企業の雇用弾力性は一般的に小さいと言われている。第3は、マーケット・イノベーション、シュンペーターの言う新供給源泉である。潜在需要の大きい海外直接投資や貿易・直接投資を通じた海外の新たな資源の獲得による収益の拡大と生産性の上昇である。第4は、組織イノベーション、シュンペーターの言う新組織型である。急速な技術革新に対応する意思決定権の下部委譲や他社・他機関などとの協議により、生産性を上昇させる。

5）内閣府（2017a）に先だって、中小企業庁（2015）は、第1章の第2節でイノベーションを採り上げている。1912年にイノベーションの概念がシュンペーターにより生み出された。イノベーションとは「既成の概念を覆すような新規の技術や材料、生産手段、産業や組織の再編などによってもたらされる革新」と定義されている（中小企業庁 2015：148頁）。

以上の技術革新による生産の拡大は、労働者の賃金上昇、企業の収益向上、資本所得の上昇により所得増加を導く。この所得増加は、新しい技術に影響されない部門に波及して雇用の増加をもたらす。こうした所得増加は、高スキル労働者の消費スピルオーバー効果により、低スキル労働者の労働需要を拡大させる（Mazzolari and Ragusa 2013）。

第2節　2000年以降のわが国の賃金・雇用動向

本節では、前節までの先行研究を踏まえながら、わが国の2000年以降の賃金・雇用動向を考察する。但し、近年は政府統計の職業・産業分類の大きな変更により、長期的な分析を困難にしている[6]。

■相対賃金（賃金不平等）の動向

図8-1は「賃金構造基本統計調査」（以下「賃金センサス」）より、一般労働者[7]の十分位分散係数を男女別で提示した。男性は0.55（2001年）から0.58（2016年）と僅かに増加している。女性は0.45（2001年）から0.46（2016年）とほぼ横ばい状態で、ここ15年間ほとんど一般労働者の賃金格差の拡大は観察されない。賃金格差の拡大が観察されたとしても僅かである。但し、より長期的視点の観察によれば、1976年の男性は0.49程度で、女性は0.39程度である（小﨑1995）。それゆえ、1970年後半と比較すると賃金格差は拡大している。

近年の相対賃金の動向をより詳細に観察するために、男性の第1・十分位数／中分位数、第9・十分位数／中分位数、中分位数の3つの指標を基準化（2001年＝1）して図8-2を提示した。それによれば、第1に、第9分位数が中分位数と比較してわずかに拡大している。その要因は、第9分位数の賃金上昇によるものではなく、中分位数の賃金低下であることが分かる。その意味では、先進諸国の先行研究で見出されている中間層の低下と一致する。第2は、第1分位数は中分位数より2015年までわずかに低下していたが、2016年に回復している。第3に、

---

6) 政府統計の改正を行うことは必要だが、その業務に携わる人々は、もう少し長期的分析が可能になるよう改正を行って欲しいものである。
7) 一般労働者とは、常用労働者のうち短時間労働者を除いた労働者。

第8章　労働力不足と技術革新

図8-1　賃金不平等の動向（2001年～2016年）

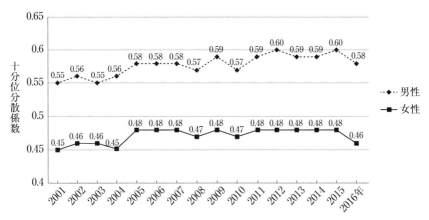

資料：厚生労働省「賃金構造基本統計調査」。
注：十分位分散係数＝（第9・十分位数－第1・十分位数）／（2×中位分位数）

図8-2　男性の賃金分散動向（2001～2016年）

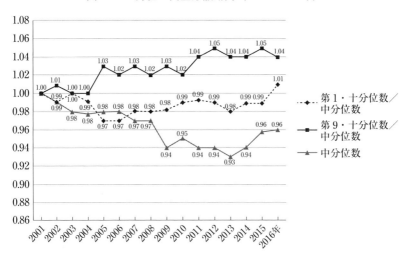

資料：厚生労働省「賃金構造基本統計調査」。

中分位数の賃金低下が2013年まで継続し、2014年以降回復傾向にある。2001年を基準として、2013年では7％の賃金低下が観察される。以上より賃金低下は中分位数と第1分位数で生じていて、特に中分位数の賃金低下が相対的に大きいことを示唆している。

■賃金率・労働者シェア及びその変化率の動向

一般労働者の所定内給与額を4区分に分けて、労働者のシェアとその変化率を示した（表8-1参照）。時系列で労働者シェアとその変化率を考察すると、第1に、1カ月の所定内給与額が29万円以下と90万円以上の労働者シェアが増加する一方、30万円以上90万円未満での労働者シェアが低下していて、労働者の二極化現象が観察される。こうした二極化現象は、男性の労働者シェアの変化が大きく寄与している。女性においては、29万円以下の労働者シェアが低下する一方、30万円以上の労働者シェアが増加していることが観察される。所定内給与額が大きくなるに従って、女性労働者シェアの増加が大きくなり、90万円以上では、2001年と比べると2016年の労働者シェアの増加率は160％に達している。第2に、29万円以下の労働者のシェアが59％（2001年）から61％（2016年）と男女計でわずかに増加している。こうしたわずかな増加の要因は、男性の増加がある一方、女性の29万円以下の労働者シェアが86％から80％に減少したことが寄与している。つまり男性の増加分とほぼ同じほど女性の労働者シェアが減少したことによる。

表8-1に示された所定内給与の4区分、特に90万円以上のシェアは増加したとはいえ、1％程度かそれ以下の水準である。そこで、より現実的考察を行うために、賃金の第9分位数・5分位数・1分位数の賃金率3区分に分けて考察する（表8-2参照）。

表8-2では、表8-1で観察された二極化現象を観察できない。第1に、第9分位数の賃金率の労働者シェアは男女計で、ここ15年程度で1割程度の労働者シェアが低下している。賃金率の第1分位数と中分位数を合わせて、1割程度の労働者シェアが増加している。第2に、ここ15年間の男女別労働者シェアの動向は大きく異なる。男性は賃金が第9分位数の労働者シェアを10％程度減少する一方、女性は45％も増加している。また、第1分位数の賃金率は男性で労働者シェアを13％程度増加する一方、女性は22％程度減少している。つまり、ここ15年程度で男性は、相対的に低い賃金に就く一方、女性が相対的に高い賃金に就く労働者が

表8-1 所定内給与額階級別労働者のシェア率とその変化率(1)

(単位：％；千円)

男女計	2001年	2006年	2011年	2016年	2001－2016年
～299.9千円	59.06	60.49	63.11	61.50	
変化率	―	2.42	4.34	－2.55	4.13
300.0～599.9千円	36.54	34.97	32.61	34.02	
変化率	―	－4.31	－6.75	4.34	－6.90
600.0～899.9千円	3.94	3.94	3.60	3.73	
変化率	―	－0.11	－8.48	3.61	－5.27
900.0～　　千円	0.46	0.61	0.68	0.75	
変化率	―	32.58	11.82	9.75	62.71
男性	2001年	2006年	2011年	2016年	2001－2016年
～299.9千円	47.60	49.18	53.43	51.65	
変化率	―	3.32	8.66	－3.34	8.51
300.0～599.9千円	46.42	44.58	40.67	42.08	
変化率	―	－3.98	－8.77	3.48	－9.35
600.0～899.9千円	5.37	5.43	4.97	5.25	
変化率	―	1.18	－8.39	5.63	－2.10
900.0～　　千円	0.61	0.82	0.93	1.02	
変化率	―	33.47	13.18	9.67	65.67
女性	2001年	2006年	2011年	2016年	2001－2016年
～299.9千円	86.49	85.47	83.05	80.24	
変化率	―	－1.18	－2.84	－3.38	－7.23
300.0～599.9千円	12.89	13.75	16.00	18.69	
変化率	―	6.63	16.43	16.76	44.96
600.0～899.9千円	0.53	0.64	0.78	0.84	
変化率	―	21.10	21.81	7.94	59.21
900.0～　　千円	0.09	0.14	0.17	0.23	
変化率	―	61.30	19.73	35.13	160.96

資料：厚生労働省「賃金構造基本統計調査」。
注：1）上段は、その年のシェア率。下段は、5年間のシェア変化率
　　2）右端は、2001～2016年の労働者シェアの変化率

増加した。男女とも、中分位数の賃金率に就く労働者のシェアはほとんど同じか、わずかに増加している。

　以上より、賃金や雇用の二極化現象を分析する際に、区分により必ずしも明確に二極化現象が観察されるわけではないことに注意が必要である。また性別により賃金・雇用動向が異なることも言及が必要である。

第2部　労働力不足とその対策

表8-2　所定内給与額階級別労働者のシェア率とその変化率(2)

(単位：％；千円)

男女計　千円	2001年	2006年	2011年	2016年	2001年－2016年
120.0～219.9	29.93	31.03	32.73	30.51	
変化率	—	3.69	5.46	－6.78	1.93
220.0～319.9	33.12	32.45	34.03	36.07	
変化率	—	－2.04	4.89	5.98	8.90
380.0～599.9	18.78	17.85	15.92	16.67	
変化率	—	－4.94	－10.85	4.75	－11.22
男性	2001年	2006年	2011年	2016年	2001年－2016年
140.0～239.9	25.16	26.52	29.75	28.50	
変化率	—	5.37	12.20	－4.22	13.24
240.0～339.9	32.96	32.04	32.47	33.42	
変化率	—	－2.81	1.35	2.93	1.38
400.0～699.9	23.83	23.08	20.22	21.34	
変化率	—	－3.17	－12.38	5.56	－10.44
女性	2001年	2006年	2011年	2016年	2001年－2016年
100.0～199.9	47.06	46.92	43.35	36.70	
変化率	—	－0.30	－7.61	－15.33	－22.01
180.0～279.9	48.98	45.26	46.67	50.32	
変化率	—	－7.59	3.10	7.83	2.74
300.0～399.9	9.27	9.88	11.58	13.45	
変化率	—	6.53	17.21	16.17	45.06

資料：厚生労働省「賃金構造基本統計調査」。
注：1）上段は、その年のシェア率。下段は、5年間のシェア変化率
　　2）右端は、2001～2016年のシェアの変化率

■ 学歴間格差の推移

　表8-3は、大卒と高卒の賃金格差及び労働者シェア格差の推移を示している。第1は、男性の賃金格差は2001年以降、大卒／高卒の賃金格差が一貫して拡大している。一方、女性は男性ほどの賃金格差の拡大を見出せない。第2は、大卒／高卒の労働者シェア格差は、男女共に縮小傾向にある。とりわけ、男性は0.64倍から0.94倍までで縮小している。大卒の労働需要が拡大している。女性は0.25倍から0.58倍と高卒の6割程度まで拡大している。その増加率はなんと170％の増加率となっている。女性の大卒需要の拡大がここ15年間で大きく進んだことを示している。第3に、男女ともに大卒の労働者の需要増加、高学歴の高技能労働者

表8-3　大卒と高卒の賃金格差と労働者シェア格差の推移

(単位：千円；倍)

	男性 時給(大卒)	時給(高卒)	大卒／高卒 時給比率	大卒／高卒 労働者比率	女性 時給(大卒)	時給(高卒)	大卒／高卒 時給比率	大卒／高卒 労働者比率
2016年	3.08	2.05	1.50	0.94	2.20	1.48	1.48	0.68
2011年	2.99	2.02	1.48	0.79	2.13	1.42	1.50	0.51
2006年	3.11	2.13	1.46	0.75	2.09	1.42	1.47	0.35
2001年	3.15	2.28	1.38	0.64	2.16	1.53	1.41	0.25

資料：厚生労働省「賃金構造基本統計調査」。
注1) 時給は、(決まって支給する現金給与＋(年間賞与／12))÷(所定内実労働時間＋(超過実労働時間×1.25))
　2) 大卒／高卒時給比率は、大卒の賃金が高卒の賃金の何倍かを示す
　3) 大卒／高卒労働者比率は、大卒が高卒の何倍の労働者かを示す
　4) 2001年は賃金・労働者数ともに、大卒の賃金と労働者数。それ以外は大卒の賃金・労働者数は大学・大学院の数を含む

への需要が読み取れる。また、賃金格差の拡大は男性の学歴間格差が一因となっている。

■職種の賃金水準及び労働者シェアの動向と推移

　表8-4の左側は、表8-1や表8-2をより具体的職種にブレークダウンして表示してある。表8-1や表8-2と同様に、賃金は景気変動の影響を除くために所定内給与の時給で表示した。2016年の上位10職種と中位10職種及び下位10職種の所定内の時給とその労働者のシェアを表示した。それによれば、第1に、上位の職種は15年間ほとんど変化がない[8]。2001年と比較して2016年は、5割の職種が上位10職種で見られる。また、5年前と比較すると7割の職種が上位10位以内に存在している。職種間の賃金の硬直性が見て取れる。上位の実質賃金は時系列で観察すると、上昇傾向が見て取れる。上位10職種の平均実質賃金は3,430円(2001年)から4,170円(2016年)に上昇している。一方、賃金上位の職種の労働者シェアは、3.68％(2001年)から2.92％(2016年)と低下している。上位の職

---

8) 2011年と2006年及び2001年の時給と労働者シェアの職種は紙面の制約で省略した。また実質賃金は2015年の物価を1として計算した数字である。名目賃金で比較しても結論は変化しない。ここでは、2016年のみ表記した。

表 8-4　職業の賃金及び労働者シェアとその動向（男女計）

(単位：千円；%)

2016年の時給上・中・下位			2006-2016年				2006-2016年			
区分	時給(所定内)	労働者シェア	区分	賃金変化率	賃金変化率 上・中・下位	労働シェアの変化率	区分	労働者シェアの変化率 上・中・下位	賃金変化率	
航空機操縦士	10.74	0.052	航空機操縦士	71.04	162.42		弁護士	1580.61	-10.14	
医師	5.27	0.939	歯科医師	63.92	12.90		不動産鑑定士	290.65	7.55	
歯科医師	4.05	0.110	掘削・発破工	42.50	-26.51		航空機操縦士	162.42	71.04	
大学教授	3.97	0.720	洋裁工	30.96	-70.96		理学療法士、作業療法士	143.74	0.66	
大学准教授	3.18	0.468	保険外交員	24.66	-11.25		福祉施設介護員	106.95	6.80	
航空機客室乗務員	3.13	0.107	ワープロ・オペレーター	17.29	-73.28		一級建築士	93.73	9.77	
公認会計士、税理士	3.08	0.124	技術士	16.96	45.00		木型工	78.45	-8.54	
弁護士	2.96	0.036	化繊紡糸工	14.67	4.17		ケアマネージャー	78.06	3.35	
掘削・発破工	2.76	0.026	医師	13.56	6.98		紙器工	61.00	-5.34	
大学講師	2.67	0.335	自家用貨物自動車運転者	11.74	-7.23		歯科衛生士	58.31	7.98	
平均(時給)/合計(シェア)	4.18(4.17)	2.92	平均変化率	30.73	4.23		平均変化率	265.39	8.32	
左官	1.56	0.066	配管工	3.15	-15.87		営業用バス運転者	-7.59	1.60	
鉄鋼熱処理工	1.56	0.146	ガラス製品工	3.07	-31.05		製鋼工	-7.72	-5.63	
板金工	1.56	0.374	公認会計士、税理士	2.97	12.19		営業用大型貨物自動車運転者	-8.13	-0.74	
鋳物工	1.56	0.226	用務員	2.66	-9.34		金属プレス工	-8.30	-2.61	
建設機械運転工	1.56	0.476	記者	2.38	-38.73		営業用普通・小型貨物自動車運転者	-8.93	5.02	
介護支援専門員(ケアマネージャー)	1.55	0.994	土工	2.19	2.73		プリント配線工	-8.97	8.00	
配管工	1.54	0.369	フライス盤工	2.12	27.83		用務員	-9.34	2.66	
重電機器組立工	1.54	0.215	航空機客室乗務員	2.12	34.66		調理士	-9.86	-2.29	
オフセット印刷工	1.54	0.241	臨床検査技師	1.71	12.47		機械修理工	-10.54	-0.04	
ワープロ・オペレーター	1.54	0.206	営業用バス運転者	1.60	-7.59		電気工	-10.98	0.71	
平均(時給)/合計(シェア)	1.55(1.55)	3.31	平均変化率	2.40	-1.27		平均変化率	-9.04	0.67	

第8章　労働力不足と技術革新

職業	時給	シェア	職業	変化率	変化率	職業	変化率	変化率
給仕従事者	1.20	1.390	左官	-8.55	-69.44	家庭用品外交販売員	-50.59	-1.80
精紡工	1.20	0.027	鉄鋼熱処理工	-8.56	-4.98	タクシー運転者	-54.90	9.26
パン・洋生菓子製造工	1.20	0.966	化学分析員	-8.72	25.09	オフセット印刷工	-59.07	-0.09
警備員	1.16	2.358	仕上工	-8.80	-16.58	大工	-61.14	-1.97
軽電機器検査工	1.11	0.114	弁護士	-10.14	1580.61	電子計算機オペレーター	-63.91	3.61
洗たく工	1.09	0.251	建具製造工	-11.06	-66.31	建具製造工	-66.31	-11.06
調理土見習	1.07	0.416	発電・変電工	-11.10	28.14	左官	-69.44	-8.55
ビル清掃員	1.06	0.902	自家用乗用自動車運転者	-12.50	36.75	洋裁工	-70.96	30.96
スーパー店チェッカー	1.06	0.590	電車車掌	-13.79	-14.90	ワープロ・オペレーター	-73.28	17.29
ミシン縫製工	0.89	0.420	はつり工	-13.87	15.94	キーパンチャー	-75.52	5.83
平均(時給)/合計(シェア)	1.10(1.10)	7.43	平均変化率	-10.71	151.43	平均変化率	-64.51	4.35

資料：厚生労働省「賃金構造基本統計調査」。
注：時給平均の括弧内の数字は、2015年＝1とした実質所定内賃金を示す

種（弁護士、公認会計士、医師等）はコンピューター化が進んでいるが、まだ大きく賃金の低下は観察されていないものの、高度な知識を持つ職種にも人口知能（AI）の導入が進みつつある。AIの導入コストが低下すれば、こうした職種の賃金や雇用にも十分影響を与えると考えられる。航空操縦士は人手不足が深刻で賃金が5年前と比べ2倍程度に上昇している。大学の教員は、少子化の影響を強く受けていて、労働者シェアも賃金も時系列的には減少傾向にある。

第2に、賃金が中位の職種では、実質賃金は2011年まで低下傾向で、2016年は回復している。但し、労働者シェアは低下したままである。2001年の中位の職種労働者シェアは、14.2％であったが、2016年のそれは3.3％と大きく減少している。先行研究が言及しているように、コンピューター化とロボットの影響を受けている可能性は否定できない。注意深く観察すると、中位の職種の多くは製造業の中分類に属している。その比率は7～8割を占める。ケア・マネージャーを含め多くの職種は現在よりさらに機械化とコンピューター化・海外生産によりその職種のシェアが減少する可能性が考えられる。ここ10～15年程度で労働者シェアが1割程度減少した。

第3に、下位の10職種もその7割が5年前と同じ職種で、職種間に入れ替わりはほとんどない。下位の実質賃金率は時系列的には、2011年までわずかに低下していたが、2016年には回復している。労働者シェアは低下傾向であったが、2016年には少し回復している。10年前と比較すれば、2.5％程度減少している。しかし、中位の職種ほど労働者シェアの減少は大きくない。現在のスーパーマーケットを見ると、人手不足を反映して現金の支払いなどは機械化が始まっている。

第4に、賃金上位職種は非定型認知職種であり、中位と下位の職種は定型手仕事職種である。中位の定型手仕事職種の多くは製造業の中分類に属している。下位の職種は、定型手仕事職種の多くはサービス業に所属している。記載されている職種の多くが、さらなる機械化が行われる可能性が考えられる。機械化のコストと人件費の比較で、機械化の費用が低下すればさらなる機械化が加速する。

以上職種の賃金や労働者シェアを考察してきたが、既になくなった職種（バスの車掌・電車の改札員・電話交換手・ガソリン給油員・株式のトレーダー等）もあるので時間的経過とともに、職種の変化が生じていることは間違いない。また手仕事であろうが認知であろうが定型的な職務は減少傾向にある。

■職種の賃金変化率と労働者シェアの変化率の推移

　次に、ここ10年間の賃金（時間当たりの所定内給与）変化率とその職種の労働者シェアの変化率を上位10職種・中位10職種・下位10職種を記載した（**表8-4の真ん中を参照**）。第1に、賃金上昇率の高い職種はパイロット、歯科医師である。パイロットは71％、歯科医師64％の賃金率の上昇である。こうした高い賃金上昇を受けて、それぞれ162％、13％の労働者シェアの増加となっている。賃金上昇率が高いが、労働者シェアが低下した職種は洋裁工（−71％）・ワープロ・オペレーター（−73％）などである。こうした職種は供給減少により賃金が上昇したものと思われる。また、これらの職種は定型手仕事に分類される職種である。保険外交員、掘削・発破工もコンピューター化と機械化によるものと思われる。保険の外交員などは、人とのコミュニケーションを行いながら商談を行うと思われるが、コンピューターのWEB上から保険の受付をすることにより人件費を削減し、安い保険料を提供していると思われる。第2に中位の賃金上昇率10職種をみると、平均賃金率の変化率が2.4％、労働者シェアは1.3％の減少となっている。労働者シェアの減少が大きい職種は、記者（−38％）、ガラス製品工（−31％）となっている。WEBでニュースを読むことができるため、新聞購読者の減少と関係があると思われる。こうした記者の仕事の需要の減少は、一部AIの導入の影響も考えられる。またガラス製品工も定型手仕事に分類され機械化が進んでいる。一方、診療放射線・診療エックス線技師、航空機旅客乗務員、フライス盤工などは増加している。第3は、下位10職種で平均賃金変化率が−10.71％、労働者シェアが151％の増加となっている。下位10職種の労働者シェアが圧倒的に拡大していることが理解できる。賃金変化率の下位10職種は賃金水準の下位職種ではない。最も労働者シェアを拡大したのは、賃金水準が高い弁護士である。賃金率低下の下位で労働者シェアが増加した最大要因となっている。賃金率は10年間で1割程度減少している。法科大学院が2004年にでき、供給過剰状態で賃金低下を招いている。賃金率の低下の大きい職種は、はつり工、電車車掌、自家用乗用自動車運転者で定型手仕事に分類される。労働者シェアは電車車掌が15％の減少となっている。建設関係は全般的に人手不足であるが、はつり工は賃金低下にもかかわらず、労働者シェアは増加している。左官も賃金と労働者シェアが減少している。左官は家の建て方が変化したことと人口減少が関係している。

　以上から、上位の賃金変化率の職種は労働供給の減少により賃金が上昇した職

種や賃金上昇により労働者シェアが増加した職種がある一方で、下位の賃金変化率の職種においては、賃金水準が高い職種にもかかわらず、供給過剰により賃金下落の大きな下位グループに入っている職種が存在する。労働需給調整による賃金変化率の変動が観察される。

　最後に、この10年間で労働者シェアの変化が最も大きなグループと中間グループと最もシェア変化率が小さいグループを**表 8-4 の右側**に示してある。第1に最も労働者シェアの変化率が大きなグループのなかで、弁護士の増加率がこの10年間で最も大きい。弁護士以外では、不動産鑑定士、パイロット、理学療法士・作業療法士、福祉施設介護職員が100％以上の増加となっている。これらの職種は弁護士を除いて、いずれの職種も賃金率はプラスで増加している。上位10職種で賃金率がマイナスなのは、木型工、紙器工の2職種のみである。多くの職種は労働者シェアの増加は賃金も増加している。第2は、中位の変化率の職種では平均労働者シェアは−9％で、賃金変化率は約0.7％の増加となっている。機械修理工、電気工、保険外交員の職種で労働者シェアは、10％強の減少となっている。保険外交員の賃金上昇以外、他の2職種は約1％の上昇ないし、わずかにマイナスの賃金変化率となっている。定型手仕事、定型認知に分類される。製鋼工、営業用大型貨物自動車運転者、金属プレス工、調理士、機械修理工は、7〜9％の労働者シェアの減少で賃金もマイナスである。第3に、労働者シェア下位10職種の変化率を見ると、平均で−64％と大幅なシェアの減少となっている。Frey and Osborne（2013）らの主張もうなずける部分がある。左官、洋裁工、ワープロ・オペレーター、キーパンチャーは10年間でシェアを7割低下させている。この中で、左官は賃金も8％減少している。

第3節　労働需要関数と賃金関数の推計

　本節では、経済産業研究所の「JIP データ」を使用して、ICT 資本ストックやロボット等の資本ストックが労働需要や賃金にどのような影響を与えるのかを検証することにする。先行研究としては、池永（2015）がある。池永は、ICT 資本ストックやその投資水準が高い産業は賃金水準が高いかを検証している。検証結果によれば、ICT 導入が進んでいる産業では賃金水準が高いことが示された。賃金変化率はその限りではないとしている。

第8章　労働力不足と技術革新

■産業別の賃金率・従業員数の動向

　表 8 - 5 は、産業別58産業及び108産業における賃金率と従業員数の推移を上位・中位・下位の 3 区分にまとめ10～11産業を記した[9]。それによれば、第 1 に、2012年の相対賃金の高い産業は、航空運輸、電気、放送、学術・開発研究、情報サービス・インターネットとなっている。中位の産業は、鉄鋼、不動産、鉱業、はん用機械、電子部品・デバイス・電子回路製造である。下位の産業は、家具・装備品製造業、その他の事業サービス、飲食、社会保険・社会福祉・介護事業、宿泊業、木材・木製製造業である。第 2 は、産業別の賃金は、職種別賃金の相対的位置と非常によく似ている。つまり、相対的に賃金の高い産業の職種は相対的に賃金が高い一方、逆に相対的に賃金の低い産業の職種は賃金が低い（**表 8 - 5** の（1）参照）。第 3 に、賃金変化率をみると、ここ 3 年間に最も賃金が上昇した産業は情報サービス・インターネットで40％以上上昇している。またその部品を製造する情報通信機器製造業が 8 ％の上昇となっている。保健衛生、学術・開発研究機関等の専門的な産業が上昇している。下位は、相対的に賃金水準が高い産業で賃金が減少している（**表 8 - 5** の（2）参照）。第 4 は、ここ30年間の従業者の増加率を産業別で記載している（**表 8 - 5** の（3）参照）。最も従業員数が増加した産業は、情報サービス業で年率16.7％の増加を示している。社会保険・社会福祉で年率12.86％の増加である。つまり、情報化と高齢化等に関係した産業に人的資源が集中している。そうした産業では旺盛な労働需要により、賃金率が上昇している。一方、最も従業員を相対的に大きく減少した産業は、たばこ、鉱業、繊維製品、化学繊維、製材・木製品といった産業で年率2.2～2.9％の減少である。最近になればなるほど、下位の産業の従業者シェアの減少が大きくなっている。20年間の平均の年率の減少は2.7～3.7％、最近10年間ではその値は3.1～7.0％に拡大してきている。こうした傾向は、中位と下位の産業で生じている。産業構造の変化のスピードが速くなっている[10]。最後に、2012年の上位10産業で全従業員数の54％を占めている。労働集約的産業と言うことになる。今後、こうした産業の生産性の上昇が労働力不足解消のカギとなると考えられる（**表 8 - 5** の（4）

---

9 ）賃金センサスは、産業構造の分類が改正されているため、2009年以降は遡及できない。また経済産業研究所の JIP データは2017年 8 月現在、2012年のデータが最新である。
10）2012-1992年と2012-2002年の産業別の従業者変化率は紙面の制約上省略している。

表 8-5 産業の賃金率とその変化率及び労働者シェアとその変化率

(単位：％、千円)

男女計

(1) 産業区分	2012年 時給(所定内)	(2) 産業区分	2012-2009年 名目賃金の変化率	(3) 産業区分	2012-1982年 従業者数の変化率(年率)	(4) 産業区分	2012年 従業者シェア
航空運輸業	2.90	情報サービスインタネート	40.48	情報サービス業	16.57	小売業	9.49
電気業	2.74	保健衛生	18.08	社会保険・社会福祉(非営利)	12.86	その他の対事業所サービス	7.84
放送業	2.70	情報通信機械器具製造業	8.27	保健衛生(民間・非営利)	9.48	医療(民間)	6.43
学術・開発研究機関	2.70	学術・開発研究機関	5.71	その他の映像・音声・文字情報制作業	9.45	飲食店	5.73
情報サービスインタネート	2.67	物品賃貸業	5.45	医療(民間)	8.27	卸売業	5.64
学校教育	2.50	プラスチック製品製造業(別掲を除く)	4.38	業務用物品賃貸業	7.37	建築業	5.07
広告業	2.47	輸送用機械器具製造業	3.83	半導体素子・集積回路	6.34	道路運送業	3.51
保険業(保険媒介代理業、保険サービス業を含む)	2.38	業務用機械器具製造業	2.68	その他の対事業所サービス	5.86	土木業	2.76
ガス熱供給業	2.37	小売業	2.56	電子計算機・同付属装置	5.23	医療(非営利)	2.60
水運業	2.36	印刷・同関連業	2.22	医療(非営利)	4.20	社会保険・社会福祉(非営利)	2.26
平均	2.82	平均	9.67	平均	9.18	合計	54.09
鉄鋼業	1.89	飲食店	0.28	化学最終製品	-0.34	畜産・養蚕業	0.518
不動産	1.88	電気業	0.00	有機化学基礎製品	-0.39	その他の公共サービス	0.500
鉱業	1.88	自動車整備機械修理	-0.09	その他の金属製品	-0.45	社会保険・社会福祉(政府)	0.495
はん用機械器具製造業	1.88	その他の事業サービス業	-0.12	医薬品	-0.48	鉄道業	0.452
電子部品・デバイス・電子回路製造業	1.85	はん用機械器具製造業	-0.27	事務用・サービス用機器	-0.51	その他の輸送用機械	0.378
郵便業(信書便事業を含む)	1.84	電子部品・デバイス・電子回路製造業	-0.29	精穀・製粉	-0.53	その他の電気機械	0.376
非鉄金属製造業	1.83	鉱業	-0.58	自動車	-0.58	漁業	0.369
建設業・土木	1.82	通信業	-0.72	ガラス・ガラス製品	-0.60	廃棄物処理	0.362

第 8 章　労働力不足と技術革新

industry	value	industry	value	industry	value
物品賃貸業	1.82	繊維工業	-0.79	その他の一般機械	0.362
生産用機械器具製造業	1.79	パルプ・紙・紙加工品製造業	-0.99	その他の製造工業製品	0.351
運輸に附帯するサービス業	1.75	水道業	-1.01	重電機器	0.323
平均	1.84	平均	-0.41	合計	4.486
家具・装備品製造業	1.51	郵便業（信書便事業を含む）	-3.67	研究機関（非営利）	0.038
その他の事業サービス業	1.42	鉄鋼業	-3.74	石油製品	0.032
飲食店	1.40	金融業	-3.82	飼料・有機質肥料	0.028
社会保険・社会福祉・介護事業	1.39	不動産	-4.71	精穀・製粉	0.026
宿泊業	1.35	鉄道旅客道路貨物	-5.71	化学繊維	0.017
木材・木製品製造業（家具を除く）	1.35	金属製品製造業	-6.85	化学肥料	0.014
なめし革・同製品・毛皮製造業	1.32	電気機械器具製造業	-7.78	有機化学基礎製品	0.014
繊維工業	1.31	放送業	-10.71	石炭製品	0.014
食料品製造業	1.30	映像・音声・文字情報制作業	-13.75	分類不明	0.012
洗濯・理容・美容・浴場業	1.23	航空運輸業	-15.67	たばこ	0.005
鉄道旅客道路貨物	1.22	石油製品・石炭製品製造業	-18.81	工業用水道業	0.003
平均	1.51	平均	-8.65	合計	0.202
航空運輸業	-0.63	漁業	-2.26		
一般産業機械	-0.65	民生用電子・電気機器	-2.27		
教育（政府）	-0.66	林業	-2.29		
平均	-0.52	米麦生産業	-2.35		
		皮革・皮革製品・毛皮	-2.36		
		畜産・養蚕業	-2.37		
		製材・木製品	-2.40		
		化学繊維	-2.43		
		繊維製品	-2.56		
		鉱業	-2.59		
		たばこ	-2.92		
		平均	-2.43		

資料：厚生労働省「賃金構造基本統計調査」、経済産業研究所「JIPデータ」。
注：JIPデータは産業分類108産業。賃金センサスは38産業で分類。賃金センサスに関するものは、賃金センサスの産業58分類にまとめていない。産業数108産業。賃金(1)と(2)は「賃金センサス」、従業員数(3)と(4)に関するものは「JIPデータ」

■労働需要関数と賃金関数の推計結果

ここでは、労働需要関数と賃金関数の推計を試みて、ICT・ロボットが労働需要や賃金に与える効果を検証する。使用されるデータは厚生労働省の「賃金構造基本統計調査」（以下賃金センサス）と経済産業研究所の「JIP データ」を使用して推計を行う。JIP データの108産業を賃金センサスの産業中分類にまるめて推計を試みる。まるめることができた産業数は58産業である[11]。ここで提示されるパネル分析の推計結果は、賃金に関しては、賃金水準に関する推計結果を、労働需要に関しては、水準と変化率の推計結果を提示する[12]。

需要関数は、以下のように定義した。

$$L = F(RW, OP, ITKP, NITKP, EI, AGE, LS, D09, D10, D11) \quad (8\text{-}1)$$

ここで、L：従業者数、OP：生産性（実質産出量／従業者数）、$ITKP$：IT 資本装備率（従業員一人当たり IT 資本ストック（2000年価格））、$NITKP$：非 IT 資本装備率（従業員一人当たり非 IT 資本ストック（2000年価格））、EI：実質輸出額／実質輸入額（2000年価格）、AGE：年齢、LS：勤続、$D09$：2009年ダミー、$D10$：2010年ダミー、$D11$：2011年ダミーを示している。ダミー以外の変数は

---

[11] 賃金センサスの58産業は、以下の産業である。1．鉱業、2．建設・土木、3．食料品製造業、4．飲食・たばこ・飼料製造業、5．繊維工業、6．木材・木製品製造業、7．家具・装備品製造業、8．パルプ・紙・紙加工品製造業、9．印刷・同関連業、10．化学工業、11．石油製品・石炭製品製造業、12．プラスチック製品製造業、13．ゴム製品製造業、14．なめし革・同製品・毛皮製造業、15．窯業・土石製品製造業、16．鉄鋼業、17．非鉄金属製造業、18．金属製品製造業、19．はん用機械器具製造業、20．生産用機械器具製造業、21．業務用機械器具製造業、22．電子部品・デバイス・電子回路製造業、23．電気機械器具製造業、24．情報通信機械器具製造業、25．輸送用機械器具製造業、26．その他の製造業、27．電気業、28．ガス業・熱供給、29．水道業、30．通信業、31．放送業、32．情報サービス業・インターネット付属、33．映像・音声・文字情報制作業、34．鉄道業、35．道路運送業、36．水運業、37．航空運輸業、38．運輸に附帯するサービス業、39．郵便業、40．卸売業、41．小売業、42．金融業、43．保険業、44．不動産業、45．物品賃貸業、46．学術・開発研究機関、47．宿泊業、48．広告業、49．飲食店、50．洗濯・理容・美容・浴場業、51．娯楽業、52．学校教育、53．医療業、54．保健衛生、55．社会保険・社会福祉・介護事業、56．廃棄物処理業、57．自動車整備業、58．その他の事業サービス業。

[12] 賃金変化率に関して、推計を試みたがよい結果がでないので、今後の課題とする。

対数表示。

　理論的には、実質賃金は、労働費用なので労働需要に対して負を、また、生産性の上昇は労働需要を減少させるので、係数の符号は負である。IT資本装備率、非IT資本装備率は労働需要に関して負を期待する。非IT資本装備率はロボットの代理変数と考えることが出来る[13]。グローバル化の指標として輸出／輸入比率を導入した[14]。輸出比率が増加すれば労働需要の係数は正が期待される。年齢と勤続年数は、労働需要の係数に関して負を期待する。

　まず表8-6から労働需要の水準の推計結果から考察することにする。第1に、全産業ベースから、実質賃金の係数は負を示しているが、係数は統計的有意ではない。生産性は労働需要に対して期待された負の係数をとり、統計的に有意である。IT資本装備率は、労働需要に対して影響を与えていないかもしくは弱い正の影響を与えている。ロボットの代理変数と考えられる非IT資本装備率は、労働需要に対して、統計的に有意で負の係数を示している。輸出比率の増加は、労働需要に関して統計的に有意ではない。また、年齢は労働需要に負の影響を与え、統計的に有意である。第2に、製造業とサービス部門[15]（卸売・小売、金融、保険、不動産、運輸業、電気・ガス、水道業、サービス業）を分けて推計した結果を考察する。実質賃金は、製造業では係数が負であるが、サービス部門では係数は正となっている。製造業の一部を除いて係数は統計的に有意ではない。生産性の増加は、いずれの部門も係数は負で統計的に有意である。係数の大きさはサービス部門の方が僅かに大きいが、著しい違いはない。IT資本装備率の増加は製造業で労働需要を増加させる一方で、サービス部門では労働需要との関係は見いだせない。ロボットの代理変数である非IT資本装備の係数は両部門とも係数が負で統計的に有意である。製造業では、非IT資本装備率が1％増加すれば、ほぼ同じ程度の1％程度の労働節約が可能である。一方、サービス部門では、非IT資本装備率が製造業部門の0.3％程度の労働節約にしかならないことを示している。輸出比率の増加は、両部門とも係数は統計的に有意ではない。製造業では

---

13) ロボット以外の要素も含まれることに注意が必要である。
14) 海外直接投資は産業中分類でデータがとれなかったので、輸出比率を使用した。マクロの対外直接投資と製造業に労働者との関係は負を示していた。その意味では、製造業の海外生産によって、従業員が削減されている可能性は否定できない。
15) サービス部門は、建設、鉱業、情報通信業、製造業を除く対象産業として定義した。

表 8-6 労働需要関数の推計結果（水準）

推計期間：2009-2012年　固定効果推定　White diagonal method　男女計　パネル分析

変数	全産業 (1)	(2)	(3)	(4)	製造業 (1)	(2)	(3)	(4)	サービス部門 (1)	(2)	(3)	(4)
実質賃金 (RW)	-0.031 (-0.76)	-0.045 (-1.08)	-0.013 (-0.25)	-0.019 (-0.47)	-0.052 (-0.71)	-0.123 (-1.36)*	-0.169 (-1.71)**	-0.112 (-1.08)	0.018 (0.50)	0.033 (1.11)	0.067 (1.63)*	0.033 (1.13)
生産性 (OP)	-0.201 (-5.36)***	-0.134 (-3.42)***	-0.131 (-3.28)***	-0.128 (-3.24)***	-0.228 (-4.83)***	-0.149 (-2.31)**	-0.149 (-2.24)**	-0.148 (-2.25)**	-0.229 (-3.71)***	-0.229 (-3.62)***	-0.227 (-3.57)***	-0.220 (-3.27)***
従業員一人当たりIT資本ストック (ITKP)	0.001 (0.04)	0.046 (1.50)*	0.052 (1.67)*	0.056 (1.82)**	0.017 (0.18)	0.183 (2.28)**	0.191 (2.31)**	0.180 (2.20)**	-0.005 (-0.19)	0.010 (0.35)	0.006 (0.21)	0.019 (0.64)
従業員一人当たり非IT資本ストック (NITKP)	-0.559 (-7.94)***	-0.635 (-8.63)***	-0.638 (-8.52)***	-0.651 (-8.87)***	-0.930 (-5.84)***	-1.099 (-7.99)***	-1.112 (-7.85)***	-1.097 (-7.90)***	-0.339 (-5.15)***	-0.365 (-5.34)***	-0.344 (-5.22)***	-0.385 (-5.89)***
実質輸出額／実質輸入額 (EI)		0.004 (0.21)	0.002 (0.09)	0.005 (0.32)		0.020 (0.72)	0.019 (0.69)	0.020 (0.72)		-0.008 (-0.49)	-0.021 (-1.37)	-0.006 (-0.38)
年齢 (AGE)				-0.210 (-2.10)**				-0.068 (-0.25)		-0.162 (-1.99)**		-0.167 (-2.08)**
勤続 (LS)			-0.044 (-1.37)*				0.053 (0.73)				-0.066 (-2.08)**	
ダミー2009年 (D09)		0.018 (3.28)***	0.017 (3.28)***	0.018 (3.34)***		0.022 (2.45)**	0.023 (2.61)***	0.022 (2.42)**				0.004 (0.87)
ダミー2011年 (D11)		-0.004 (-1.57)*	-0.004 (-1.47)*	-0.004 (-1.53)*		-0.005 (-1.31)*	-0.006 (-1.35)*	-0.005 (-1.27)		-0.006 (-1.73)**		-0.005 (-0.38)
定数	15.108 (63.8)***	15.096 (65.84)***	15.179 (62.74)***	15.882 (36.75)***	16.172 (31.61)***	16.266 (34.56)***	16.182 (33.34)***	16.508 (17.4)***	14.708 (48.47)***	15.361 (35.19)***	14.826 (49.15)***	15.400 (36.44)***
データ数	232	232	232	232	100	100	100	100	124	124	124	124
修正済決定係数	0.9996	0.9997	0.9997	0.9997	0.9994	0.9995	0.9995	0.9996	0.9998	0.998	0.9998	0.996

資料：厚生労働省「賃金構造基本統計調査」、経済産業研究所「JIPデータ」

注：実質輸出額／実質輸入額は、いくつかの産業でデータが使用できなかったので、建設・土木、放送業、卸売業、宿泊業、社会保険・社会福祉・介護事業の5つの産業に関して、輸出比率の値を0.00001として計算されている
上段は係数、下段（カッコ内）は t 値

*** 1 %、** 5 %、*10%で有意

年齢や勤続年数が労働需要に影響を与えない一方、サービス部門では、勤続年数や年齢が労働需要に負の影響を与えている。

表8-7の結果は、労働需要の変化率に関する推計結果である。表8-6の労働需要水準の推計結果と比較しながら考察することにする。第1に、全産業に関して、実質賃金は表8-6の労働需要関数の水準の推計結果と同様、係数は統計的に有意にならない。符号も負と正の両方が提示されている。生産性は統計的に有意で符号も負を示している。但し、表8-6の結果と比較すると、係数の値が小さい。IT資本装備率の係数は正で統計的に有意である。表8-6と比較すると、弾力性の値が大きい。ロボットの代理変数である非IT資本装備率の増加は、負で統計的に有意である。表8-6の労働需要水準の推計と比較すると、その係数は大きく、1％の増加が約1％の労働需要を削減する。残りの変数である、輸出比率や年齢、勤続年数の係数は一部を除き統計的に有意ではない。

第2は、製造業部門とサービス部門との比較では、両部門ともに実質賃金の係数は不安定で統計的に有意とはならない。生産性の係数は、サービス部門は不安定であるが、製造業部門の係数は負で、5％程度で係数が有意となっている。生産性に関しては、製造業は労働需要の変化に対して有意にマイナスとなる一方、サービス部門が労働需要の変化に対して有意となっていない。IT資本装備率は、両部門とも係数は正で統計的に有意となっている。製造業がIT資本整備率1％の増加が、従業員数を0.2％程度増加させている。この結果は、労働需要水準の推計結果とほぼ同様である。ロボットの代理変数である非IT資本装備率は、両部門ともに係数は負で、統計的に有意である。製造業部門は、非IT資本装備率が1％増加すると、それ以上に労働需要の減少を導き、1.2％程度の従業員の削減が行われる。表8-6の推計と異なるのは、サービス部門ではその弾力性が0.6％程度と労働需要水準の0.3％と比較して、その値は大きくなっている。その他の変数では、サービス部門で、年齢と勤続が労働需要の変化率の減少を導いている。

最後に、賃金水準の推計結果を考察する。推計する関数は、(8-1)式の労働需要関数を基本として、従属変数に実質賃金を入れて、独立変数から実質賃金を取り除いて推計を行った。推計結果は**表8-8**にまとめられる。第1に、全産業に関して、生産性の符号は正が期待されるが、推計結果は負で統計的に有意ではない。IT資本装備率も、係数の符号は正が期待されるが、推計結果は係数の符号

表 8−7 労働需要の変化率に関する推計結果

推計期間：2010−2012年　　固定効果推定　White diagonal method　男女計　パネル分析

変数	全産業 (1)	全産業 (2)	全産業 (3)	全産業 (4)	製造業 (1)	製造業 (2)	サービス部門 (1)	サービス部門 (2)	サービス部門 (3)
実質賃金(RW)	−0.006 (−0.29)	−0.004 (−0.19)	0.004 (0.17)	−0.002 (−0.09)	0.0080 (0.18)	0.023 (0.52)	−0.001 (−0.04)	−0.004 (−0.22)	0.008 (0.40)
生産性(OP)	−0.0630 (−3.15)***	−0.061 (−3.21)***	−0.056 (−2.89)***	−0.059 (−3.13)***	−0.049 (−1.80)**	−0.047 (−1.71)*	−0.036 (−0.72)	−0.045 (−0.83)	−0.029 (−0.62)
従業員一人当たりIT資本ストック(ITKP)	0.142 (4.53)***	0.141 (4.42)***	0.136 (4.26)***	0.139 (4.27)***	0.237 (3.50)***	0.234 (3.20)***	0.073 (2.22)**	0.081 (2.61)**	0.070 (2.38)***
従業員一人当たり非IT資本ストック(NITKP)	−1.058 (−17.26)***	−1.058 (−17.12)***	−1.049 (−16.58)***	−1.052 (−16.53)***	−1.265 (−16.44)***	−1.260 (−14.99)***	−0.670 (−4.68)***	−0.691 (−4.85)***	−0.678 (−5.15)***
実質輸出額/実質輸入額(EI)		−0.009 (−1.23)	−0.010 (−1.37)*	−0.010 (−1.33)*	−0.026 (−1.89)*	−0.027 (−1.88)*	0.004 (0.52)	0.005 (0.56)	0.003 (0.37)
年齢(AGE)				−0.043 (−0.88)		−0.014 (−0.15)	−0.077 (−1.73)*		
勤続(LS)			−0.017 (−1.56)*		0.016 (0.63)				−0.027 (−2.22)**
ダミー2010年(D10)	−0.624 (−2.43)***	−0.576 (−2.13)**	−0.549 (−2.08)**	−0.585 (−2.17)**	−0.965 (−1.79)*	−0.914 (−1.67)*	−0.471 (−1.81)**	−0.454 (−1.69)*	−0.415 (−1.65)**
ダミー2011年(D11)	−0.990 (−5.01)***	−0.956 (−4.64)***	−0.923 (−4.58)***	−0.943 (−4.54)***	−0.947 (−3.07)***	−0.916 (−3.02)***	−0.869 (−2.93)***	−0.915 (−2.92)***	−0.812 (−2.94)***
定数	−0.89 (−4.60)***	−0.926 (−4.62)***	−0.916 (−4.64)***	−0.904 (−4.50)***	−0.897 (−3.28)***	−0.920 (−3.53)***	−0.444 (−1.28)*	−0.515 (−1.55)*	−0.469 (−1.48)*
データ数	174	174	174	174	75	75	93	93	93
修正済決定係数	0.896	0.896	0.898	0.936	0.945	0.968	0.832	0.826	0.841

資料と注：表8−6に同じ。

第8章 労働力不足と技術革新

表8-8 賃金関数の推計結果（賃金水準）

推計期間：2009-2012年　　固定効果推定　　White diagonal method　　男女計　パネル分析

変数	全産業				製造業				サービス部門			
	(1)	(2)	(3)	(4)	(1)	(2)	(3)	(4)	(1)	(2)	(3)	(4)
生産性(OP)	-0.022	-0.019	-0.044	-0.052	0.011	0.067	-0.028	-0.036	-0.033	-0.042	-0.055	-0.024
	(-0.47)	(-0.43)	(-1.08)	(-1.12)	(0.18)	(0.70)	(-0.53)	(-0.58)	(-0.31)	(-0.41)	(-0.51)	(-0.25)
従業員一人当たりIT資本ストック(ITKP)	0.038	0.058	0.003	-0.017	-0.054	0.013	0.123	0.158*	0.049	-0.013	0.005	-0.146
	(0.84)	(1.24)	(0.08)	(-0.41)	(-0.41)	(0.12)	(1.15)	(1.52)*	(1.05)	(-0.32)	(0.10)	(-0.31)
従業員一人当たり非IT資本ストック(NITKP)	-0.247***	-0.286***	-0.201**	-0.161*	0.023	-0.043	-0.193	-0.225	-0.342***	-0.240*	-0.271**	-0.249*
	(-2.53)	(-2.84)	(-2.19)	(-1.61)	(0.13)	(-0.27)	(-1.06)	(-1.43)	(-2.68)	(-1.88)	(-2.05)	(-1.68)
実質輸出額／実質輸入額(EI)		0.064***	0.064***	0.048**			0.084**	0.025		0.076**	0.083**	0.099***
		(2.77)	(2.86)	(2.13)			(2.06)	(0.50)		(2.39)	(2.50)	(3.17)
勤続(LS)			0.304***	0.331***				0.390***		0.305***	0.308***	0.342***
			(3.94)	(4.10)				(4.20)		(2.98)	(3.03)	(3.36)
大卒／高卒比率(CH)				0.064***				0.051*				0.094***
				(2.65)				(1.58)				(2.73)
ダミー2009年				0.002		0.008		0.010			0.001	0.010
				(0.35)		(0.57)		(0.99)			(0.11)	(1.14)
ダミー2011年		-0.013**	-0.013**	-0.011*		-0.014**	-0.013**	-0.006*			-0.014	-0.014
		(-2.07)	(-2.16)	(-1.93)		(-2.26)	(-2.22)	(-1.34)			(-1.22)	(-1.14)
定数	15.108*	1.444***	0.553*	0.436	0.487	0.427	1.077**	0.145	1.616***	0.708	0.819**	0.636
	(1.31)	(4.87)	(1.62)	(1.17)	(0.91)	(0.77)	(2.01)	(0.28)	(3.84)	(1.44)	(1.68)	(1.24)
データ数	232	232	232	232	100	100	100	100	124	124	124	124
修正済決定係数	0.966	0.968	0.975	0.983	0.972	0.973	0.976	0.979	0.963	0.971	0.971	0.975

資料と注：表8-6に同じ。

は正であるが統計的に有意とならない。この結果は、池永（2015）の賃金に対して正の効果を示している推計結果と異なる。ロボットの代理変数の非IT装備比率は、生産性を上昇させ、賃金率を上昇させると考えられるために、係数の符号は正を期待したが、推計結果は負で統計的に有意となっている。現状では、非IT資本装備率は賃金の低下を導いている。先行研究の池永（2015）の推計結果も負となっている。次に、グローバル化の指標として、輸出比率を導入したが、輸出の増加は、賃金水準に正の効果を示している。さらに、勤続年数や大卒の比率が高卒より高い産業は、賃金水準も高いことが示される。賃金水準は、一部に人的資本の要素が含まれている。第2に、製造業とサービス部門の比較では、生産性とIT資本装備率は、両部門ともに一部を除き係数が統計的に有意とならない。非IT資本装備率は、製造業では賃金に影響を与えていないが、サービス部門では、非IT資本装備率は賃金に負の影響を与えている。非IT資本装備率は費用がかかり、収益を増加させず費用負担となり賃金率を低下させている可能性が考えられる。輸出の増大は両部門の賃金にプラスの効果をもたらしている。両部門ともに勤続年数は、年功賃金制の普及で勤続年数の増加は賃金水準を増加させている。ただし、係数から判断すれば製造業がサービス部門より年功的となっている。大卒比率の増加は、サービス部門の賃金水準を増加させている。製造業では、大卒比率はサービス部門ほど賃金水準に影響を与えていない。

　以上の推計結果より、労働需要ではIT資本装備率が労働需要を増加させ、ロボットの代理変数である非IT資本装備率は労働需要に負の影響を与える。その意味では、労働力不足の現状においては、さらなるロボットの導入が必要である。また、その効果は製造部門で大きい。近年の中間層の下落はロボット導入により製造業の従業員の減少を意味している。賃金水準に関して、先行研究のIT資本が賃金水準にプラスの効果を与えているとする事実は観察されなかった。また、ロボットの導入は生産性を上昇させて、賃金を上昇させるメカニズムではなく、ロボットの導入により賃金を低下させている。とりわけ、サービス部門で観察される。産業用ロボットの使用は、賃金を低下させているとした先行研究として、Acemoglu and Restrepo（2017）がある。彼らは1990〜2007年のアメリカの産業用ロボットの増加の効果として、1,000人当たりロボット1台の増加は雇用を0.18〜0.34％ポイント、賃金を0.25〜0.5％ポイント減少させるとしている。しかし、こうした観察された事実は、推計期間や推計方法などで異なる可能性があ

るので、解釈は慎重でなければならない。

おわりに

　本章は、労働力不足と技術革新に関して取り上げた。労働力不足を AI・IoT・ICT、ロボット化で対応可能か。また、それらが賃金や雇用にどのような影響を与えているのか等の考察を試みた。結論は、より詳細な研究を待たなければならないが、本章はそのスタート時点として位置づけられる。

　技術革新により70年代及び80年代に大卒の相対的需要拡大が観察された。こうした観察事実をスキル偏向的技術進歩（SBTC）仮説で説明されてきたが、近年、中間技能労働者需要の減少と低技能労働者の収入減少を十分に説明できないとして、ルーチン置換技術進歩（RRTC）仮説が提唱された。その仮説はスキルの変化ではなく、タスクの変化を強調するものである。

　しかし、われわれが、第3節でみたように、タスクの変化と同様に産業の労働需要構造までもが大きく変化してきている。トリプル型変化（スキルとタスクの変化を含めた産業構造の変化）で、現在の変化をとらえる必要性を提示した。

　今までの分析から、誤解を恐れずに言うなら、削減された中間層の労働者とは製造業に従事していた人々で、その人々の賃金水準は中位に位置していた。機械化ないしロボット化及び海外生産等で、そうした人々の需要が減少する一方、その中のごく一部の人々は賃金水準が上位に位置する非定型認知の（専門的・技術的）職に就き、多くの人々は賃金水準が下位の職業、つまり定型手仕事（肉体的）労働ないし非定型手仕事（肉体的）労働に就いている。賃金水準が低い手仕事の業種は、機械化が困難なサービス業に偏っている。さらに、そうした職種や産業には、女性より男性が近年多く就職している。労働政策研究報告書（2012）の職務構造に関する研究の結果によれば、非定型認知の職務に就いている人々（専門的・技術的職業）はそれ以外の職種に就いている人々より継続率が高い。他方で、定型手仕事（肉体的）の職業である事務的職業、生産工程、運搬・清掃・包装等の職業は、仕事の継続率が低いことが知られている。こうした関係も、機械化・コンピューター化と関係している。今後、認知ルーチンの職務も AI 等が行う部分が多くなり、機械との雇用代替や賃金低下を招く恐れは否定できない。

　2017年2月にゴールドマンサックスは、ニューヨーク本社の株式トレーダーが

2000年時点600人いた人員を株式売買自動化プログラムにより現在2人、とのニュースが流れている。また、同年9月には三菱UFJフィナンシャルグループが「事務作業の自動化やデジタル化によって9,500人相当の労働力を削減」すると発表している。さらに、同年11月には、みずほフィナンシャルグループは2026年度までに従業員1.6万人削減すると発表している。

参考文献

池永肇恵（2009）「労働市場の二極化—ITの導入と業務内容の変化について」『日本労働研究雑誌』No.584、73-90頁。

池永肇恵（2011）「日本における労働市場の二極化と非定型・低スキル就業の需要について」『日本労働研究雑誌』No.608、71-87頁。

池永肇恵（2015）「情報通信技術（ICT）が賃金に与える影響についての考察」『日本労働研究雑誌』No.663、21-33頁。

井上智洋（2017）「AIは何をもたらすのか（下）」『日本経済新聞』2017年8月8日朝刊「経済教室」。

クラウス・シュワブ（2016）『第4次産業革命』日本経済新聞社。

小﨑敏男（1991）「賃金伸縮性と賃金変動：産業別分析」『大学院研究年報（中央大学）』第20号、120-136頁。

小﨑敏男（1995）「相対賃金の動向とその決定因」『大学院研究年報（中央大学）』第24号、25-41頁。

総務省情報通信国際戦略局情報通信政策課情報通信経済室（2016）『ICTの経済分析に関する調査』。

中小企業庁（2015）『中小企業白書』。

鶴光太郎（2015）「経済教室　技術革新は職を奪うか」『日本経済新聞』2015年9月15日。

内閣府（2017a）『平成29年度　年次経済財政報告』。

内閣府（2017b）『日本経済2016-2017』。

野村総合研究所（2015）「日本の労働人口の49％人口知能やロボット等で代替可能に」News Release。

松尾豊（2017）「AIは何をもたらすのか（上）」『日本経済新聞』2017年8月8日朝刊「経済教室」。

森川正之（2017）『人工知能・ロボットと雇用：個人サーベイによる分析』RIETI Discussion Paper Series 17-J-005。

柳川範之・新井紀子・大内伸哉（2016）「AI時代の人間の強み・経営のあり方」

『NIRA　オピニオンペーパー』No.25、1-10頁。
労働政策研究・研修機構（2012）『職業構造に関する研究』労働政策研究報告書 No.146。
労働政策研究・研修機構（2015）『職業構造に関する研究Ⅱ』労働政策研究報告書 No. 176。

Acemoglu, D.（2002）"Technical Change, Inequality, and the Labor Market," *Journal of Economic Literature*, No.40, 7-72.

Acemoglu, D. and P. Restrepo（2016）"The Race Between Machine and Man: Implications of Technology for Growth, Factor Shares and Employment," NBER Working Paper No. 22252.

Acemoglu, D. and D. Autor（2011）Skill, Tasks and Technologies: Implications for Employment and Earnings, In: Ashenfelter, O.（Ed.）*Hand of Labor Economics*, 4b, 1043-1171.

Acemoglu, D. and P. Restrepo（2017）"Robots and Jobs: Evidence from US Labor," NBER Working Paper No. 23285.

Arntz, M., T. Gregory and U. Zierahn（2016a）ELS Issues in Robotics and Steps to Consider them Part1: Robotics and Employment, Rock EU Robotics Coordination Action For Europe, Grant Agreement Number, 611247.

Arntz, M., T. Gregory and U. Zierahn（2016b）The Risk of Automation for Jobs in OECD Countries, OECD Social, Employment and Migration Working Papers, No.189.

Autor, D. H.（2013）"The 'Task Approach' to Labor Markets: an Overview," NBER Working Paper, 18711.

Autor, D. H.（2014）"Polanyi's Paradox and the Shape of Employment Growth," NBER Working Paper No. 20485.

Autor, D. H.（2015）"Why Are There Still So Many Jobs? The History and Future of Workplace Automation," *Journal of Economic Perspective*, 29(3), 3-30.

Autor, H. and D. Dorn（2013）"The Growth of Low-Skill Service Jobs and the Polarization of the US Labor Market," *American Economic Review*, 103 (5), 1553-1597.

Autor, D. H., L. F, Katz and A. B. Krueger（1886）"Computing Inequality: Have Computers Changed The Labor Market?," *Quarterly Journal of Economics*, 113, 1169-1213.

Autor, D. H., F. Levy and R. J. Murnane（2003）"The Skill Content of Recent

Technological Change: An Empirical Exploration," *Quarterly Journal of Economics*, 118(4), 1279-1333.

Bound, J. and G. Johnson (1989) Changes in The Structure of Wages During The 1980's: An Evaluation of Alterative Explanations, NBER working Paper, No. 2983.

Bresnahan, T. F. (1997) "Computerization and Wage Dispersion: An Analytical Reinterpretation," Stanford University Working Paper, No. 97-031.

David, B. (2017) "Computer Technology and Probable Job Destruction in Japan: An Evaluation," *Journal of The Japanese and International Economies*, 43, 77-87.

Frey, C. B. and M. A. Osborne (2013) "The Future of Employment: How Susceptible are Jobs To Computerisation ?," *OMS Working Paper*, University of Oxford.

Frey, C. B., M, Osborne and Citi Research (2015) Technology At Work; The Future of Innovation and Employment, Citi GPS; Global Perspective & Solutions, February.

Goos, M. and A. Manning (2007) "Lousy and Lovely Jobs: The Rising Polarization of Work in Britain," *The Review of Economics and Statistics*, 89(1), 118-133.

Graetz, G. and G. Michaels (2015) Robots at Work, CEP Discussion Paper No.1335.

Holzer, H. (2015) "Job Market Polarization and U.S Worker Skills: A Tale of Two Middles," Brooking Institution Economic Studies.

Katz, L. F. and K. M. Murphy (1992) "Change in Relative Wages, 1963-1987: Supply and Demand Factors," *Quarterly Journal of Economics*, No. 428, 35-78.

Katz, L. F. and G. W. Loveman and D. G. Blanchflower (1993) "A Comparison of Changes in the Structure of Wages in Four OECD Countries," NBER Working Paper, No.4297.

IFR (2017) *The Impact of Robots on Productivity, Employment and Jobs*, A Positioning Paper by the International Federation of Robotics, April 2017.

Jaimovich, N. and H. E. Siu (2012) "The Trend Cycle: Job Polarization and Jobless Recoveries," NBER Working Paper, No. 18334.

Lechevalier, S., J. Nishimura, and C. Storz (2014) "Diversity in Patterns of Industry Evolution: How an Intrapreneurial Regime Contributed to the Emergence of the Service Robot Industry," *Research Policy*, 43, 1716-1729.

Martin F. (2015) *Rise of the Robots Technology and Threat of a Jobless Future*, Basic Books,松本剛史訳（2015）『ロボットの脅威』日本経済新聞社。

Mazzolari, F. and G. Ragusa (2013) "Spillover from High Skill Consumption to Low-Skill Labor Markets," *Review of Economics and Statistics*, 95(1), 74-86.

Michael, G., A. Natraj and J. Van Reenen (2014) "Has ICT Polarized Skill Demand? Evidence from Eleven Countries Over 25 Years," *Review of Economics and Statistics*, 96(1), 60-77.

Pajarinen, M. and P. Rouvinen (2014) Computerization Threatens One-Third of Finnish an Employment, ETLA Muistio, Brief.

Pajarinen, M., P. Rouvinen, and A. Ekeland (2015) Computerization Threatens One-Third of Finnish and Norwegian Employment , ETLA Muistio・Brief.

Pratt, G. A. (2015) "Is a Cambrian Explosion Coming for Robotics?," *Journal of Economic Perspectives*, 29(3), 51-60.

Schumpeter, J. A. (1950) *Capitalism, Socialism & Democracy*, Third Edition. The President and Fellows of Harvard College. (中山伊知郎・東畑精一訳 (1995)『資本主義・社会主義・民主主義』東洋経済新報社。

Spitz-Oener, A. (2006) "Technical Change, Job Tasks, and Rising Educational Demands: Looking Outside the Wage Structure," *Journal of Labor Economics*, 24(2), 235-270.

索　引

欧　字

AI　156, 184, 189, 211
　　特化型——　183
　　汎用型——　183
ICT（Information and Communication Technologies）　157, 184, 187, 189, 211
　　——資本ストック　200
IoT　157, 184, 189, 211
IT 資本装備率　205, 207
JIP データ　200, 204
M字カーブ　56, 153
RRTC（Routine-Replacing Technogical Change）仮説　187-188
SBTC（Skill-Biased Technological Change）仮設　186, 188
TFP（Total Factor Productivity）　186
TFR（Total Fertility Rate）　3, 11, 31, 165, 178-179
UV 曲線　83, 98
White diagonal method　114, 116-120

あ　行

安倍政権　100
アベノミクス　84, 86
アルゴリズム　17, 187
　　ゲイル＝シャプレーの——　16
安定マッチング　17
安定割当　13
一律定年制　69
一般均衡分析　106
一般職業紹介状況　80
一般的訓練　135
一般労働者　115, 138, 147, 153, 190
イノベーション　189
移民問題　105
移民余剰　113
医療・介護システム　51, 71
医療制度の改革　71
医療費　57
医療保険財政　72
医療保険制度　57
インセンティブ　67
・——理論　134
エージェンシー・モデル　134
オッズ比　125, 128
夫と妻の所得　44
夫の有業・無業　42
お見合い　16

か　行

海外生産　211
介護給付費　73
外国人
　　——技能実習制度　107
　　——雇用状況　109
　　——雇用政策　105
　　——人口　107-108
外国人労働　105
　　——人口比率　108
外国人労働者　107
　　——受入れ　107
　　——の現状　109
　　——の推移　110
　　——比率　114-115, 118
介護
　　——サービス　75

――3施設　73
　　――システムの改革　73
　　――の保険給付額　58
　　――費用　57
　　――報酬単価　73
　　――保険財政　74
　　――労働市場　73, 75
外部効果（external effects）　25
外部労働市場　151 153, 155
価格効果　20
学歴間格差　194
家計内の生産関数　32
家計の効用最大化　20
家計の費用最小化問題　31
価値限界生産力　135
家庭医　73
完結出生数　165-166, 168, 179
機械化　198-199, 211
機会費用　48
企業主導型保育事業　168
企業特殊（的）訓練　135-136
企業特殊的人的資本　134, 153, 156
既婚女性の働き方　31, 36, 39
技術革新　183-185, 189, 211
技術進歩　177, 185, 187
　　――係数　137
技術変化　189
機動的財政政策　56
技能（スキル）　186
基盤産業　176
規模効果　33-34
規模別有効求人倍率　148
規模別労働者割合　144
逆向き推論法（Backward-Induction）
　　134
協会けんぽ　58
供給過剰状態　199
共済組合　58
均衡財政方式　72
均衡失業者　99

均衡失業率　84
　　――状態　98
勤続年数　141, 151, 207, 210
　　――プロファイル　141-143, 146
近隣効果（neighbourhood effects）　25
国・地方自治体　180
組合健保　58
クラウドワーク　8
繰り返しのゲーム理論　134
グループホーム　74
グローバル化　178, 210
燻製ニシン仮説　71
ケア・マネージャー　198
ケアマネジメント　75
継続雇用　157
ゲーム論　134
欠員率　83-84, 99
結婚
　　――行動　164
　　――による利得　12
　　――の経済学　11
　　――の経済理論　12
　　――の利得　18
　　――の理論　28
　　釣り合いのとれた――　15
限界私的費用曲線　26
限界社会的費用曲線　26
限界代替率　64
研究開発（R&D）　189
現金給付　29
健康寿命　63
現在割引価値　18
県民経済計算　114
後期高齢者　58
　　――医療制度　57
高技能労働者　184-186, 194
公共財（public goods）　25
　　――の最適供給　27
合計特殊出生率（total fertility rate: TFR）
　　11, 164, 169

索　引

厚生的損失　113
構造的・摩擦的失業者　99-100
交通アクセス　180
高度人材　107
高年齢者雇用安定法の改正　145
効用関数　23, 137
効用最大化問題　28, 34
高齢化　3, 51, 54, 201
　　──のメカニズム　51
　　──対策　51
　　──率　51, 53, 59
高齢者
　　──就業対策　51, 63
　　──単身世帯　54
　　──の最適退職年齢　64
　　──の就業確率　71
　　──の就業行動　68
国勢調査　102, 108, 114, 118, 120, 123
国民健康保険　58
国立社会保障人口問題研究所　110
固定効果　114, 116-120, 208
寿退社　136
子どもの数　19, 31, 34, 39-40, 44
　　質を考慮した──　23
　　最適な──　20
子どもの養育費　28
コブ・ダクラス生産関数　59, 111, 177
雇用システム　63, 67
雇用失業率　83-84, 98-99
雇用喪失　183-184
雇用代替　184
雇用弾力性　189
雇用動向調査　150
雇用の二極化　188
婚姻件数　165, 180
婚姻適齢期　179
婚姻年齢　179
婚姻率　179
混合介護　74
コンパクトシティ化　172

コンピューター（化）　186, 188, 198-199, 211

さ　行

サーチ理論　18
サービス業　174
サービス部門　207, 210
財政危機　5
財政の硬直化　54, 75
在宅サービス　74
在留資格　107
サミュエルソン（P.A. Samuelson）　26
残業規制　7
産業区分　42
産業構造　177
産業の賃金率　202
産業別新規求人者数　93
産業別の賃金率　201
産業用ロボット　210
三大都市圏　42
市場メカニズム　75
自然増減　163
失業確率　127-128
失業者　123-124, 126
　　日本人の──　127
失業の削減策　130
失業率　80-82
実質賃金　115-117
私的便益　25
資本装備率　176-177
資本蓄積　178
社会生活基本調査　47
社会増加政策　159, 179
社会増減　163
社会的便益　25
社会保障関係費　4
社会保障給付　56
社会保障制度　56
就業・引退の意思決定　63

219

就業構造基本調査　　6, 31, 36
就業率関数　　69
終身雇用　　133
従属人口　　59
従属率　　59
十分位分散係数　　190
自由貿易協定　　106
熟練労働者　　137
出産ハザード率　　42
出生行動　　20
出生数　　36, 179
出生率　　168, 179
需要拡大期　　86
需要不足失業　　99
シュンペーター（J.A. Schumpeter）　　189
小企業　　148, 153, 155
少子化（対策）　　11, 25, 28, 47, 164
少子・高齢化　　159, 179
　　都道府県別の――　　159
消費者物価指数　　114-115
消費スピルオーバー効果　　190
情報化　　201
情報通信（ICT）　　183
常用労働者　　190
職業安定業務統計　　148, 150
職業訓練　　100
職業大分類　　90
職業の賃金　　196
職業別（大分類）有効求人倍率　　90, 94
職種
　　――の賃金水準　　195
　　――の賃金変化率　　198
職務（タスク）　　186
初婚年齢　　166-167
女性の労働参加率　　42, 164, 168-169, 180
所定内給与　　138, 192
所定内労働時間　　153, 155
所得移転メカニズム　　57
所得効果　　20-22, 25, 28, 65, 67
所得制約線　　20, 23, 33, 64

所得代替率　　56-57
人口規模・年齢構造　　164
人口減少　　1
人口高齢化　　54
　　――の問題　　54
人口の自然増加政策　　159, 164, 179
人口の社会増加政策　　179
人口増加政策　　164, 179-180
　　地方の――　　159, 164
人口増減　　163
　　都道府県別の――　　163
人口置換水準（replacement level）　　11
人口知能（AI）　　183, 198
人口密度　　172-175
人口流出　　170, 172
　　――問題　　172
人材不足　　1, 172
　　――分野　　107
新設事業所比率　　180
新陳代謝　　178
人的資本　　128, 135
　　――の要素　　210
　　――モデル　　135
スキル　　187
　　――偏向的技術進歩（SBTC）仮説
　　　　184, 211
生活保障仮説　　134, 150-151
生産可能性曲線　　28
生産関数　　137
生産者余剰　　113
生産性　　174, 185, 204, 210
　　――格差　　174
　　――の増加政策　　172
生産年齢人口　　4, 79-80, 85, 159-160, 179
　　――割合　　160, 162
正常財　　25
製造業（部門）　　176, 207
成長会計　　176
成長戦略　　179
成長論　　54

索　引

制約付きの最大化問題　64
世代会計　56
世代間格差　56
世帯所得　44
前期高齢者　58
全国物価統計調査結果　114
潜在保育士　167
全部効果　25
全要素生産性（TFP）　177, 186
総人口の推移　2
総生産額　170
相対価格　24
相対需要量　24
相対賃金　71, 157, 185, 190
壮年労働者　151, 155
組織イノベーション　189
ソロー・モデル　59

た　行

大企業　148, 153, 155
　──の賃金プロファイル　151
待機児童　167-168, 180
　　──問題　29, 42, 167
　　「隠れ」──数　168
　　「公式」──数　168
　　保育園の──　164
代替関係　119
代替効果　22, 25, 29, 33, 65, 67
第4次産業革命　7, 183-184, 189
多項ロジスティック回帰　40
多項ロジット分析　37, 122, 126-127
タスク　187, 211
脱時間給　7
団塊世代　79
短期雇用者　137
短期生産関数　137
短時間労働者　190
単純労働者　105, 121
地域活性化　172

地域経済　170
地域別失業率　87-88
知識集約的産業　185
地方活性化　159
地方消滅　1
地方創生　1, 159, 176, 178
地方の人口動向　159
中間（的）技能労働者　186-187
中企業　148
抽象的（あるいは非定型認知）タスク　187
超過需要　98
長期雇用（制度）　133, 135-136, 138, 157
長期債務残高　4
超高齢化　56, 59-60
　　──社会　5, 51, 68, 71
賃金格差　170-172, 184-185, 190, 194-195
賃金関数　115-117, 200, 204
賃金・勤続年数プロファイル　145
賃金構造基本統計調査　114, 138, 190, 204
賃金勾配　153, 155
賃金上位職種　198
賃金水準　207, 209
賃金センサス　115, 138, 204
賃金総額　170
賃金の硬直性　195
賃金の二極化　8, 188
賃金パス　68
賃金不平等　184, 190-191
賃金プレミアム　185
賃金プロファイル　71, 75, 138-141, 146, 150, 153-154, 156
　　──の推計結果　152
賃金分散　191
積立方式　75
妻
　　──の雇用形態と子どもの数　44
　　──の雇用形態と就業状態　44
　　──の所得　45
　　──の賃金上昇（増加）　34, 48

――の有業・無業　42
――の養育時間　32
釣り合った相手（assortative mate）　16
低技能労働者　184-186, 188, 211
定型職務　188
定型手仕事　199-200, 211
　――職種　198
　――（肉体的）職務　188
　――（肉体的）労働　211
定型認知　200
　――的職務　188
定常状態　60
低スキル労働者　190
低成長　59-60
定年制　133, 157
定年（退職）制度　63, 67-68
手仕事
　――（肉体的）職務　188
　――非ルーチン・タスク　187
　――（肉体的）ルーチン職務　188
　――ルーチン　187
デジタル化　212
転入超過比率　180
同一労働同一賃金　7
統計的差別　136
等産出量曲線　32, 34
同時性　174
道徳的抑制　19
度数分布表　37
特化係数　174, 176
都道府県パネル分析　167
都道府県別
　――民間資本ストック　115
　――有効求人倍率　94, 98
　――労働需給状態　96

な 行

内部労働市場　155
難民　105

二極化現象　186, 192-193
2部門モデル　171
日本的雇用システム　145
日本的雇用慣行　1, 133, 156
　――の理論　134
日本人就業者（数）　118-120
認可外保育園　168
認可保育園　168
認知職務　188
認知（的）ルーチン（職務）　187-188, 211
年金　63
　――・医療制度　55
　――給付　65
　――財政予測モデル　75
　――制度　56, 63
年功序列　133
年功賃金（制）　133-135, 138, 151, 153, 155-157, 210
　――制度　135-136
　――の勾配　155
　――プロファイル　141
年少人口割合　159-160

は 行

倍化年数　52
排除不可能性（nonexcludability）　26
働き方改革　7
パネル分析　150
晩婚化　28
非IT資本装備率　205, 207, 210, 219
比較優位　12
　――の原則　16
非基盤産業　176
非競合的消費（nonrival consumption）　26
ビック・データ　189
非定型手仕事（肉体的）労働　211
非定型認知　211

――職種　198
人手不足　1
　　地域の――　172
一人当たりの産出量　60
被保護世帯割合　55
費用最小化問題　32
非労働力　123-126
　　――確率　125, 128
　　――人口　85, 102, 122, 127
貧困世帯　54
ファミリー・フレンドリー
　　――型の企業形態　44
　　――企業　48
夫婦出生行動　164
付加価値　186
賦課方式　57
不完備情報動学ゲーム　134
不均一分散　114, 118
プライマリ・ケア　72-73
フリーアクセス制度　73
フリーランス　8
ブルーカラー労働者　113
不労所得　65
プロセス・イノベーション　189
プロダクト・イノベーション　189
平均寿命　54, 63
平均余命　71
ベッカー（Gary Becker）　20
ベバリッジ曲線　85
保育士不足　167
ポイント制度　107
放棄所得　20, 48
法定定年制　71, 75
訪問介護　74
補完関係　119, 129
ホワイトカラー労働者　113

ま 行

マーケット・イノベーション　189

毎月勤労統計　115
マルサス（T. R. Malthus）　21, 39
　　――の人口論　19
未婚率　28
未熟練労働者　114, 137
ミスマッチ　83
　　――失業　80, 84, 98-100
無形資産　178
無限回繰り返しゲーム　134
無差別曲線　20, 23
無償化策　29
メガトレンド　3
もののインターネット（IoT）　183

や 行

有限回繰り返しゲーム　134
有効求職者　82
有効求人者　82
有効求人倍率　79-82, 101, 133, 150, 156
有料老人ホーム　74
輸出比率　205, 210
ユニバーサルデザイン（化）　129-130
要介護者数　74
要介護（要支援）認定率　53
要介護認定者数　58
幼保一体化　168

ら 行

ラグランジュ関数　23, 27, 64
ラジアー（E. P. Lazear）　133
　　――モデル　68
リーマンショック　90, 145
離婚確率　18-19
留保水準　18-19
留保賃金　67
ルーチン置換技術　188
　　――進歩（仮説）　186, 211
ルーチン・タスク　187

労働移動　172
労働供給増加政策　119
労働参加率　100, 168
労働時間　34, 44, 46
　　——の短縮　48
労働者の規模別推移　148
労働需要　118-120, 210
　　——関数　129, 200, 204, 206-207
労働政策研究・研修機構　179
労働生産性　62, 172-174, 176-178, 186
　　——増加率　179
労働の限界生産力　171
労働力状態　121
労働力人口　170
労働力調査　79, 102, 110, 121

労働力不足　1, 5, 51, 79, 105, 159, 178, 183, 211
　　——対策　168
　　地域の——　171
老齢人口割合　161-162
ロジット分析　121
ロボット　184-186, 188, 198, 205, 207
　　——化　183, 211

わ 行

ワークライフバランス　44, 48
わが国の人口構造　52
ワンショットの囚人のジレンマ・ゲーム　134

著者紹介

小崎敏男（こさき・としお）

1958年石川県生まれ。1982年東海大学政治経済学部経済学科卒業、1996年中央大学大学院経済学研究科経済学専攻博士後期課程修了、1997年3月博士（経済学）中央大学、1996年東海大学政治経済学部経済学科専任講師、1998年東海大学政治経済学部経済学科助教授、2005年東海大学政治経済学部経済学科教授（現在に至る）。
主な著書・論文に、『キャリアと労働の経済学』（共編著、日本評論社、2011年）、『少子化と若者の就業行動』（共編著、原書房、2012年）、『人口高齢化と労働政策』（共編著、原書房、2014年）、『移民・外国人と日本社会』（共編著、原書房、近刊）ほか

労働力不足の経済学
日本経済はどう変わるか

2018年2月20日　第1版第1刷発行

著　者――小崎敏男
発行者――串崎　浩
発行所――株式会社日本評論社
　　　　　〒170-8474　東京都豊島区南大塚3-12-4
　　　　　電話　03-3987-8621（販売）、03-3987-8595（編集）、振替　00100-3-16
　　　　　https://www.nippyo.co.jp/
印刷所――精文堂印刷株式会社
製本所――井上製本所
装　幀――林　健造
検印省略　© T. Kosaki, 2018
Printed in Japan
ISBN978-4-535-55904-2

JCOPY〈（社）出版者著作権管理機構　委託出版物〉
本書の無断複写は著作権法上での例外を除き禁じられています。複写される場合は、そのつど事前に、（社）出版者著作権管理機構（電話03-3513-6969、FAX03-3513-6979、e-mail: info@jcopy.or.jp）の許諾を得てください。また、本書を代行業者等の第三者に依頼してスキャニング等の行為によりデジタル化することは、個人の家庭内の利用であっても、一切認められておりません。